운영체제와 정보기술의 원리

개정판

운영체제와 정보기술의 원리

반효경 지음

Operating System and Information Technology Principles

이화여자대학교출판문화원

머리말

최초의 컴퓨터가 등장한 지 불과 60년 남짓한 시간이 흘렀음에도 어제의 진리가 오늘에 와서는 그 의미를 상실할 만큼 빠른 변화를 겪는 학문 분야가 바로 컴퓨터 및 정보기술 분야이다. 현재 국내의 IT 기술 및 수요는 세계적인 수준이며, 우리는 어느 나라보다도 앞서서 IT 환경의 발전과 변화를 경험하고 있다. 하지만 컴퓨터 분야의 기본 원리 및 정보기술이 추구하는 핵심 철학은 시대가 흘러도 변하지 않는다. 이 책은 운영체제의 기술을 이해하기 위한 기초서로서, 컴퓨터 하드웨어와 소프트웨어를 총체적으로 관리하는 핵심 소프트웨어인 운영체제의 의사결정 및 동작 원리를 통해 정보기술의 변하지 않는 원리와 철학에 대해 살펴본다.

이 책에서는 운영체제의 각 부문별 동작 원리에 대해 기술한 후, 실생활에서 접하기 쉬운 주제로 매핑하여 컴퓨터 내부의 어려운 작동 과정을 비전공자가 이해하기 쉬운 언어로 재구성한다는 점에서 기존의 컴퓨터 원리 서적과 차별화된다. 예를 들어 CPU 스케줄링 문제는 수행 중인 여러 프로그램 중 어느 프로그램에 우선적으로 CPU를 할당하는 것이 시스템의 성능을 향상시킬 수 있는가 하는 문제이다. 이 문제는 은행이나 화장실에서 줄을 서서 기다리는 사람들 중 누구에게 먼저 서비스를 제공할 것인가를 결정하는 문제와 유사하다. 시스템의 성능 척도는 기다리는 사람(또는 프로그램)의 평균 대기시간을 최소화하는 효율성 문제와 특정인(혹은 특정 프로그램)이 지나치게 오래 기다려서는 안 된다는 형평성 문제를 같이 고려해야 한다. 우리가 일상적으로 생각하기에는 먼저 온 사람을 먼저 서비스하는 선입선출(First Come First Served: FCFS) 방법이 제일 공평한 스케줄링 방법일 것 같지만 평균 대기시간을 최소화하기 위해서는 기다리는 사람(또는 프로그램) 중 가장 작업시간이 짧은 사람(또는 프로그램)을 먼저 서비스하는 것이 더 효율적이라는 사실을 CPU 스케줄링 문제를 통해 확인할 수 있다. 물론 특정인(또는 프로그램)이 지나치게 오래 기다리지 않도록 우선순위를 조절해주는 다양한 방법이 전제되어야 한다.

메모리 관리 기법은 디스크에 저장된 정보 중 가까운 미래에 사용될 가능성이 높은 유용한 정보를 메모리에 보관하고 그렇지 않은 정보는 메모리에서 삭제하는 문제를 다룬다. 메모리는 디스크에 비해 접근 속도가 빠르지만 용량이 적으므로 당장 필요한 정보만을 메모리에 직접 보관하고 그렇지 않은 정보는 디스크로 내려야 한다. 즉 새로운 정보를 메모리에 올리기 위해 현재 메모리에 저장된 정보 중 가장 가치가 낮은 정보를 찾아 이를 디스크로 내려야 하는데, 이를 위해서는 메모리 내의 정보들에 대한 가치를 평가하는 방법이 필요하다. 이와 같은 가치평가는 그 정보가 과거에 어떤 사용 패턴을 보였는지를 시간적 순서에 따라 조사하고 평가함으로써 이루어진다. 이는 주식시장에서, 가까운 미래에 오를 주식과 내릴 주식을 예측해야 하는 문제와 유사하다.

디스크 스케줄링 기법은 데이터를 읽고 쓰기 위해 디스크에 들어오는 요청 중에서 어떤 요청을 먼저 처리할 것인지를 결정하는 문제를 다루며, 이는 엘리베이터에서 각 층의 사용자가 버튼을 눌렀을 때 어느 층으로 먼저 엘리베이터를 보낼 것인지를 결정하는 문제와 흡사하다. 이 밖에도 운영체제에서 다루는 다양한 문제들은 실생활과 관련이 있는 경우가 많으며, 복잡한 문제에 대한 의사결정(decision making)을 어떻게 하는 것이 좋은지 결정하는 데 좋은 지

침이 된다. 이처럼 이 책에서는 운영체제의 다양한 문제들을 실생활과 연계시켜 소개함으로써 운영체제 자체에 대한 이해를 도울 뿐 아니라 타 전공 영역 및 실생활에서의 복잡한 의사결정 과정을 돕는 방법을 제공하기도 한다.

이 책은 단순한 지식의 전달을 넘어 독자의 논리적인 사고를 돕고 복잡한 문제를 효율적으로 풀 수 있는 방법을 제시하는 창의적인 내용을 담고 있다. 이 책을 수험생이 읽을 경우 논리적 사고를 도와 논술 시험 등에서 긍정적인 효과를 얻을 수 있을 것이다. 비전공자나 일반인의 경우에는 컴퓨터의 동작 원리를 이해하고, 나아가 본인이 맡은 분야에 운영체제의 원리를 활용하여 효율적이고 체계적으로 문제를 해결하는 능력을 기를 수 있을 것이다. 또한 컴퓨터학 전공자는 컴퓨터를 지배하는 가장 체계적인 소프트웨어로서의 운영체제를 쉽게 이해하고, 나아가 새롭고 창의적인 연구를 수행하는 기틀을 마련하여 더 깊은 학문으로 들어가는 계기를 얻을 수 있을 것이다. 영어나 수학이 기초 학문으로 바이블격인 자습서가 존재하듯 컴퓨터학의 기초 학문으로서의 역할이 강조되는 시대에 이 책이 운영체제에 대한 폭넓은 이해를 통해 국내 IT 발전을 뒷받침할 소프트웨어적인 지식 확산에 조금이나마 보탬이 되기를 기대한다.

끝으로 이 책의 출간을 도와주신 분들께 감사의 마음을 전한다. 먼저 학부 시절부터 대학원 시절을 거쳐 현재까지도 학문뿐 아니라 삶의 모든 영역에서 끝없는 가르침을 주시는 고건 교수님께 감사드린다. 이 책이 출간될 수 있도록 실무적인 도움을 준 최진영, 김희경, 이소윤, 이혜정, 노예진 학생에게도 감사의 마음을 전한다. 또한 저술지원사업을 통해 이 책의 출간을 지원해준 이화여자대학교출판문화원에도 감사의 마음을 전한다.

2020년 5월

반효경

차례

3장 | 컴퓨터 시스템의 동작 원리 · 67

4장 | 프로그램의 구조와 실행 · 95

서장

정보기술의 원리와 철학

오늘날 컴퓨터 및 정보기술은 인간의 삶을 하루가 다르게 바꾸어가고 있다. 실용성을 큰 가치로 하는 컴퓨터 및 정보기술이 삶의 질을 이와 같이 지속적으로 향상시킨 것은 급격한 기술의 발전과 함께 학문이 이를 빠르게 수용하고 반영했기에 가능한 일이었다. 최초의 컴퓨터가 등장한 지 이제 불과 60년 남짓한 시간이 흘렀음에도 어제의 진리가 오늘에 와서는 그 의미를 상실하게 될 만큼 빠른 변화를 겪는 학문 분야가 바로 컴퓨터 및 정보기술 분야이다. 전공자가 아닌 일반인도 이와 같은 빠른 변화를 생활 속에서 접하게 된다. 중앙처리장치(Central Processing Unit: CPU), 메모리 등 하드웨어 기술 발전으로 평균 3~4년에 한 번씩 시스템의 업그레이드를 필요로 하고 있으며, 소프트웨어 역시 익숙해질 만할 때쯤 새로운 버전이 등장하곤 한다. 하지만 컴퓨터 분야의 기본 원리 및 정보기술 분야가 추구하는 핵심 철학은 시대가 흘러도 변하지 않는다. 이는 아직 컴퓨터가 존재하지도 않던 1937년 수학자 앨런 튜링(Alan M. Turing, 1912-1954)이 개발한 이론적인 컴퓨터인 튜링머신이 현대의 최첨단 컴퓨터가 풀 수 있는 모든 문제를 풀 수 있다는 사실이 증명되었다는 점을 통해서도 짐작할 수 있다. 이 책의 전반적인 내용은 시대가 흘러도 변하지 않는 컴퓨터의 원리 및 철학 중 그 핵심에 대해 기술하고 있다.

컴퓨터 분야의 학문은 컴퓨터 자체를 효율적으로 운영하기 위한 학문, 그리고 복잡한 문제를 컴퓨터를 활용해서 효율적으로 풀 수 있는 방법을 제공하기 위한 학문으로 나뉜다. 하지만 두 분야 모두 사람이 다루는 문제보다 복잡도(complexity)가 매우 높은 문제를 다루고 있어 방법론적으로는 크게 다르지 않다. 이 책에서는 이 두 가지 분야의 공통적인 핵심 원리를 다룬다.

이 책을 컴퓨터 전공자가 아닌 일반인이 읽을 경우 복잡한 문제를 체계적으로 풀 수 있는 원리를 습득해 다른 학문뿐 아니라 일상생활에서 활용할 수 있는 지식을 얻을 수 있을 것이다. 특히 이 책에서 다루는 운영체제는 컴퓨터 분야의 가장 기초적이고 체계적인 소프트웨어로서 컴퓨터 내부의 모든 하드웨어와 소프트웨어를 가장 효율적으로 관리해 시스템의 성능을 극대화시킨다. 운영체제에 대한 이해는 컴퓨터학 자체에 대한 지적 호기심을 충족시켜줄 뿐 아니라 타 학문 및 실생활에서 접하는 복잡한 문제를 효율적으로 푸는 방법도 제공해준다.

컴퓨터 시스템 내에서 여러 프로그램이 실행 중일 때 CPU 및 메모리를 어느 프로그램에 우선적으로 할당할 것인지를 결정하는 CPU 스케줄링 및 메모리 관리 기법을 예로 들어보자. 이 기법들은 컴퓨터 시스템의 전체적인 성능 향상을 통해 효율성을 극대화하는 것도 중요하지만 일부 프로그램이 지나치게 차별받지 않아야 한다는 형평성 문제까지 다룬다는 점에서 사회적 통치 규범까지 내포하고 있다고 볼 수 있다. 조금 넓게 보면 컴퓨터 내에서 일어나는 모든 일들은 사회에서 일어나는 통치의 축소판이라고도 볼 수 있다. 한 치의 오차도 용납하지 않는 컴퓨터 세계의 통치 원리를 이해한다는 것은 실세계의 상황에 대한 해결 능력 향상으로 이어질 수 있음을 의미한다. 이 책은 이와 같이 컴퓨터학에 대한 지적 호기심을 풀어줌과 동시에 수험생의 논리적 사고를 돕고, 다양한 전공자에게 주어지는 문제를 효율적으로 해결할 수 있도록 도우며, 나아가 지도자에게는 통치 원리를 수립하는 데에 도움을 줄 것이다.

컴퓨터가 일을 처리하는 방식은 사람의 방식과 차이가 있다. 사람은 '눈썰미' 또는 직감으로 일을 처리하는 것이 가능하며, 기계적인 처리 방식보다 직감을 이용하는 것이 더 효율적인 경우가 많다. 하지만 컴퓨터의 경우에는 정확한 처리 방식을 알고리즘(algorithm)이라는 형식을 통해 기술해주어야만 하며, 작업 내용이 사람이 하는 일과 달리 복잡도가 매우 높기 때문에 직감이나 눈썰미로는 처리가 불가능하다. 최근에는 사람이 해야 하는 일도 점점 복잡도가 높아져 좀 더 체계적이고 효율적으로 의사결정 및 업무 처리를 수행할 수 있는 새로운 방법론이 필요한 시점에 이르렀다.

이 책에서는 컴퓨터의 업무 처리 방식을 일반인이 이해할 수 있을 정도로 쉽게 기술함으로써 일반인의 의사결정 과정에 컴퓨터의 원리를 활용할 수 있도록 하고자 한다. 예를 들어 사람에게 52장의 트럼프 카드를 순서대로 정렬하라고 하면 적당히 끼워 넣고 맞추어서 3분 정도의 시간이면 작업을 마칠 수 있다. 그러나 컴퓨터에게 이러한 일을 시키려면 '적당히 끼워 넣는다'는 식의 절차가 아니라 명확한 처리 과정을 알려주어야 한다. 때로는 이러한 명확한 절차가 사람이 처리하는 방식보다 비효율적인 경우도 있다. 하지만 컴퓨터의 경우 보통 52장의 카드가 아닌 수백만에서 수천만에 이르는 데이터를 처리하는 작업을 하게 된다. 사람에게 이와 같은 수천만 가지 데이터를 정렬하라고 하면 52장의 카드를 정렬한 것과 같이 적당히 끼워 넣는 식의 요령으로는 제대로 된 결과를 얻을 수 없을 것이다. 즉 데이터의 수가 아주 많아지게 되면 직감이라는 것보다는 좀 더 효율적으로 작업을 수행할 수 있도록 하는 체계적인 방법이 필요하다.

이 책에서는 컴퓨터 내부의 다양한 데이터 및 의사결정 과정에서 사용되는 체계적인 방법들에 대해 기술한다. 컴퓨터 하드웨어와 소프트웨어를 총체적으로 관리하는 핵심 소프트웨어가 운영체제이므로 이 책에서는 특히 운영체제의 의사결정 및 동작 원리에 대해 주로 기술한다. 흔히들 CPU를 컴퓨터의 두뇌라 하여 컴퓨터의 빠른 처리 능력을 대변하는 용어로 사용하곤 한다. 하지만 CPU는 하나의 하드웨어 장치로 운영체제에 프로그램된 대로 일할 뿐 스스로 어떤 일을 처리하는 능력을 가지고 있지는 않다. 따라서 컴퓨터의 두뇌는 CPU라기보다는 운영체제라고 하는 것이 더 타당할 것이다. 이 책은 이와 같은 운영체제의 원리를 한 가지씩 체계적으로 기술한다.

먼저 1장에서는 운영체제를 설명하기에 앞서 컴퓨터와 정보기술 분야의 짧은 역사를 살펴본다.

2장에서는 운영체제가 무엇인지 기술한다. 운영체제의 정의와 핵심적 역할, 운영체제의 분류 및 종류에 대해 간단히 알아본다.

3장과 4장에서는 운영체제를 이해하기 전에 우선적으로 알아두어야 할 컴퓨터 하드웨어의 구성 및 동작 원리를 살펴본다. 컴퓨터 내부장치인 CPU와 메모리에 대해 살펴보고, 컴퓨터 외부의 주변장치에 대해서도 간단히 살펴본다.

5장에서는 컴퓨터에서 프로그램이 어떻게 수행되는지를 설명한다. 하나의 프로그램이 메모리에 올라가서 프로세스가 되면 CPU를 얻고 빼앗기는 과정을 반복하며 프로그램의 진행이 이루어지고, 최종적으로 자신이 할 일을 끝낸 후 종료하게 된다. 이와 같은 모습은 인간의 일생과 유사한 측면을 가지고 있으며, 프로세스가 운영체제의 지배를 받으며 수행되는 모습은 대단히 계획적이고 효율적인 사회 집단을 연상케 한다. 운영체제가 얼마나 효율적으로 프로세스를 관리하는지 이 장에서 자세히 살펴본다.

6장에서는 CPU 관리에 대해 살펴본다. 현대의 컴퓨터에서는 동시에 여러 프로그램이 수행되는 것을 지원한다. 하지만 컴퓨터 내에 CPU는 하나밖에 없으므로 여러 프로그램이 아주 짧은 시간 간격으로 CPU를 나누어 쓰게 된다. 물론 연산장치를 여러 개 장착한 CPU도 존재하나, CPU 스케줄링의 기본 철학은 다르지 않다. 이때 어떤 프로그램에게 우선적으로 CPU를 할당할 것인가를 결정하는 CPU 스케줄링 기법에 대해 이 장에서 기술한다.

어떤 CPU 스케줄링 기법을 사용하는가에 따라 컴퓨터 시스템의 성능이 크게 달라지므로 스케줄링 기법의 성능 평가 방법과 철학에 대해서도 자세히 살펴본다. CPU 스케줄링은 일상생활에서 대기 중인 고객들을 어떤 순서로 서비스하는 것이 효율적인지를 결정할 때 흔히 접하게 되는 문제와 유사하다. 흔히 먼저 온 고객을 먼저 서비스하는 것이 가장 공평하고 효율적일 것 같지만, CPU 스케줄링을 살펴봄으로써 다양한 서비스 순서 결정에 의해 더욱 효율적이고 공평한 결과를 얻을 수 있다는 것을 보인다.

7장과 8장에서는 메모리 관리 및 가상메모리 기법에 대해 살펴본다. 프로그램이 실행되기 위해서는 그 프로그램의 실행에 당장 필요한 부분이 메모리에 올라가 있어야 한다. 여러 프로그램이 동시에 실행되는 환경에서는 한정된 메모리 공간을 여러 프로그램이 조금씩 나누어서 사용해야 한다. 이때 어떤 프로그램에 어느 정도의 메모리를 할당할 것인가를 결정해야 하는 문제가 발생한다. 운영체제는 모든 프로그램에게 공평하게 메모리를 할당하기보다는 몇몇 프로그램에게 집중적으로 메모리를 할당한 후 시간이 흐르면 이들로부터 메모리를 회수하여 또 다른 프로그램에게 집중적으로 메모리를 할당하는 방식을 채택한다.

이와 같은 방식을 채택하는 이유는 프로그램의 빠른 실행을 위해 프로그램마다 적어도 일정 수준 이상의 메모리 공간을 확보하고 있는 것이 효율적이기 때문이다. 이는 흔히 사회에서 겪게 되는 한정된 재원의 분배 문제에 있어 어떤 식의 분배가 가장 효율성이 높은지를 결정하는 문제와 유사하다. 모두에게 공평하게 분배하는 것보다는 선택과 집중을 통해 일부를 먼저 성장시킨 후 다시 나머지에 집중 투자하는 방식이 더욱 효과적이라는 사실과 유사하다고 할 수 있다. 이 밖에도 메모리 관리와 관련한 다양한 내용들을 이 장에서 살펴본다.

9장에서는 하드디스크의 관리 기법에 대해 살펴본다. 디스크의 간단한 구조 및 디스크 스케줄링 기법을 중심으로 살펴보고, 디스크의 저전력 관리 기법에 대해서도 알아본다. 또한 디스크 스케줄링과 엘리베이터 스케줄링을 비교해본다. 디스크 스케줄링은 일상생활에서 많이 접하게 되는 엘리베이터 스케줄링과 유사한 문제이므로 그 원리 및 효율성에 대해 생각해보는 좋은 계기가 될 것이다.

10장에서는 웹캐싱 기술에 대해 살펴본다. 인터넷 사용량의 폭발적인 증가에 따라 웹을 통해 유통되는 정보가 기하급수적으로 증가하고 있다. 이러한 상황에서 빠른 웹서비스를 위해 사용되는 웹캐싱 기술의 필요성과 종류, 각종 알고리즘에 대해 살펴본다.

1장

컴퓨터 및 정보기술의 역사

우리가 일반적으로 생각하는 전자식 컴퓨터가 개발된 것은 20세기 중반으로, 그 역사는 단지 50년 남짓밖에 되지 않는다. 이는 진공관, 트랜지스터, 반도체 장치 등 하드웨어 발전이 짧은 시기에 집중적으로 일어났기 때문에 가능한 일이었다. 하지만 이보다 훨씬 전인 19세기에 이미 간단한 전자계산기 정도의 기능을 가지는 기계식 컴퓨터가 여러 선구자들에 의해 개발되었다. 또한 하드웨어적 실체가 존재하지 않던 시기에도 논리적인 모델로 컴퓨터를 만들고, 이를 통해 어떠한 작업을 수행할 수 있는가에 대한 오랜 연구가 있어왔다. 이 장에서는 먼저 컴퓨터라는 기계가 실제로 존재하지 않던 컴퓨터의 선사시대에서부터 컴퓨터가 만들어지기 시작한 초창기 컴퓨터의 역사를 거쳐 현대적 의미의 전자식 컴퓨터가 등장하고 발전한 시대에 이르기까지 컴퓨터 및 정보기술이 어떠한 변화와 역사를 겪었는지에 대해 간단히 살펴보도록 한다.

1. 컴퓨터의 선사시대

1) 이론적인 컴퓨터의 역사

컴퓨터의 이론적인 기원을 생각해보면 이는 수학과 논리학에서 그 기초를 찾아볼 수 있다. 수학적인 측면에서 컴퓨터의 임무는 어떠한 수를 표현하는 방법을 개발하고, 이를 효율적으로 연산하는 방법을 찾아내는 것이라 할 수 있다. 컴퓨터가 수 이외의 다양한 정보를 입력(input)받고 그 정보를 연산 및 처리한 후 출력(output)하는 능력을 가지고 있긴 하지만, 이때의 다양한 정보들은 숫자 형태로 매핑이 가능하므로 컴퓨터의 이론적인 임무는 숫자의 표현과 처리 방식을 고안하는 두 가지로 요약할 수 있다. 이러한 측면에서 고대 그리스와 로마의 숫자 시스템에 컴퓨터의 이론적 기원이 있으며, 또한 논리학적 측면에서는 "사람은 다 죽는다. 소크라테스는 사람이다. 따라서 소크라테스는 죽는다."와 같은 연역법이 컴퓨터의 이론적 기원이라 할 수 있다. 이러한 수학 및 논리학적 컴퓨터의 토대는 1930년대 학자들인 알론조 처치(Alonzo Church), 앨런 튜링(Alan M. Turing), 쿠르트 괴델(Kurt F. Gödel), 안드레이 마르코프(Andrei A. Markov) 등에 의해 크게 발전했다. 이들 학자들은 어떠한 문제를 나름대로의 명확한 수학적인 모델로 표현하는 방법을 개발하고, 그 문제를 풀기 위한 알고리즘을 기술할 수 있는 컴퓨터에 대한 추상적 모델을 설계했다. 이 중에서 튜링머신(Turing Machine)과 처치의 가정(Church's thesis)에 대해 간단히 살펴보도록 하겠다.

튜링머신은 컴퓨터에 대한 가장 단순하고 매력적인 이론적 모델이다. 튜링머신에서 설명하는 메모리나 기계적 동작은 실제 존재하는 기계라고 생각할 수도 있지만 가상적이고 논리적인 기계라고 생각하는 편이 더 정확할 것이다. 사실상 튜링머신에 대해서는 그 자체의 구성과 가정을 알게 되면 컴퓨터에 대해 전혀 알지 못하는 사람도 쉽게 그 동작 원리 및 표현 방식을 습득할 수 있다. 한 가지 놀라운 사실은 현대의 최첨단 컴퓨터로 풀 수 있는 모든 문제들을 이와 같이 간단한 방식의 튜링머신에서도 풀 수 있다는 것이 증명되었다는 점이다.

또한 이와 같은 증명이 최근에 이루어진 것이 아니라 당대에 처치의 가정을 통해 이미 이루어졌다는 것도 놀라운 사실이다. 처치의 가정은 튜링머신보다 더 처리력이 우수한 컴퓨터 구조는 있을 수 없다고 말하고 있다. 이는 달리 표현하면 알고리즘에 의해 풀리는 문제들은 그것을 풀기 위해 채택하는 컴퓨터 체계와는 무관하다는 의미이다. 개념적으로는 어떠한 문제가 현대의 고성능 슈퍼컴퓨터에 의해 풀릴 경우, 이는 개인용 컴퓨터에 의해서도 풀릴 수 있으며, 또한 튜링머신에서도 풀릴 수 있다는 의미가 된다.

앞에서 언급한 컴퓨터 이론 연구자들은 컴퓨터가 문제를 풀 수 있게 표현하는 형식 체계의 개발에 머무르지 않고 그 체계의 한계에 대해서도 연구했다. 그들은 컴퓨터라는 형식 체계에 의해 풀릴 수 없는 문제 영역이 어떤 것인지에 대해서도 연구하고 그런 문제들의 존재를 증명했다. 이 중에서 가장 대표적인 문제가 '튜링머신의 정지 문제(halting problem)'이다. 이는 주어진 튜링머신과 주어진 입력 데이터를 가지고 튜링머신을 동작시킨 결과, 과연 튜링머신이 처리를 마친 후 정지할 것인지, 아니면 정지하지 않고 끝없이 동작하는 무한 루프에 빠질 것인지를 알 수 있는가 하는 문제이다. 앞의 학자들의 연구에 의해 이 질문에 대한 해답이 밝혀졌다. 그 답은 현대의 최첨단 컴퓨터에 의해서도 이를 알 수 없다는 것이다.

이러한 결과는 비단 튜링머신의 정지 문제에 머무르지 않고, 컴퓨터로 풀리지 않는 문제 영역이 존재함을 의미한다. 즉 튜링머신뿐 아니라 일반적인 컴퓨터에 어떠한 문제를 적용했을 때 그 문제에 대한 풀이가 유한 시간 내에 이루어질 수 있는가를 알아보는 것과 같은 다양한 문제 영역으로 의미를 확대할 수 있다는 것이다.

컴퓨터의 선사시대, 즉 실제로 컴퓨터가 존재하지도 않던 시대에 이미 컴퓨터에 관한 많은 이론적인 연구와 그에 의한 상당한 수준의 결과가 있었던 것은 놀랄 만한 일이며, 이후 이러한 이론적인 연구로 이루어졌던 컴퓨터를 실제로 만들려는 노력이 있었기에 오늘의 컴퓨터가 있을 수 있었다.

2) 기계식 컴퓨터의 역사

지금까지 컴퓨터의 이론적 역사에 대해 간단히 살펴보았다. 지금부터는 실재하는 도구로서의 컴퓨터의 역사에 대해 살펴보겠다. 컴퓨터는 계산을 빠르게 하기 위해 개발되었으며, 이러한 맥락에서 볼 때 컴퓨터의 역사는 손이나 돌을 사용하여 계산하던 때로 그 출발점을 생각할 수 있다. 계산을 위해 개발된 도구의 대표적인 사례로는 주판을 들 수 있다. 바빌로니아인과 중국인에 의해 수천 년 동안 사용된 주판은 많은 양의 덧셈과 뺄셈을 빨리 수행할 수 있는 체계적인 도구이다.

하지만 주판은 계산을 도와주는 보조도구일 뿐 기계 자체가 자동적으로 계산을 해주는 계산기는 아니다. 본격적인 의미의 계산 도구로는 17세기 블레즈 파스칼(Blaise Pascal)과 고트프리트 라이프니츠(Gottfried W. Leibniz)에 의해 개발된 기계식 계산기를 생각할 수 있다. 그들이 개발한 기계식 계산기는 다양한 대수적인 연산을 기계를 통해서 자동적으로 수행할 수 있는 한층 발전된 형태의 계산기라 할 수 있다. 파스칼의 계산기는 톱니바퀴를 이용해서 덧셈과 뺄셈을 자유자재로 할 수 있도록 개발되었으며, 라이프니츠의 계산기는 파스칼의 계산기를 개량해 사칙연산을 수행할 수 있도록 개발되었다.

19세기에 개발된 해석기관(analytic engine)은 프로그램이 가능한 최초의 기계식 컴퓨터이며, 오늘날 사용 중인 모든 컴퓨터가 바로 이 해석기관의 기본 구조를 따르고 있다. 해석기관은 영국 케임브리지대학교의 수학과 교수인 찰스 배비지(Charles Babbage)에 의해 고안되었다. 배비지는 수학과 천문학의 실험 도표를 정확하게 계산하기 위해 해석기관을 개발했다. 해석기관을 만들기에 앞서 배비지는 1823년 반복적인 연산을 효율적으로 수행할 수 있는 미분기계(difference engine)를 개발하기도 했다. 한편 프랑스의 섬유 제조업자인 조제프-마리 자카르(Joseph-Marie C. Jacquard)는 종이 카드에 구멍을 뚫어 정보를 표현하고, 이를 기반으로 직물을 자동 생산할 수 있는 직기를 개발했다. 자카르의 프로그램 가능한 직기에 감명을 받은 배비지는 미분기계를 포기하고 새로운 형태의 기계를 설계했으며, 그 결과 제작된 것이 바로 해석기관이다. 해석기관은 천공 카드로 프로그램될 수 있었으며, 20자리까지의 연산을 정확하게 자동으로 수행할 수 있었다. 배비지의 설계는 현대의 모든 컴퓨터에서 발견되는 네 가지 기본 구성 요소인 입력장치, 출력장치, 처리장치, 저장장치를 포함하고 있다.

배비지는 해석기관을 완성하기 위해 최선을 다했다. 하지만 당시 영국 정부는 아직 컴퓨터에 대한 수요가 많지 않은 상태에서 지속적으로 증가하는 개발 비용을 정당화할 근거가 부족하다고 판단해 재정 지원을 중단했다. 또한 당시의 기술은 그의 아이디어를 현실화시키기에 충분하지 못했다. 세상은 컴퓨터를 받아들일 준비가 되어 있지 못했고, 이것은 이후 컴퓨터의 역사를 늦어지게 하는 데 결정적인 역할을 했다.

3) 전자식 컴퓨터의 초기 역사

19세기 초 배비지에 의해 기계식 계산기인 해석기관이 만들어진 이후, 20세기 초에 이르러서야 최초의 전자식 계산기가 등장하게 된다. 기계식 계산기가 톱니바퀴 등 순수한 기계 장치에 의해 동작하는 계산기인 반면, 전자식 계산기는 전자 장치에 의해 동작하는 본격적인 의미의 컴퓨터였다.

1939년 콘라트 추제(Konrad Zuse)라는 독일의 젊은 공학도는 최초의 범용 디지털컴퓨터를 개발했다. 추제는 반복적으로 수행되는 연산 과정을 자동화하기 위해 컴퓨터를 개발했으며, 이 컴퓨터는 조건에 대해 'yes-no' 방식을 적용해 프로그래밍이 가능하도록 제작한 이진(二進, binary) 체계의 디지털컴퓨터였다. 1941년 추제와 그의 동료들은 독일 정부에 더 빠른 컴퓨터를 개발하기 위한 자금을 요청했으나 독일 정부는 이를 거절했다. 추제와 같은 시기에 영국 정부는 독일군의 암호를 해독하기 위해 수학자와 기술자들로 구성된 비밀 팀을 조직했다. 이 팀은 튜링머신으로 유명한 수학자 튜링이 이끌었으며, 이들의 컴퓨터인 콜로서스(Colossus)는 1943년에 개발이 완료되었다. 이 컴퓨터는 세계 최초의 전자식 컴퓨터로 평가받고 있다. 콜로서스는 군사용 암호를 해독하기 위한 고유의 용도로 사용되었으며, 영국군 정보부는 독일군의 암호화된 메시지를 이 컴퓨터를 통해 도청

할 수 있었다.

1939년 미국 아이오와주립대학교의 존 아타나소프(John V. Atanasoff) 교수의 연구팀은 미분 방정식을 풀 수 있는 시스템을 만들기 시작했다. 그 결과 탄생한 것이 ABC 컴퓨터(Atanasoff-Berry Computer)이다. 그러나 아이오와주립대학교는 ABC 컴퓨터의 가치를 인지하지 못했으며, 그로 인해 아타나소프는 이 컴퓨터를 완성하지 못했다. 또한 아타나소프는 ABC 컴퓨터를 IBM에 소개했지만 IBM은 ABC 컴퓨터에 흥미가 없다는 거절 메시지만을 통보했다. 이에 반해 하버드대학교의 하워드 에이컨(Howard H. Aiken) 교수는 컴퓨터 개발을 위한 기업 자금을 얻어내는 데 성공했다. 에이컨은 IBM으로부터 백만 달러 이상의 투자를 받아 마침내 1944년 Mark I이라는 컴퓨터를 만드는 데 성공했다. Mark I은 둘레가 16미터, 높이가 2.5미터나 되는 거대한 크기의 컴퓨터이지만 그 성능은 오늘날의 휴대용 전자계산기보다도 느렸다.

미국의 존 모클리(John W. Mauchly)와 프레스퍼 에커트(J. Presper Eckert)는 제2차 세계대전 중 총의 탄도 거리를 정확하게 계산하기 위한 새로운 컴퓨터인 ENIAC(Electronic Numerical Integrator And Computer)을 개발했다. 이들은 아타나소프 교수와의 협력을 통해 ABC 컴퓨터의 장단점을 분석한 후 ENIAC을 만들었으며, 이 컴퓨터는 18,000여 개의 진공관으로 구성되었고, 그 무게는 30톤이나 되었다. 그리고 평균 7분에 한 번 정도씩 동작에 오류가 발생했다. 계산은 기존의 계산기보다 약 500배나 빨리 할 수 있었으며, 이 속도는 현대의 휴대용 전자계산기 정도에 해당하는 것이었다. 그럼에도 불구하고 ENIAC은 전쟁이 끝난 후 두 달이 될 때까지도 완성되지 못해 전시(戰時)의 탄도 거리 계산이라는 기존의 목적을 달성하는 데에는 실패했다. 하지만 ENIAC의 개발을 통해 사람들은 컴퓨터가 상업적으로 사용될 수 있다는 확신을 갖게 되었다. 현재 ENIAC은 최초의 현대적 컴퓨터로 인식되고 있으며, 따라서 컴퓨터의 역사를 분류할 때 선사시대와 역사시대의 경계를 ENIAC의 탄생 시점으로 보는 경향이 많다. 전쟁 후 모클리와 에커트는 '스페리(Sperry)'라는 회사를 창립해 최초의 상업용 컴퓨터인 UNIVAC I(UNIVersal Automatic Computer I)을 만들어냈고, 이것은 1951년부터 미국의 인구 조사에 사용되었다.

2. 근대적 컴퓨터의 역사

근대적 컴퓨터의 역사는 그 변화가 너무나 빠르게 일어났기 때문에 시대적인 분류가 쉽지 않다. 가장 대표적인 분류법은 컴퓨터의 변화를 1940년대 중반부터 이루어진 하드웨어 기술의 발전을 토대로, 제1세대부터 제4세대까지로 분류하는 방식이다. 제1세대 컴퓨터는 1940년대 후반부터 등장한 진공관 기반 컴퓨터이고, 제2세대 컴퓨터는 1950년대 후반부터 등장한 트랜지스터 기반의 컴퓨터이다. 제3세대 컴퓨터는 1960년대 후반부터 등장한 집적회로(Integration Circuit: IC) 기반의 컴퓨터이고, 끝으로 제4세대 컴퓨터는 1970년대 중반부터 등장한 고밀도 집적회로(Large Scale Integration: LSI) 및 초고밀도 집적회로(Very Large Scale Integration: VLSI) 기반의 마이크로컴퓨터이다.

1940년대 후반 및 1950년대 초반에 개발된 ENIAC, UNIVAC I 등 진공관 기반의 컴퓨터를 우리는 제1세대 컴퓨터라 칭한다. 진공관은 전구 크기의 유리관으로 구성되며 스위칭 회로를 내장하고 있다. 당시 제1세대 컴퓨터는 건물 하나의 공간을 가득 차지할 만큼 부피가 크고 가격이 비쌌다. 미국 기상청이나 은행, 정부 기관들만이 컴퓨터를 갖출 능력이 있었고, 전문 기술자가 컴퓨터를 프로그램하고 관리해야 했다. 이러한 결점에도 불구하고 제1세대 컴퓨터는 많은 수학자와 과학자의 환영을 받았으며, 더 좋은 컴퓨터를 개발하고자 노력하게 하는 기폭제가 되었다.

이 시기는 컴퓨터 자체의 처리 능력에 대한 발전과 함께 과학적인 목적의 대용량 수치 계산이 가능해지는 등 컴퓨터의 응용에 대해서도 많은 발전이 시작된 시기이다. 하지만 이러한 목적을 달성하기 위해 컴퓨터의 부피는 매우 컸으며, 따라서 컴퓨터는 보통 하나의 컴퓨터 센터 건물을 통째로 차지했다. 이러한 엄청난 부피 때문에 컴퓨터의 개발에는 한계가 있었으며, 그 수명 또한 짧아서 신뢰성의 문제를 안고 있었다.

1948년 미국의 벨(Bell) 연구소에서는, 소규모의 반도체 격자 구조 사이에 가는 도체선을 접촉시켜줄 경우 전기 신호의 증폭 작용이 나타나는 것을 발견해 이를 트랜지스터(transistor)라고 명명했다. 트랜지스터는 진공관과 같은 기능을 수행할 수 있었으나 그 규모는 진공관에 비해 매우 작았다. 따라서 트랜지스터는 1956년부터 컴퓨터의 개발에 사용되었으며, 이때부터 개발된 컴퓨터를 제2세대 컴퓨터라고 부른다. 트랜지스터를 사용한 컴퓨터들은 진공관 컴퓨터보다 부피가 훨씬 작고 가격이 저렴했으며 신뢰성 또한 높았다. 한편 이 시기에는 소프트웨어의 발전도 크게 이루어졌으며, 그 결과 컴퓨터에서의 프로그래밍 작업이 이전보다 수월하게 이루어질 수 있었다. 이때부터 컴퓨터가 과학이나 통계 분야뿐만 아니라 경제 분야에도 사용되기 시작했다.

이 시기부터 컴퓨터의 사용이 점점 확산됨에 따라 프로그래밍의 필요성도 크게 증가하게 된다. 한편 기계어로 프로그래밍을 하는 불편함 때문에 사람이 프로그래밍하기 수월한 프로그래밍 언어의 필요성이 대두되기 시작했으며, 이에 따라 숫자가 아닌 기호에 의해 컴퓨터의 정보를 표현하는 어셈블리(Assembly) 언어가 등장하게 되었다. 또한 사용자들은 기계어의 동작 순서를 나타내는 언어보다는 그들이 표현하고자 하는 문제 자체에 더 가까운 언어가 필요하다고 생각하게 되었으며, 이에 따라 고급 언어인 포트란(Fortran)이 생기게 되었다.

앞서 설명했듯이 이 시대에는 수치를 처리하는 것이 컴퓨터의 가장 큰 기능이었으나, 인공지능에 대한 연구도 적지 않게 진행되었다. 이 가운데에는 자연언어에 대한 자동 번역 기능을 위한 연구도 있었다. 또한 이 시대 후반에는 기호 정보(symbolic information)를 처리하는 일에 대한 필요성이 부각되어 리습(Lisp) 언어가 개발되었으며, 또한 사무적인 정보를 처리하기 위한 코볼(Cobol) 언어도 개발되었다.

1960년대에는 형식 언어(formal language)와 오토마타 이론(automata theory)에 대한 연구가 체계적으로 이루어졌다. 이는 이러한 이론들을 실제 하드웨어 회로와 컴파일러의 제작을 최적화하는 데에 사용하기 위해서였다. 그 이후에는 설계의 방법론이라 할 수 있는 소프트웨어 공학(software engineering)적인 측면이 부각되었는데 이는 소프트웨어나 시스템의 개발 규모가 커짐에 따라 그 설계에 드는 인력과 시간, 비용이 커지게 되고 이를 효율적으로 관리하는 것이 중요해졌기 때문이다. 이러한 측면에서 가장 먼저 부각된 방법론이 구조적 프로그래밍(structured programming) 기법이다. 구조적 프로그래밍 기법은 인간이 한 번에 파악하기 힘든 대형 프로그램을 작성할 때 이를 인간이 이해하기 쉬운 작은 단위들로 나누어 각 단위를 독립적으로 프로그래밍하는 기법을 말한다.

이후 프로그래밍 언어의 종류가 더욱 다양해졌으나 그다지 성공적인 언어는 없었다. 이는 이미 존재하던 포트란과 코볼에 밀려 그다지 널리 사용되지 못했기 때문이다. 한편 이 시대에는 알골(Algol) 60이라는 프로그래밍 언어가 등장했는데 이는 파스칼(Pascal)을 비롯한 이후에 등장할 많은 프로그래밍 언어에 영향을 미쳤으며 학문적인 입장에서 중요한 의미를 지녔다.

또한 이 시기에는 운영체제(Operating System: OS)가 개발되기 시작했다. 초창기에는 하드웨어 자체를 관리하는 일과 실제 수행시킬 프로그램을 작성하는 일을 사용자가 다 해야만 했다. 즉 프로그램이 컴퓨터에서 수행되도록 하기 위해서는 사용자가 시스템을 직접 시작시키고 프로그램을 컴퓨터에 적재(loading)해 수행해야 했다. 한편 기계적인 복잡성이 증가해 컴퓨터 자체를 관리하는 것이 힘들어짐에 따라 이를 자동적으로 처리해줄 수 있는 방법이 필요하게 되었다. 초기에는 컴퓨터 외부에서 미리 예약해 한꺼번에 처리하는 일괄처리 방식(batch processing)을 사용했으나, 이러한 방법이 비효율적임을 인식하고 컴퓨터 자체가 이를 자동적으로 처리해주도록 하는 방식을 고민한 결과 운영체제가 탄생했다.

컴퓨터의 응용 분야로서 경영 자동화 측면이 이 시기에 크게 부각되었다. 그 대표적인 예로 은행 업무 전산화가 있는데, 이는 경제적인 측면에서 상당한 변화를 가져왔으며 데이터베이스 관리 시스템(Data Base Management System: DBMS)도 이 시기에 등장했다.

1960년대 중반부터는 반도체기술의 빠른 발전으로 인해 컴퓨터 하드웨어에 상당히 큰 변화가 이어졌다. 트랜지스터를 기본으로 하는 컴퓨터들이 집적회로로 구성된 더 작고 강력한 제3세대 컴퓨터로 대체되었다. 집적회로는 수백에서 수천 개에 이르는 트랜지스터를 단 한 개의 작은 실리콘 칩에 통합회로로 묶는 기술로 이와 같은 집적회로 기반의 컴퓨터는 트랜지스터 기반의 컴퓨터에 비해 여러 가지 장점을 가진다. 그 첫째는 신뢰성의 향상이다. 집적회로로 구성된 컴퓨터는 각 칩이 컴퓨터에 설치되기 전인 제작 단계에서 이미 엄격한 테스트를 거치기 때문에 컴퓨터의 연산 결과에 대한 신뢰성을 크게 높이게 되었다. 둘째는 크기의 감소이다. 하나의 칩은 적게는 수백에서 많게는 수천 개의 트랜지스터를 포함하고 있기 때문에 컴퓨터의 부피를 크게 감소시킬 수 있었다. 이 밖에도 작은 칩으로 인해 속도, 전력 소모, 발열, 비용 등 다양한 측면에서 집적회로 기반의 컴퓨터는 기존의 트랜지스터 기반 컴퓨터에 비해 큰 장점을 가지고 있다.

고든 무어(Gordon Moore)는 이와 같은 컴퓨터 하드웨어의 빠른 발전을 예견하는 법칙으로 자신의 이름을 붙인 무어의 법칙(Moore's law)을 발표했다. 1965년 당시 미국의 반도체 기업 인텔(INTEL)의 회장이었던 무어는 반도체 집적회로의 성능이 적어도 20년 동안은 1.5년마다 두 배씩 발전할 것이라고 예견했다. 그리고 신기하게도 무어의 법칙은 2010년대까지도 정확하게 맞아떨어진 바 있다.

1970년대에 들어서는 하드웨어와 소프트웨어의 설계 방법론 측면이 크게 부각되었다. 하드웨어가 집적회로의 발전에 힘입어 만족할 만한 수준으로 성능 향상이 있었던 반면, 소프트웨어 쪽은 소프트웨어 공학적인 측면에서 그다지 만족할 만한 수준에 이르지 못했다.

또한 컴퓨터 이론 분야도 그다지 발전하지 못했는데, 이는 이론적인 연구보다는 실용적으로 사용될 수 있는 연구가 더 주목받았기 때문이다. 전통적인 형식 언어와 오토마타 이론 등은 다양한 형식 체계를 통해 결합되었으며, 이는 더욱 명확한 검증을 통해 실제 데이터 처리를 위해 사용되기에 이르렀다.

하드웨어 측면에서는 고도의 집적회로기술의 발달로 놀랄 만한 성장을 지속적으로 이루어내었다. 그 결과 컴퓨터의 성능은 끊임없이 향상되었으며, 컴퓨터 하드웨어의 부피는 점점 작아졌고 컴퓨터의 가격 또한 크게 낮아졌다. 그로 인해 개인용 컴퓨터(Personal Computer: PC)가 등장하게 되었다. 또한 이 시기에는 통신 분야에서도 커다란 발전이 있어서, 제한된 시간에 원거리로 자료를 전송할 수 있는 방법이 개발되었다. 이는 광범위한 컴퓨터 네트워크의 발전의 기초가 되었다.

이 시기의 프로그래밍 언어로는 C 언어가 개발되었다. 이는 유닉스(UNIX) 운영체제의 개발과 밀접하게 관련되어 주목받기 시작했으며, 그 이후 여러 응용 분야로 급격히 확산되었다. 파스칼과 함께 C 언어는 연구용으로 시작된 언어로는 상당한 성공을 거둔 사례에 해당한다.

이 시기에는 또한 하드웨어와 소프트웨어에 대한 개발 지원 툴들이 유명해지기 시작했다. 예를 들면 단순한 컴파일러가 에디터 및 디버거와 통합되었으며, 유닉스의 등장으로 인해 여러 가지 광범위한 플랫폼을 지원해주는 환경이 마련되었다.

진공관, 트랜지스터, 집적회로의 발명은 우리 사회에 커다란 파장을 불러일으켰다. 하지만 1971년 인텔의 기술진에 의해 만들어진 마이크로프로세서는 이보다도 훨씬 큰 변화를 주도했다. 마이크로프로세서는 집적회로를 더욱 발전시킨 초고밀도 집적회로(VLSI) 기술로 제작되었으며, 수십만 개의 반도체 소자를 작은 실리콘 칩에 내장하기에 이르렀다. 마이크로프로세서의 개발은 제4세대 컴퓨터 시대를 열었으며 컴퓨터의 외형, 능력, 활용성 면에서 급진적인 변화를 야기했다.

마이크로프로세서를 개발하기 위한 투자 비용과 이를 생산하기 위한 생산 라인의 설립에는 막대한 비용이 소요되었다. 하지만 단가가 워낙 저렴해서 공장이 가동된 이후 실리콘 칩은 값싸게 대량 생산될 수 있었다. 미국 회사들은 마이크로프로세서로 만들어진 시계와 휴대용 전자계산기를 출시했고, 시장의 반응은 뜨거웠다. 기계식 계산기는 자취를 감추었으며, 아날로그시계는 하룻밤 만에 구식이 되었다. 컴퓨터에 관심을 둔 사람들은 순식간에 대형 사업가로 성장했고, 마이크로프로세서 제조 회사들이 즐비한 캘리포니아의 산호세 지역은 실리콘밸리(Silicon Valley)라는 별칭을 얻었다.

마이크로프로세서의 보급은 개인용 컴퓨터 혁명을 야기했다. 1950년대와 1960년대가 대형 컴퓨터인 메인프레임 컴퓨터 주도의 시대라 한다면 1970년대 이후부터는 개인용 컴퓨터의 시대라 할 수 있다. 1960년대까지 컴퓨터는 주로 기업이나 정부 기관들이 자신의 업무를 효율적이고 안정적으로 처리하기 위해 사용했다. 따라서 크고 비싼 메인프레임 컴퓨터가 조금씩 사용되는 정도였다. 이에 비해 개인용 컴퓨터의 시대인 1970년대부터는 작은 컴퓨터들이 사회에 막대한 영향을 미쳤다. 1970년대 후반 애플(Apple), 코모도어(Commodore), 탠디(Tandy) 등의 회사들이 개인용 컴퓨터를 생산하기 시작했다. 개인용 컴퓨터는 기존의 방 크기만큼 거대한 컴퓨터들과 필적할 만한 처리 능력을 가지고 있었으나 가격은 상대적으로 매우 저렴했다. 개인용 컴퓨터는 점차 사무실, 학교, 집, 공장 등 거의 모든 곳에서 보편화되어갔다. 개인용 컴퓨터의 가격이 점점 낮아지고 대중화될 수 있었던 것은 메인프레임 컴퓨터에 비해 폭넓은 수요를 가지고 있어서 낮은 단가로도 충분한 수익성을 보장받을 수 있었기 때문이다. 반도체칩 제조업자들의 노력으로 무어의 법칙은 계속 성립되어갔으며, 그로 인해 개인용 컴퓨터는 지금까지도 그 성능이 점점 향상되고 있다. 물론 1970년대 이후에도 메인프레임 컴퓨터는 나름대로 자신의 영역에 맞게 진화·발전했으며, 결국 오늘날 각각 특정 업무에 적절한 컴퓨터로 진화하게 되었다.

1980년대에는 설계 방법론 측면에서 많은 새로운 패러다임이 등장했다. 특히 소프트웨어 측면에서 새로운 방법론이 많이 제안되었다. 그러나 지금에 와서 볼 때 그 당시에 등장한 많은 방법론들이 그리 만족할 만한 수준으로 발전된 것은 아니었다. 또한 이 시기에는 이론적인 컴퓨터 영역에서도 전통적인 계산 이론에 대한 새로운 관심이 일기 시작했다. 이는 어떠한 문제를 푸는 과정에서 수학적 복잡도에 대한 관심이 부각되었기 때문인데, 이러한 계산 이론적인 접근 방식은 병렬 처리와 분산 처리 등의 발전에 힘입어 특히 주목을 받았다.

이 시기에는 하드웨어와 소프트웨어에 대한 개발 도구의 지속적인 발전이 있었으며, 특히 하드웨어 기술의 성장은 멀티미디어와 분산 처리 등의 광범위한 활용을 가능하게 했다. 또한 프로그래밍 언어에서는 고품질 소프트웨어를 개발하는 도구로서의 객체지향 언어(object-oriented language)의 성공으로 인해 신뢰성과 재사용성이 높은 소프트웨어의 개발을 이룰 수 있게 되었다. 응용프로그램에서는 분산 데이터 처리가 성공적으로 이루어졌으며, 특히 통신기술의 발전과 연계되어 클라이언트 서버 구조의 처리 방식이 성공을 이루었다. 또한 산업적인 측면에서는 인공지능 영역과 연관해 전문가 시스템(expert system)에 대한 연구가 성행했다.

1990년대 초반부터는 컴퓨터가 사회 전반의 문화에 샅샅이 뿌리내리게 되었다. 이는 개인용 컴퓨터의 가격 하락과 성능 향상, 그리고 인터넷 확산 등의 요인 때문인 것으로 분석해볼 수 있다. 이 시기에는 이전 시기보다도 더욱 발전된 하드웨어와 소프트웨어 상품이 폭넓게 등장했고 또한 보급되었다. 특히 이 시기를 대표할 만한 기술로는 인텔 펜티엄 프로세서, 윈도우 95 및 98, 윈도우 NT 운영체제, 그리고 인터넷에서의 월드와이드웹(World Wide Web: WWW) 기술, 새로운 언어인 자바(Java) 등의 출현으로 요약할 수 있다.

컴퓨터의 과거사를 살펴보면 컴퓨터의 미래를 예측하는 것이 얼마나 쉽지 않은지를 알 수 있다. 컴퓨터가 막 등장하기 시작한 초창기에는 세계 경제에 컴퓨터가 미칠 영향이 어느 정도일지 그 누구도 예상하지 못했으나 이제는 상상할 수 없을 정도의 시장 형성과 더불어 세계 경제 및 사회 전반이 컴퓨터에 의존하는 시대에 이르렀다. 컴퓨터의 미래에 대한 예측은 과거에도, 그리고 앞으로도 여전히 쉬운 일이 아니다. 가령 프로그래밍 언어를 보면, 굉장히 낙관적인 전망을 하던 시대에 등장한 수많은 언어들이 단기간에 외면당한 채 사라져버린 것을 통해서도 그러한 어려움을 미루어 짐작할 수 있다.

3. 현대의 컴퓨터

현대의 컴퓨터는 그 규모에 따라 슈퍼컴퓨터, 메인프레임 컴퓨터, 워크스테이션, 개인용 컴퓨터, 휴대용 컴퓨터 등으로 나누어볼 수 있다. 이들 컴퓨터는 보통 임의의 목적으로 사용될 수 있기 때문에 범용 컴퓨터(general purpose computer)라고 부른다. 그에 비해 특수한 목적을 위해 각종 장치의 제어용으로 내장되는 컴퓨터로 임베디드 컴퓨터(embedded computer)가 있다. 범용 컴퓨터와 임베디드 컴퓨터의 기본적인 구조에는 큰 차이가 없지만 이들은 상이한 특징을 가진다. 이 절에서는 이들 컴퓨터에 대해 간단히 살펴보도록 하겠다.

1) 슈퍼컴퓨터와 메인프레임 컴퓨터

마이크로프로세서가 등장하기 이전의 시대에는 대부분의 컴퓨터가 방

하나 크기만한 메인프레임(main frame) 컴퓨터였다. 오늘날 은행이나 항공사와 같은 대규모 사업장에서는 대량의 데이터 처리와 신뢰성 있는 전산 작업을 위해 메인프레임 컴퓨터를 여전히 사용한다. 물론 메인프레임 컴퓨터의 부피가 초창기에 비해 크게 줄어들기는 했으나 가격은 개인용 컴퓨터에 비해 훨씬 고가이다.

메인프레임 컴퓨터는 일반적으로 터미널(terminal)을 통해서 접속해 사용하게 된다. 터미널이란 입력을 위한 키보드와 출력을 위한 모니터를 통합한 장치로 메인프레임 컴퓨터와 유선으로 연결되어 있다. 항공편을 예약하거나 은행 계좌에 돈을 적립할 때 우리는 거래하는 여행사나 은행의 직원이 터미널을 통해 메인프레임 컴퓨터에 접속하는 모습을 종종 볼 수 있다. 요즘은 개인용 컴퓨터를 통해 터미널 업무를 수행하는 경우도 흔히 볼 수 있다.

메인프레임 컴퓨터는 시분할(time sharing) 방식을 사용한다. 시분할 방식이란 컴퓨터 처리 능력을 짧은 시간 단위로 구분하고 이를 여러 사용자에게 조금씩 분할해 서비스하는 방식이다. 예를 들어 시분할 방식을 사용하는 메인프레임 컴퓨터에서는 전국에 있는 여러 은행 지점의 많은 터미널들을 동시에 서비스하는 것이 가능하다. 여기에서 '동시'라는 표현을 사용하긴 했지만, 사실 메인프레임 컴퓨터가 매 시점 하나의 터미널만을 서비스하므로 정확한 표현은 아니다. 단지 메인프레임 컴퓨터가 여러 터미널을 아주 짧은 시간 간격으로 나누어 서비스하기 때문에 각 터미널 입장에서는 동시에 서비스받는 듯한 느낌을 받게 되는 것이다. 이와 같은 시간 간격은 인간이 인지할 수 없을 만큼 짧은 시간 간격이므로 각 터미널의 사용자는 마치 자기 혼자 메인프레임 컴퓨터를 사용하는 것과 같은 느낌을 갖게 되는 것이다.

개인용 컴퓨터보다 강력한 계산 능력을 원하는 수학자나 과학자에게는 메인프레임 컴퓨터가 필요할 수 있다. 하지만 개인이 구매하기에는 가격 부담이 있으므로, 메인프레임 컴퓨터를 연구용으로 사용할 때에는 연구센터 등에서 공동으로 구입하게 된다. 메인프레임 컴퓨터가 시분할 방식을 사용하므로 여러 과학자 또는 수학자가 고가의 메인프레임 컴퓨터에 터미널로 접속해서 동시에 사용할 수 있기 때문이다. 즉 한 과학자가 복잡한 과학 계산 프로그램을 수행하고 있을 때 다른 과학자는 그것을 인식하지 않은 채 유전자 분석 프로그램을 수행할 수 있는 것이다.

한편 메인프레임 컴퓨터로도 처리 능력이 부족한 응용 분야가 있을 수 있다. 예를 들어 기상 예측, 통신망 설계, 석유 탐사 등과 같은 분야에서는 메인프레임 컴퓨터로도 원하는 시간 안에 주어진 결과를 얻을 수 없을 만큼 복잡한 문제를 다루게 된다. 따라서 메인프레임 컴퓨터보다 처리 능력이 뛰어난 컴퓨터가 필요한데, 이러한 컴퓨터를 슈퍼컴퓨터(super computer), 다른 말로는 고성능 컴퓨터(High Performance Computer: HPC)라고도 부른다. 이러한 고성능 컴퓨터들은 작게는 하나의 방, 크게는 하나의 건물을 통째로 차지하기도 한다. 최근에는 고성능 컴퓨터를 원격으로 사용하고 사용료를 지불하는 새로운 형태의 컴퓨팅 방식인 클라우드 컴퓨팅(cloud computing)이 각광받고 있다. 아마존(Amazon), 구글(Google), 마이크로소프트(Microsoft) 등의 기업이 이러한 클라우드 컴퓨팅 서비스를 제공하고 있으며, 사용자들은 일정 비용을 지불하고 자신만의 독자적인 컴퓨터를 원격으로 사용하게 된다. 이때 클라우드 컴퓨팅 업체들은 고성능 컴퓨터의 능력을 조금씩 분할하여 한 대의 물리적인 컴퓨터를 여러 사용자들이 공유해서 사용하게 하는데, 각 사용자 입장에서는 자신만의 독자적인 컴퓨터가 존재하는 것처럼 인식된다. 이렇게 사용자가 느끼는 독자적인 컴퓨터를 가상머신(virtual machine)이라고 부르며, 이를 지원해주는 기술을 가상화(virtualization) 기술이라고 부른다.

연산 능력 면에서 슈퍼컴퓨터나 메인프레임 컴퓨터보다 한 단계 아래인 컴퓨터로 미니컴퓨터(mini computer)가 있다. 미니컴퓨터는 메인프레임 컴퓨터보다는 성능이 느리지만 개인용 컴퓨터보다는 성능이 빠른 컴퓨터로 마이크로프로세서의 보편화가 이루어지기 전에 메인프레임 컴퓨터를 소형화하여 좀 더 폭넓게 보급하려는 의도에서 개발된 컴퓨터이다. 그러나 마이크로프로세서 기술의 발전으로 개인용 컴퓨터의 성능이 지속해서 향상되었고 그 시장 영역 또한 크게 증가함에 따라 미니컴퓨터는 당초 의도와 달리 시장에서 설 자리가 없어지게 되었다. 그 결과 미니컴퓨터는 역사 속에서 소멸된 컴퓨터가 되었다.

2) 개인용 컴퓨터

앞에서 살펴본 메인프레임 등의 대형 컴퓨터가 여러 사용자에 의해 사용되는 것을 전제로 만들어진 컴퓨터인 반면, 여기에서 살펴볼 개인용 컴퓨터는 1인의 사용자를 위해 만들어진 컴퓨터를 뜻한다. 한편 메인프레임 컴퓨터를 사용하기에는 규모가 작은 연구실이나 사무실에서 10인 이내의 구성원이 공동으로 사용하기에 적절한 컴퓨터로 워크스테이션(workstation)의 개념이 등장하게 되었다. 앞서 미니컴퓨터가 이러한 용도로 출현했으나 개인용 컴퓨터의 시장성에 밀려 소멸한 바 있다. 그러나 그 수요는 여전히 존재하므로 워크스테이션이 그 역할을 대신하게 된 것이다. 미니컴퓨터가 메인프레임 컴퓨터를 소형화한 컴퓨터라고 한다면, 워크스테이션은 개인용 컴퓨터를 대형화한 컴퓨터라고 할 수 있다.

워크스테이션 외에도 서버(server)라는 용어가 있다. 서버는 사실상 하드웨어를 지칭하는 전문용어라기보다, 네트워크로 연결된 다른 컴퓨터에 서비스를 제공하는 일종의 소프트웨어를 지칭하는 용어라고 볼 수 있다. 하지만 대개 이러한 서비스는 워크스테이션 이상 급의 컴퓨터가 담당하므로 통상적으로 서버급 컴퓨터라고 하면 워크스테이션 이상의 처리 능력을 지닌 컴퓨터를 지칭한다.

최근에는 개인용 컴퓨터의 성능이 급격하게 향상되어 고사양의 개인용 컴퓨터가 워크스테이션 용도로도 사용될 수 있을 정도에 이르렀다. 반대로 고사양의 개인용 컴퓨터가 필요한 과학자, 그래픽 디자이너, 금융분석가 등이 워크스테이션급으로 출시되는 컴퓨터를 개인용으로 사용하기도 한다. 물론 워크스테이션이 시분할 방식을 지원하므로 기본적으로 다수의 사용자가 워크스테이션을 동시에 사용할 수 있다.

서버와 워크스테이션은 상황에 따라 매우 다른 의미로 해석되기도 한다. 즉 서버는 적어도 워크스테이션 이상의 성능을 지원하는 컴퓨터를 지칭하지만 개인용 컴퓨터도 서버용으로 사용될 수 있기 때문에 사실상 모든 컴퓨터가 서버가 될 수 있다. 다만 서버급 컴퓨터라고 하면 고사양의 컴퓨터를 주로 지칭하게 된다. 워크스테이션의 경우도 다양한 의미로 해석되기는 마찬가지이다. 어떤 사람들은 개인용 컴퓨터나 터미널까지도 워크스테이션이라고 부르며, 또 다른 사람들은 다수에 의해 사용될 수 있을 정도로 충분한 성능을 지원하는 컴퓨터만을 워크스테이션이라고 부른다. 한편 워크스테이션과 개인용 컴퓨터 간의 격차는 점차 사라지고 있는데, 그 이유는 워크스테이션의 가격이 하락해 개인이 사용하기 위한 용도로 워크스테이션을 구입하는 사례가 늘고 있기 때문이다.

3) 휴대용 컴퓨터

컴퓨터를 지칭하는 또 다른 용어로 데스크탑 컴퓨터(desktop computer)가 있다. 데스크탑 컴퓨터는 개인용 컴퓨터와 유사한 의미로 사용되는데, 이는 개인용 컴퓨터를 주로 책상에 세워놓고 사용한다는 뜻에서 붙은 명칭이다. 한편 노트북 컴퓨터(notebook computer)가 등장하면서 개인용 컴퓨터 시장이 노트북 컴퓨터와 데스크탑 컴퓨터로 양분되는 형태가 되었다. 이들을 구분하는 기준은 그 휴대성에 있다고 할 수 있다. 우리는 노트북 컴퓨터를 비롯해 휴대할 수 있는 컴퓨터 범주를 휴대용 컴퓨터라 부른다. 최초의 휴대용 컴퓨터는 지금의 노트북 컴퓨터와 달리 CRT(Cathode Ray Tube) 화면과 접을 수 있는 키보드로 구성되었으며 무게는 10kg 정도에 이르렀다. 반면 오늘날의 휴대용 컴퓨터는 무릎 위에 올려놓을 수 있을 정도로 가볍고 얇은 액정 화면과 배터리 기반으로 운영되는 노트북 컴퓨터가 대부분이다. 무릎에 올려놓고 사용할 수 있다는 의미에서 노트북 컴퓨터를 랩탑 컴퓨터(laptop computer)라고도 부른다. 국내에서는 주로 노트북 컴퓨터라고 부르지만 외국에서는 랩탑 컴퓨터로 더 많이 알려져 있다. 최근에는 노트북 컴퓨터의 성능이 결코 데스크탑 컴퓨터에 뒤지지 않을 정도에 이르고 있다.

노트북 컴퓨터도 그 종류가 다양하다. 휴대성을 높이기 위해 각종 부가장비를 최대한 없앤 초경량의 서브노트북(subnotebook)이 등장했으며, 데스크탑 컴퓨터 대용으로 사용되는 동시에 이동성까지 갖춘 고사양의 노트북 컴퓨터도 등장하고 있다. 또한 노트북 컴퓨터의 용도에 적합한 장치 인터페이스를 추가하는 대신 무게를 줄이기 위해 데스크탑 컴퓨터용 인터페이스를 제외시키는 경우도 많이 있다. 예를 들어 노트북 컴퓨터들은 점점 CD-ROM을 장착하지 않는 추세이다. 물론 필요할 경우 도킹 스테이션(docking station) 등을 이용해 장착되지 않은 외부장치를 연결할 수 있는 경우도 많다. 초창기의 노트북 컴퓨터는 출장 등의 목적으로 외부에서 사용하기 위한 컴퓨터라고 인식되었지만, 최근에는 데스크탑 컴퓨터만큼 안정성을 확보하여 데스크탑 컴퓨터를 대신해 고정된 공간에서 사용하는 경우도 크게 늘어나고 있다.

노트북 컴퓨터보다 작은 크기의 휴대용 컴퓨터도 점차 발전을 거듭해가고 있다. 초창기에는 이러한 컴퓨터를 핸드헬드 컴퓨터(handheld computer), 또는 팜탑 컴퓨터(palmtop computer)라고 불렀으며, 그 크기는 작은 수첩 정도였다. 핸드헬드 컴퓨터의 종류로는 PDA(Personal Digital Assistant), PMP(Portable Multimedia Player) 등이 있었으며, 2000년대에 들어서 스마트폰(smartphone)이나 태블릿 컴퓨터(tablet computer)로 발전했다. 스마트폰은 전통적인 휴대폰인 피처폰이 그 기능을 다양화해 범용 컴퓨터화된 형태로 각종 센서가 장착되고 터치 기반의 인터페이스를 사용한다는 점에서 데스크탑이나 노트북 컴퓨터와 차별화된다. 태블릿 컴퓨터 역시 단지 크기에서 차이가 날 뿐 컴퓨팅 기기로서의 기능은 스마트폰과 동일하여, 스마트폰과 태블릿 컴퓨터를 묶어 스마트 디바이스라고 통칭한다. 스마트 디바이스에는 데스크탑이나 노트북 컴퓨터와는 다른 종류의 모바일 운영체제가 설치되며, 이에 따라 사용되는 프로그램들도 애플리케이션(application) 또는 앱(app)이라 불리는 독자적인 프로그램들로 구성된다. 전통적인 컴퓨터와 달리 스마트 디바이스는 다양한 센서 장치가 부착되고 늘 사용자 가까이에 존재하기 때문에 위치 기반 서비스, 헬스케어, 사회관계망서비스(Social Network Service: SNS) 등 다양한 종류의 앱들이 널리 사용되고 있다.

4) 임베디드 컴퓨터

우리가 일반적으로 사용하는 컴퓨터는 그 용도에 특별한 제한이 없으며, 교육, 연구, 사무, 서비스, 엔터테인먼트 등 다양한 용도로 사용될 수 있다. 그러나 컴퓨터 중에는 특수한 목적을 가지고 제작되는 것들이 있다. 신체에 부착해 심장의 박동수를 확인할 수 있는 컴퓨터부터, 건물의 온도나 습도 등을 조절하는 컴퓨터에 이르기까지 특수한 임무를 수행하도록 개발된 컴퓨터는 이미 주변에서 흔히 볼 수 있다. 사실상 우리는 이러한 기기를 컴퓨터라고 부르기보다는 그 본연의 업무를 본떠서 명명하게 되며, 컴퓨터는 그 기기 내부에 장착되는 형태가 된다. 이러한 종류의 컴퓨터를 내장형 컴퓨터 또는 임베디드 컴퓨터(embedded computer)라고 부른다.

임베디드 컴퓨터는 각종 기기에 내장되어 그 기능을 향상시키거나 연산·처리·전달하는 등의 업무를 담당한다. 자동차, 냉장고, 텔레비전 등을 비롯해 각종 과학용·군사용·산업용 기기 및 로봇 제어용으로 임베디드 컴퓨터가 폭넓게 사용되고 있다. 최근에는 임베디드 컴퓨터의 기능이 점점 다양화되면서 본연의 업무 외에 다른 부가 업무까지 담당하는 식으로 기능의 범용화가 이루어지기도 한다. 마이크로프로세서의 생산량 중 90% 이상이 범용 컴퓨터가 아닌 임베디드 컴퓨터의 용도로 각종 가전 및 제어기기에 내장되고 있는 추세이다. 임베디드 컴퓨터도 기본 구조는 범용 컴퓨터와 유사하지만 대표적인 차이점은, 임베디드 컴퓨터의 경우 프로그램이 칩 내부에 구워져 있다는 점이다. 따라서 임베디드 컴퓨터에서는 범용 컴퓨터와 같은 일반적인 방법으로는 새로운 프로그램을 탑재할 수 없다. 이는 그 용도의 특수성으로 임베디드 컴퓨터 내부에서 한번 기록된 프로그램이 수정될 일이 거의 발생하지 않기 때문이다.

2장

운영체제 개요

1. 운영체제의 정의

운영체제(operating system)란 컴퓨터 하드웨어 바로 윗단에 설치되는 소프트웨어를 말한다. 운영체제는 사용자 및 다른 모든 소프트웨어와 하드웨어를 연결하는 소프트웨어 계층으로 그 위상은 〈그림 2-1〉과 같다. 운영체제의 영문 명칭은 'operating system'이다. '시스템'이라는 용어는 기반이나 틀이 되는 하드웨어를 지칭할 때 주로 사용되는데, 소프트웨어인 운영체제에 시스템이라는 용어가 사용된 것은 하드웨어가 운영체제와 한 몸이 되어야만 사용자에게 쓰일 수 있는 진정한 컴퓨터 시스템이 되기 때문이다. 즉

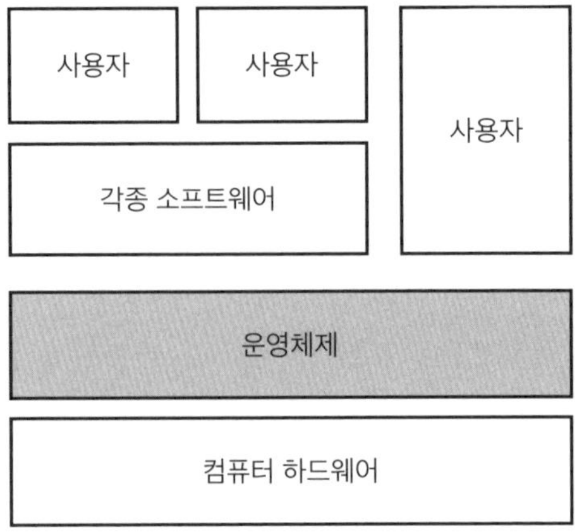

<그림 2-1> 운영체제의 위상

전원을 켰을 때 운영체제가 없으면 그 컴퓨터는 고철 덩어리에 불과하며, 이와 같은 고철 덩어리를 동작시키기 위해서 필요한 기본적인 소프트웨어가 바로 운영체제라는 뜻이다. 사용자 입장에서는 하드웨어 자체를 다룬다는 것이 쉽지 않으므로, 하드웨어 위에 기본적으로 운영체제를 탑재해 전원을 켰을 때 손쉽게 사용할 수 있는 상태가 되도록 하는 것이다. 즉 각종 소프트웨어들은 〈그림 2-1〉과 같이 하드웨어와 운영체제가 한 몸으로 존재하는 컴퓨터 시스템 위에서 수행되는 것으로 볼 수 있다.

컴퓨터의 전원을 켜면 운영체제는 이와 동시에 실행된다. 한편 소프트웨어가 컴퓨터 시스템에서 실행되기 위해서는 메모리에 그 프로그램이 올라가 있어야 한다. 운영체제 자체도 하나의 소프트웨어로서 전원이 켜짐과 동시에 메모리에 올라간다. 하지만 운영체제처럼 규모가 큰 프로그램이 모두 메모리에 올라간다면 한정된 메모리 공간의 낭비가 심할 것이다. 따라서 운영체제 중 항상 필요한 부분만을 전원이 켜짐과 동시에 메모리에 올려놓고 그렇지 않은 부분은 필요할 때 메모리로 올려서 사용하게 된다. 이때 메모리에 상주하는 운영체제의 부분을 커널(kernel)이라고 부르며 이를 좁은 의미의 운영체제라고도 부른다. 즉 커널은 운영체제 코드 중에서도 핵심적인 부분을 뜻한다. 이에 반해서 넓은 의미의 운영체제는 커널뿐 아니라 시스템을 위한 유틸리티들을 광범위하게 포함하는 개념이다. 우리가 흔히 사용하는 MS 윈도우 환경에서 파일을 복사(copy)하는 프로그램 등이 이에 해당된다고 볼 수 있다. 즉 이와 같은 유틸리티들은 항상 메모리에 올라가 있는 것이 아닌 별도의 프로그램으로서, 사실상 운영체제의 일부라고 보기는 힘들지만 시스템을 위한 유틸리티로 운영체제에 함께 설치되기 때문에 넓은 의미로는 운영체제에 포함시킨다.

2. 운영체제의 기능

〈그림 2-1〉과 같이 컴퓨터 하드웨어와 사용자 사이에 운영체제가 존재하므로, 운영체제의 역할은 하드웨어를 위한 역할과 사용자를 위한 역할의 두 가지로 나누어볼 수 있다. 하드웨어 쪽에서는 사용자가 직접 다루기 힘든 각종 하드웨어를 운영체제가 관리하는 역할을 하며, 사용자에게는 편리한 인터페이스를 제공하는 역할을 한다. 이를 좀 더 자세히 설명하자면, 운영체제의 두 가지 주요 기능은 컴퓨터 시스템 내의 자원(resource)을 효율적으로 관리하는 것과 컴퓨터 시스템을 편리하게 사용할 수 있는 환경을 제공하는 것이다. 편리한 환경 제공이란 운영체제가 여러 사용자 및 프로그램들에게 각각 독자적으로 컴퓨터를 사용하는 것과 같은 '환상'을 제공하는 것을 말한다. 이는 하드웨어를 직접 다루는 복잡한 부분은 운영체제가 대행해주고, 각 사용자 및 프로그램은 그에 대한 자세한 내용을 알지 못해도

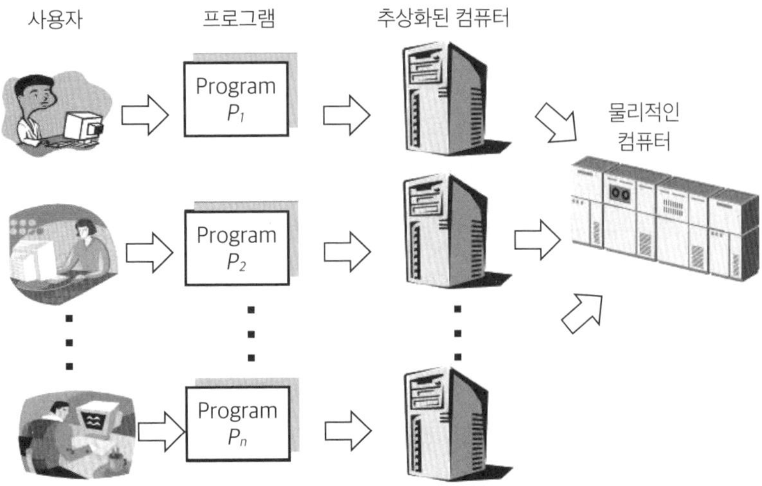

<그림 2-2> 편리한 인터페이스를 제공하는 운영체제

프로그램을 실행할 수 있도록 해주는 기능을 뜻한다. 〈그림 2-2〉는 이와 같이 운영체제가 제공하는 추상화된 컴퓨터를 보여주고 있다. 예를 들어 사용자는 파일이 디스크에 어떻게 저장되는지 자세히 알지 못하지만, 운영체제가 제공하는 편리한 인터페이스를 통해 파일을 손쉽게 저장하거나 파일의 내용을 꺼내볼 수 있다.

운영체제의 기능 중에서 사용자에게 편리한 환경을 제공하는 것보다도 중요한 핵심 기능은 컴퓨터 시스템 내의 자원을 효율적으로 관리하는 것이다. 그래서 운영체제를 자원관리자(resource manager)라고 부르기도 한다. 이때 자원이란 CPU, 메모리, 하드디스크 등 하드웨어 자원뿐 아니라 소프트웨어 자원까지를 통칭해서 부르는 말이다. 운영체제는 이와 같은 자원들을 효율적으로 관리해 가장 좋은 성능을 내도록 하는 역할을 담당한다. 하지만 전체적인 성능을 향상시키려다보면 일부 프로그램 또는 사용자가 불

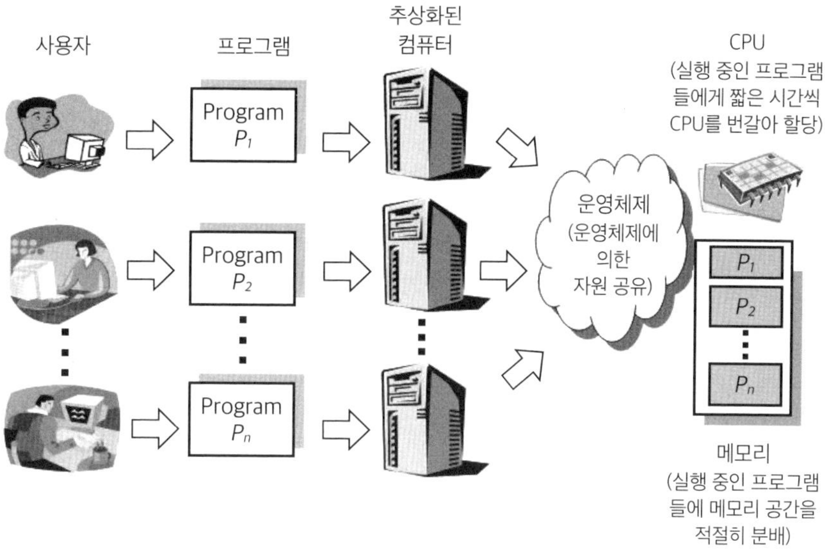

<그림 2-3> 자원관리자로서의 운영체제

이익을 당할 수 있다. 따라서 운영체제는 사용자 및 프로그램들 간에 자원이 형평성 있게 분배되도록 하는 균형자 역할도 함께 수행해야 한다. 즉 효율성이 가장 큰 목표이지만 이로 인해 일부가 지나치게 희생되지 않게 하는 형평성 역시 운영체제가 고려해야 할 목표이다.

이 밖에도 운영체제는 사용자와 운영체제 자신을 보호하는 역할을 담당한다. 여러 사용자의 프로그램이 하나의 컴퓨터에서 실행되면 이에 대한 보안이 필요하다. 악의성 프로그램을 작성해 다른 사용자 프로그램이 올라가 있는 메모리 영역을 참조한다든지, 또는 다른 사용자의 사적인 파일에 접근한다든지 하는 일이 일어나서는 안 된다. 나아가 악의성 프로그램이 운영체제 자체가 올라가 있는 메모리 영역을 변경하는 경우 컴퓨터의 정상적인 작동에 치명적인 악영향을 미칠 수도 있다. 따라서 운영체제는 보안 및 보호 기능을 수행하게 된다.

3. 운영체제의 분류

운영체제는 동시 작업을 지원하는지의 여부에 따라 단일작업(single tasking)용 운영체제와 다중작업(multi tasking)용 운영체제로 나누어볼 수 있다. 단일작업용 운영체제는 한 번에 하나의 프로그램만 실행시킬 수 있는 운영체제로, 초창기 운영체제는 대개 단일작업용 운영체제에 해당되었다. 예를 들어 MS 윈도우가 나오기 전인 도스(Disk Operating System: DOS) 환경에서는 하나의 프로그램이 실행되는 동안 다른 프로그램을 실행시킬 수 있는 명령어 입력 라인이 뜨지 않아 한 번에 하나의 작업만 실행할 수 있었다. 하지만 최근에는 대부분의 운영체제가 동시에 2개 이상의 프로그램을 처리할 수 있는 다중작업을 지원한다. 즉 MS 윈도우나 유닉스 환경에서는 하나의 프로그램이 끝나기 전에 다른 프로그램을 실행시키는 것이 가능하다. PC 환경에서 워드프로세서와 인터넷 탐색기, 게임 등 다양한 프로그램을 서로 다른 창에 동시에 띄워놓을 수 있다는 점이 MS 윈도우가 다중작업용 운영체제임을 말해주는 것이다.

이와 같은 다중작업용 운영체제의 개념을 이해할 때 주의해야 할 점이 있다. 운영체제가 다중작업을 처리할 때에는 여러 프로그램이 CPU와 메모리를 공유하게 된다. 비록 CPU가 하나밖에 없어 매 순간 하나의 프로그램만 CPU에서 실행될 수 있더라도 CPU의 처리 속도가 워낙 빨라 수 밀리초(ms) 이내의 짧은 시간 규모로 여러 프로그램들이 CPU에서 번갈아 실행되면 사용자 입장에서는 여러 프로그램이 동시에 실행되는 것처럼 보이기 때문이다. 이와 같이 CPU의 작업시간을 여러 프로그램들이 조금씩 나누어 쓰는 시스템을 시분할 시스템(time sharing system)이라고 부른다.

CPU와 달리 메모리의 경우 여러 프로그램들이 조금씩 메모리 공간을 보유하며 동시에 메모리에 올라가 있을 수 있다. 이처럼 메모리 공간을 분할해 여러 프로그램들을 동시에 메모리에 올려놓고 처리하는 시스템을 다중 프로그래밍 시스템(multi-programming system)이라고 부른다. 한편 다중작업용 운영체제의 경우 여러 프로그램을 같이 실행시키지만 사용자 개개인의 관점에서는 각 프로그램에 대한 키보드 입력의 결과를 곧바로 화면에 보여주기 때문에 이러한 시스템을 대화형 시스템(interactive system)이라고도 부른다. 다중작업, 시분할, 다중 프로그래밍, 대화형 시스템은 모두 여러 프로그램이 하나의 컴퓨터에서 동시에 실행된다. 이 용어들은 각 프로그램이 사용자의 입력에 대해 곧바로 응답한다는 측면에서 유사한 의미로 사용되며, 우리가 널리 사용하는 PC가 바로 이러한 조건을 만족하는 시스템이다. 여러 사용자가 동시에 접속해서 쓰는 서버인 경우에도 서버 컴퓨터에 사용자가 입력을 전달하면 곧바로 서버가 응답하여, 각 사용자 입장에서는 그 서버를 자기 혼자 사용하는 것처럼 느끼게 해주므로 대화형 시스템에 해당한다. 앞서 설명한 용어들은 CPU가 하나뿐인 컴퓨터인 경우에도 해당되는 성질이다. 이에 비해 다중처리기 시스템(multi-processor system)은 하나의 컴퓨터 안에 CPU가 여러 개 설치된 경우를 뜻하므로 앞의 용어들과는 의미가 다르다. CPU가 여럿 있는 컴퓨터는 서로 다른 CPU에서 여러 프로그램이 동시에 실행될 수 있어 처리가 더욱 빨라지지만, 운영체제 입장에서는 여러 CPU를 관리하기 위해 더욱 복잡한 메커니즘을 필요로 한다. 이 책에서는 특별한 언급이 없는 이상 CPU가 하나만 탑재된 컴퓨터를 다룬다.

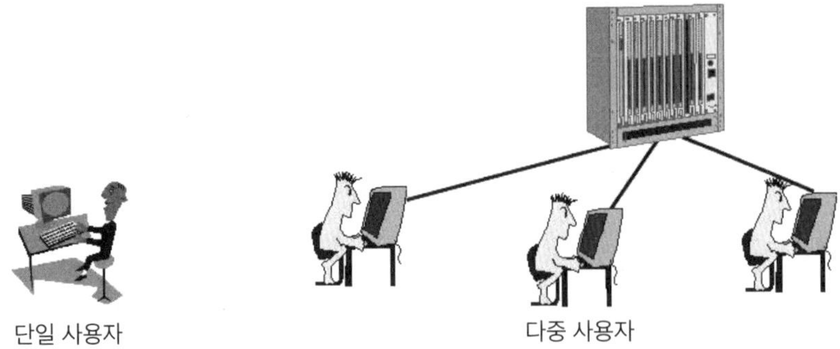

<그림 2-4> 단일 사용자용 운영체제와 다중 사용자용 운영체제

운영체제를 분류하는 또 다른 기준으로는 다중 사용자에 대한 동시 지원 여부를 들 수 있다. 한 번에 한 명의 사용자만이 사용하도록 허용하는 운영체제를 단일 사용자용 운영체제라고 부르며, 여러 사용자가 동시에 접속해 사용할 수 있게 하는 운영체제를 다중 사용자용 운영체제라고 한다. 이메일 서버나 웹서버 등 우리가 흔히 서버라고 부르는 컴퓨터는 여러 사용자가 동시에 접속해 사용할 수 있으므로 다중 사용자용 운영체제가 이용되는 대표적인 경우라고 할 수 있다. 단일 사용자용 운영체제는 DOS처럼 한 번에 하나의 작업만 수행할 수 있는 경우와 MS 윈도우처럼 혼자 사용하지만 다중작업이 가능한 경우로 나누어볼 수 있다. 최근에는 MS 윈도우 계열에서도 서버 기능을 지원해 다중 사용자용 운영체제로 쓰이는 경우가 많다.

운영체제를 분류하는 또 다른 기준으로 작업을 처리하는 방식을 들 수 있다. 먼저 일괄처리(batch processing) 방식은 요청된 작업을 일정량씩 모아서 한꺼번에 처리하는 방식이다. 즉 이 방식에서는 처리해야 할 여러 작업들을 모아 일정량이 쌓이면 일괄적으로 처리하고, 모든 작업이 완전히 종료된 후에 결과를 얻을 수 있다. 그러므로 사용자 입장에서는 응답시간이 길다는 단점이 있다. 일괄처리 방식의 예로는 초창기 컴퓨터에 사용되던 펀치 카드(punch card) 처리 시스템을 들 수 있다.

다음으로 시분할 방식은 여러 작업을 수행할 때 컴퓨터의 처리 능력을 일정한 시간 단위로 분할해 사용하는 방식이다. 현대의 범용 컴퓨터는 대부분 시분할 방식을 사용하는데, 예를 들어 유닉스 운영체제하의 서버 컴퓨터는 여러 사용자의 작업을 짧은 시간 단위씩 번갈아가며 처리하게 된다. 그러므로 사용자들은 일괄처리 방식에 비해 짧은 응답시간을 갖게 된다. 평균적으로 사람들이 길다고 느끼는 시간에까지 이르지 않고 입력에 대한 응답을 얻을 수 있기 때문에 사용자 측에서는 컴퓨터를 자기 혼자 독점적으로 사용하는 것처럼 생각할 수 있다. 이와 같이 사용자의 요청에 대한 결과를 곧바로 얻을 수 있는 시스템을 대화형 시스템이라고 표현하며, 이는 시분할 방식의 대표적인 특징이라고 할 수 있다.

처리 방식에 의해 분류되는 운영체제 중 마지막으로 살펴볼 것은 실시간(real time) 운영체제이다. 실시간 운영체제는 정해진 시간 안에 어떠한 일이 반드시 처리됨을 보장해야 하는 시스템에서 사용된다. 다시 말해 일정 시간 안에 작업이 완료되지 못할 경우에는 동작 자체가 되지 않거나 큰 위험을 초래할 가능성이 있는 시스템에서 사용된다고 하겠다. 원자로, 공장 제어 시스템, 미사일 제어 시스템 등이 그 예이다. 실시간 시스템은 시간 제약의 중요성에 따라 다시 두 가지로 세분화할 수 있다. 경성 실시간 시스템(hard realtime system)과 연성 실시간 시스템(soft realtime system)이 그것이다. 경성 실시간 시스템은 주어진 시간을 지키지 못할 경우 매우 위험한 결과를 초래할 가능성이 있는 로켓, 원자로 제어 시스템 등을 말한다. 연성 실시간 시스템은 멀티미디어 스트리밍 시스템과 같이 데이터가 정해진 시간 단위로 전달되어야 올바른 기능을 수행할 수 있는 시스템을 말한다.

시간이 지켜지지 않을 경우 동영상 재생이 끊기거나 그 내용이 정확히 전달되지 않을 우려가 있지만 경성 실시간 시스템처럼 위험한 결과를 초래하지는 않는다.

4. 운영체제의 예

이제부터는 앞서 설명한 운영체제의 기능을 MS 윈도우와 유닉스의 예를 통해 간단히 살펴보도록 하겠다. MS 윈도우는 미국의 컴퓨터 소프트웨어 기업인 마이크로소프트(Microsoft)에서 이전에 개발한 MS-DOS와 윈도우 3.1 등을 한층 발전시킨, 개인용 컴퓨터를 위한 운영체제이다. 마이크로소프트가 기존에 발표한 MS-DOS는 초보자가 사용하기 어려운 명령어 입력 방식을 지녔기 때문에 좀 더 쉬운 사용을 위해 윈도우를 개발하게 되었다. 한편 초기의 윈도우는 그래픽 인터페이스와 마우스의 기능을 지원한다는 점에서 사용자에게 편리한 환경을 제공했지만, 그 자체로 독립적인 운영체제가 되지 못하고 MS-DOS 위에서 수행된다는 점에서 여러 가지 한계를 가지고 있었다. 그러다가 점점 높은 버전이 나오면서 윈도우 3.1에 이르러 다중작업을 비롯한 여러 가지 기능을 지원할 수 있도록 발전되어왔다. 하지만 운영체제가 아닌 DOS 위에서 수행되는 프로그램이라는 한계는 여전하여, 컴퓨터 시스템을 완전히 제어할 수 없다는 점과 불안정하다는 등의 문제점이 있었다. 또한 사용자 입장에서는 윈도우를 사용하면서도 DOS를 함께 사용해야 하는 부가적인 어려움이 있었다. 이에 DOS라는 운영체제 위에서 수행되는 프로그램이 아니라 그 자체가 하나의 온전한 운영체제가 되도록 제작한 것이 윈도우 95이며, 그 이후 윈도우 98을 거쳐 윈도우

XP, 윈도우 Vista, 윈도우 7, 윈도우 10에 이르게 되었다.

윈도우 XP부터는 인터페이스 측면에서 그래픽 환경과 아이콘 방식을 기본적으로 채택하면서 동일한 명령어라도 수행하는 방식을 여러 가지로 지원해 누구나 자기에게 편한 방법으로 다룰 수 있게 하고 있다. 즉 다른 운영체제에 이미 익숙한 사용자를 비롯해 컴퓨터를 처음 다루는 초보자에게도 쉽게 배울 수 있는 방법을 제공하고 있는 셈이다.

MS 윈도우의 또 다른 큰 특징으로는, 시스템에 새로운 하드웨어를 장착하면 운영체제가 자동으로 하드웨어를 감지하여 그에 맞게 설정된다는 점이다. 이러한 기능을 플러그 앤 플레이(plug and play)라고 한다. MS 윈도우는 자체적으로 네트워크 프로그램을 지원하기 때문에 윈도우 사용자들끼리 파일을 공유하거나 프린터 등의 하드웨어를 공유할 수 있는 기능을 가지고 있다.

MS 윈도우는 유닉스 같이 오랜 전통을 가지는 운영체제에 비해 안정성이 떨어지지만, 사용이 편리한 여러 가지 기능들을 제공하기 때문에 컴퓨터를 전문적으로 이용하지 않는 일반 사용자에게 가장 보편적으로 사용되고 있다. 최근에는 초창기에 비해 MS 윈도우도 안정성이 상당히 개선된 것으로 평가받고 있다. 한편 MS 윈도우 중에는 안정성이 높고 웹서버 등 다중 사용자용 운영체제로 사용되는 버전인 윈도우 NT가 있다. 윈도우 NT는 인터페이스 측면에서는 개인용 MS 윈도우와 유사해 사용이 편리하지만, 서버 환경을 지원해 웹서버, 전자우편, 파일서버, 데이터베이스 및 통신 기능을 손쉽게 관리할 수 있게 해주는 장점이 있다.

유닉스 운영체제는 1969년 벨 연구소에서 최초로 개발된 것으로 운영체제 분야에서는 주목할 만한 성공 사례 중 하나이다. 유닉스는 프로그램 개발 환경을 위해 설계된 운영체제로서 이식성(portability)이 좋고, 운영체제 커널의 크기가 작으며, 소스 코드(source code)가 공개되었다는 점 등으로 인해 학계를 바탕으로 많은 연구와 함께 그 사용이 확대되어 이제는 가장 널리 사용되는 운영체제 중 하나로 자리 잡고 있다. 유닉스는 그때 당시로서는 생각하기 힘들 만큼 깔끔한 모듈 단위로 작성된 운영체제로서, 하드웨어 기술이나 소프트웨어 기술이 발전하더라도 확장성을 지원할 수 있게 설계되어 급변하는 기술 환경 속에서도 현재까지 널리 사용되고 있다.

소프트웨어의 이식성이란 해당 소프트웨어를 다른 기종의 기계로 옮기는 것이 얼마나 용이한가를 나타내는 지표로서, 유닉스는 이러한 이식성이 높은 최초의 운영체제라 할 수 있다. 초기의 유닉스는 운영체제의 핵심 부분이라 할 수 있는 커널의 크기가 놀라울 정도로 작았으며, 여러 가지 유틸리티들을 지원하기 때문에 프로그래밍 환경에는 이상적이라 할 수 있었다. 또한 그 당시만 해도 대부분의 운영체제가 어셈블리 언어로 작성되는 것이 일반적이었으나 유닉스는 대부분의 코드가 C 언어로 작성되었다. 즉 기계어에 가까운 어셈블리 언어로 작성되는 운영체제에 비해 사람이 이해하기 편리한 고급 언어로 작성된 유닉스는 소스 코드를 이해하기가 쉽고, 따라서 다른 기종에 이식하는 것도 훨씬 쉬웠던 것이다.

또한 유닉스의 소스 코드가 공개된 점은 대학이나 연구소에서 실제 연구를 하는 데 널리 보탬이 되었으며, 그 결과 학문적인 입장에서는 현재까지 유닉스가 거의 표준 운영체제로 사용되고 있다. 현재의 유닉스는 여러 집단에서 개발된 다양한 종류가 있다. 특히 최근에는 리눅스(Linux)의 등장으로 대형 서버뿐 아니라 개인용 컴퓨터에서도 유닉스를 널리 사용할 수 있게 되었다.

MS 윈도우가 개인용 컴퓨터를 위한 운영체제로서 누구든지 손쉽게 사용할 수 있도록 하는 편리한 인터페이스와 각종 기능들을 특징으로 한다면,

유닉스는 오랜 전통을 지닌 운영체제로서 대형 컴퓨터 및 전문적인 목적의 컴퓨터에 사용되기에 적합하다. 오랜 전통이 말해주듯 안정성을 가장 큰 장점으로 하며, 컴퓨터를 어느 정도 전문적으로 다루는 사용자에게는 유닉스 또한 사용하기 편리하고 자신에게 적합한 환경을 스스로 꾸밀 수 있는 체계적인 운영체제라고 할 수 있다. 또한 유닉스에서도 그래픽 인터페이스를 지원하는 프로그램들이 개발되면서 초보자도 쉽게 사용할 수 있는 방법을 제공하고 있으며, 리눅스의 급성장으로 유닉스 또한 개인용 컴퓨터에서 점차 그 사용 규모가 늘어가고 있는 추세이다.

5. 운영체제의 자원 관리 기능

이 절에서는 컴퓨터 시스템의 동작 원리에 대해 설명하는 3장에 들어가기에 앞서 운영체제의 자원 관리 기능을 간단히 살펴보도록 하겠다. 운영체제의 가장 핵심적인 기능은 자원을 효율적으로 관리하는 것으로, 여기서 자원은 하드웨어 자원과 소프트웨어 자원으로 나뉜다. 하드웨어 자원은 CPU와 메모리(memory)를 비롯해 주변장치 또는 입출력 장치라 불리는 장치들로 구성된다. CPU는 통상적으로 컴퓨터 한 대에 하나가 장착되기 때문에 여러 프로세스들이 CPU를 효율적으로 나누어 사용할 수 있도록 관리되어야 한다. 메모리 역시 시스템 내에 한정된 용량만 존재하기 때문에 서로 다른 다수의 프로세스들이 나누어 쓸 수 있도록 해야 한다. 또한 입출력 장치도 운영체제의 관리가 필요하다. CPU와 메모리는, 전원이 꺼지면 처리 중이던 정보가 모두 지워지기 때문에 전원이 나가도 기억해야 하는 부분을 입출력 장치 중 한 종류인 보조기억장치에 파일 형태로 저장한다. 이

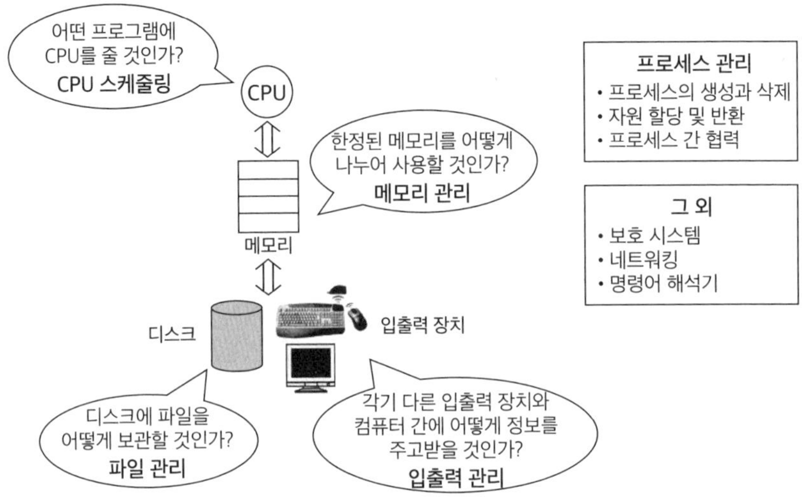

<그림 2-5> 운영체제의 기능

때 이러한 파일들이 저장되는 방식 및 접근 권한 등에 대해서도 운영체제가 관리를 해주어야 한다. 보조기억장치로 사용되는 대표적인 매체로는 하드디스크가 있으며, 이외에도 키보드, 모니터 등이 입출력 장치로 운영체제의 관리 대상에 포함된다.

지금부터는 CPU를 관리하는 방법에 대해 살펴보도록 하겠다. CPU가 하나밖에 없는 가장 기본적인 컴퓨터 구조에서도 프로세스는 여러 개가 동시에 수행될 수 있다. 그러므로 매 시점 어떠한 프로세스에 CPU를 할당해 작업을 처리할 것인지 결정하는 일이 필요하다. 이러한 일을 CPU 스케줄링(CPU scheduling)이라고 한다. CPU 스케줄링의 목표는 CPU를 가장 효율적으로 사용하면서도, 특정 프로세스가 불이익을 당하지 않도록 하는 것이다. 대표적인 CPU 스케줄링 기법으로 선입선출(First Come First Served: FCFS), 라운드 로빈(Round Robin), 우선순위(priority) 기법 등이 있다.

선입선출 기법은 CPU를 사용하기 위해 도착한 프로세스들 중 먼저 온 것을 먼저 처리해주는 방식이다. 이는 우리가 일상생활에서 줄을 서는 것과 유사하다. 이 방식에서는 CPU를 필요로 하는 프로세스가 여럿 있을 때 CPU를 먼저 얻은 프로세스가 원하는 작업을 완료할 때까지 다른 프로세스들이 CPU를 사용하지 못한다. 이 방식을 사용할 경우 CPU 자체의 효율적인 사용 측면에서는 문제가 없지만 전체 시스템 입장에서는 비효율적인 결과를 초래할 가능성이 있다. 장시간 CPU를 사용해야 하는 프로세스가 먼저 도착하고 짧은 시간만 CPU를 사용하면 되는 프로세스들이 나중에 도착한 경우를 생각해보자. 이러한 경우 짧은 수행시간을 가진 프로세스들은 선행 프로세스가 작업을 마칠 때까지 장시간 기다려야 한다. 예를 들어 반복문을 천만 번 실행해야 하는 프로세스가 CPU를 사용하고 있다면 그 후에 도착하는 모든 프로세스들은 그 작업이 완료될 때까지 오랜 시간을 기다려야 할 것이다. 이러한 선입선출 기법의 단점을 보완하고자 고안된 기법이 라운드 로빈 기법이다.

라운드 로빈 기법에서는 CPU를 한 번 할당받아 사용할 수 있는 시간을 일정하게 고정된 시간으로 제한한다. 그래서 긴 작업을 요하는 프로세스가 CPU를 할당받더라도 정해진 시간이 지나면 CPU를 내어놓고 CPU 대기열의 제일 뒤에 가서 줄을 서야 한다. 그러므로 라운드 로빈 스케줄링에서는

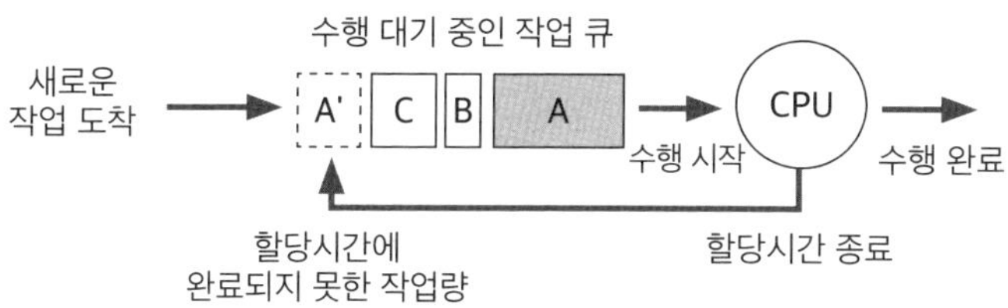

<그림 2-6> 라운드 로빈 방식의 CPU 스케줄링

적어도 긴 작업을 수행하는 프로세스 때문에 짧은 작업을 가진 프로세스들이 무작정 오래 기다려야 하는 상황은 막을 수 있다. 그렇다면 한 번에 사용할 수 있는 할당시간을 얼마로 할 것인가? 일반적으로 1회 할당시간은 밀리초 단위를 사용한다. 그러면 다수의 사용자가 동시에 접속할 때에도 각자 1초 이하의 응답시간을 보장받을 수 있게 된다.

우선순위 스케줄링에서는 CPU 사용을 위해 대기 중인 프로세스들에 우선순위를 부여하고 우선순위가 높은 프로세스에 CPU를 먼저 할당한다. 시스템 내의 프로세스 중에는 상대적으로 더 중요한 프로세스가 있을 수 있으므로 그런 프로세스의 우선순위를 높게 하여 CPU를 먼저 획득할 수 있도록 한다는 점이 우선순위 스케줄링의 핵심이다. 또한 지나치게 오래 기다리는 프로세스가 발생하지 않도록, 기다린 시간이 늘어날수록 우선순위를 점차 높여주는 방안도 우선순위 스케줄링에 활용될 수 있다.

운영체제의 또 다른 중요 관리 대상으로 메모리가 있다. 메모리는 CPU가 직접 접근할 수 있는 컴퓨터 내부의 기억장치이다. 프로그램이 CPU에서 실행되려면 해당 부분이 메모리에 올라가 있어야 한다. 이때 한정된 메모리 공간에 여러 프로그램을 수용하려면 메모리에 대한 효율적인 관리 메커니즘이 필요하다. 따라서 메모리 관리를 위해 운영체제는 메모리의 어느 부분이 어떤 프로그램에 의해 사용되고 있는지를 파악하여 이를 유지하게 되는데, 이러한 정보는 주소(address)를 통해 관리된다. 운영체제는 프로그램에 메모리가 필요할 때 할당하고, 더 이상 필요하지 않을 때 회수한다. 어떤 경우에는 메모리를 조금만 더 할당하면 굉장히 빨리 수행될 수 있고, 때로는 불필요하게 메모리를 요청해 자원을 낭비하는 경우가 발생하기도 한다. 따라서 운영체제는 이를 잘 판단해 전체 메모리 공간이 효율적으로 사용될 수 있도록 해야 한다. 또한 다수의 사용자 프로그램이 동시에 메모리에 올라간 경우 서로 다른 프로세스의 영역을 침범하지 않도록 보안을 유지하는 역할도 운영체제의 몫이라고 할 수 있다. 즉 운영체제는 각 프로세스가 자신의 메모리 영역에만 접근할 수 있도록 관리해야 한다.

물리적 메모리를 관리하는 방식에는 고정분할(fixed partition) 방식, 가변분할(variable partition) 방식, 가상메모리(virtual memory) 방식 등이 있다. 고정분할 방식은 물리적 메모리를 몇 개의 분할로 미리 나누어 관리한다. 나뉜 각각의 분할에는 하나의 프로그램이 적재될 수 있다. 이 방식은 융통성이 없다는 단점이 있다. 이는 메모리에 동시 적재되는 최대 프로그램의 수가 분할 개수로 한정되기 때문이다. 그뿐만 아니라 분할의 크기보다 큰 프로그램은 적재가 불가능하게 된다. 따라서 메모리의 효율적인 사용 측면에서도 바람직하지 않다. 분할이 고정적이기 때문에 분할의 크기보다 작은 프로그램이 적재되는 경우 해당 분할 내에 남는 영역이 발생하게 된다. 이것을 내부조각(internal fragmentation)이라고 하는데, 내부조각은 해당 분할에 올라온 프로그램에 의해서도 사용되지 않고, 다른 프로그램에도 할당될

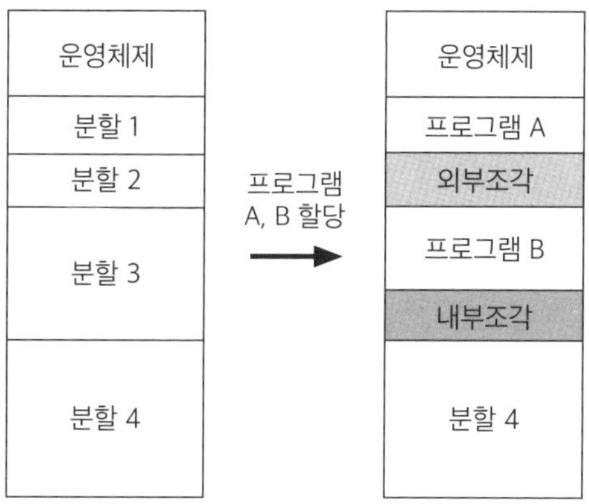

<그림 2-7> 고정분할 방식

수 없으므로 비효율적으로 낭비되는 공간이라 할 수 있다.

가변분할 방식은 매 시점 프로그램의 크기에 맞게 메모리를 분할해서 사용하는 방식을 말한다. 따라서 분할의 크기 때문에 큰 프로그램의 실행이 제한되는 문제는 발생하지 않는다. 그러나 물리적 메모리의 크기보다 더 큰 프로그램의 실행은 여전히 불가능하다. 가변분할 방식에서는 분할의 크기와 개수가 동적으로 변하므로 기술적 관리 기법이 필요하다. 가변분할 방식을 사용하게 되면 고정분할 방식에서 발생하는 내부조각은 발생하지 않지만 외부조각(external fragmentation)이 발생할 수 있다. 외부조각이란 프로그램에 할당되지는 않았지만 그 크기가 작아 프로그램을 올리지 못하는 메모리 영역을 말한다. 외부조각이 발생하는 경우를 예를 통해 살펴보도록 하겠다. 크기가 100인 프로그램 A가 실행되어 메모리에 100만큼의 영역을 할당받았다. 그리고 프로그램 A가 실행되는 도중에 크기가 50인 프로그램 B가 실행되어 A의 영역 바로 다음부터 메모리 공간 50을 할당받아

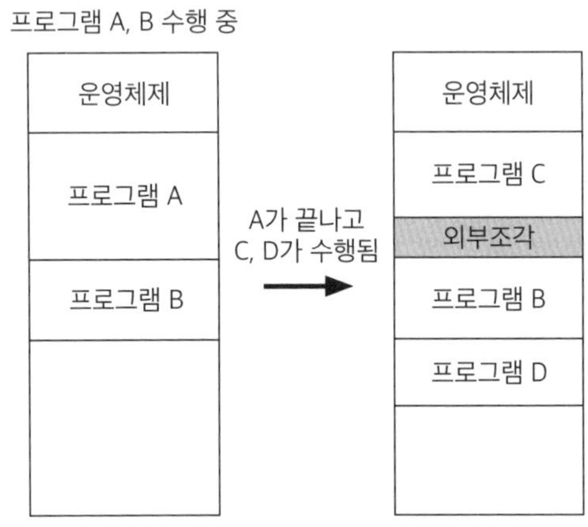

<그림 2-8> 가변분할 방식

실행되고 있다. 이때 A의 작업이 완료되어 A의 영역에 크기 80인 프로그램 C가 적재되었다. A의 크기는 100인데 80의 크기를 가진 프로그램 C가 이전의 A 영역을 사용하고 있기 때문에 20만큼의 빈 공간이 생기게 된다. 이제 크기가 40인 프로그램 D가 실행된다고 하자. 그러면 크기가 20인 공간이 비어 있지만 프로그램 D가 실행되기에는 충분하지 못한 공간이기 때문에 프로그램 D는 빈 공간 20을 사용하지 못한다. 이러한 크기 20의 공간을 외부조각이라고 하며, 이 공간은 현재 비어 있는 공간이지만 그 크기가 작아 아직까지 프로그램에 할당되지 못한 공간을 의미한다. 외부조각 역시 낭비된 메모리 자원이라고 할 수 있다.

가상메모리 기법은 현대의 범용 컴퓨터 환경에서 가장 널리 사용되는 메모리 관리 기법이다. 이 기법은 물리적 메모리보다 더 큰 프로그램이 실행되는 것을 지원한다. 이때 실행될 수 있는 프로그램의 크기는 가상메모리의 크기에 의해 결정된다. 좀 더 자세히 살펴보자면, 모든 프로그램은 물리적 메모리와는 독립적으로 0번지부터 시작하는 자신만의 가상메모리 주소를 갖는다. 운영체제는 이 가상메모리의 주소를 물리적 메모리 주소로 매핑(mapping)하는 기술을 이용해 주소를 변환시킨 후 프로그램을 물리적 메모리에 올리게 된다. 가상메모리 기법에서는 물리적 메모리의 크기와 상관없이, 사용할 수 있는 메모리의 크기가 충분히 크다고 가정하고 프로그램을 개발할 수 있다. 그러므로 물리적 메모리의 크기가 1기가바이트(Gbyte)라 하더라도 2Gbyte의 프로그램을 실행할 수 있다. 이것을 가능하게 하는 원리는 다음과 같다. 프로그램의 전체 크기가 2Gbyte일지라도 전체가 항상 동시에 사용되는 것은 아니다. 그러므로 현재 사용되고 있는 부분만 메모리에 올리고, 나머지는 하드디스크와 같은 보조기억장치에 저장해두었다가 필요할 때 적재하는 방식을 취한다. 이때 사용되는 보조기억장치의 영역을 스왑 영역(swap area)이라고 부른다. 프로그램을 구성하는 가상메모리 주소 공간은 페이지(page)라는 동일한 크기의 작은 단위로 나뉘어 물리적 메모리와 스왑 영역에 일부분씩 저장된다. 이렇게 동일한 단위로 메모리를 나누는 기법을 페이징(paging) 기법이라고 한다. 가상메모리 기법에 대해서는 이 책의 후반부에서 자세히 다루게 될 것이다.

주변장치 및 입출력 장치는 CPU나 메모리와 달리 인터럽트(interrupt)라는 메커니즘을 통해 관리가 이루어진다. 주변장치들은 CPU의 서비스가 필요한 경우에 신호를 발생시켜 서비스를 요청하는데, 이때 발생시키는 신호를 인터럽트라고 한다. CPU는 평소에 CPU 스케줄링에 따라 자기에게 주어진 작업을 수행하다가 인터럽트가 발생하면 하던 일을 잠시 멈추고 인터럽트에 의한 요청 서비스를 수행한다. 인터럽트를 발생시키는 경우의 대표적인 예는 다음과 같다. 사용자가 키보드의 글자를 입력하면 키보드는 CPU에 인터럽트를 발생시켜 사용자로부터 입력이 들어왔음을 알린다. 그러면 CPU는 하던 일을 멈추고 인터럽트로 인해 처리해야 할 작업을 수행한다. 키보드에 의해 인터럽트가 발생한 경우라면 사용자의 입력 데이터를 해당 프로그램에 전달하는 절차를 수행한다. 인터럽트 처리를 완료한 후에는 원래 하던 일을 계속 수행한다. 운영체제는 인터럽트를 처리한 후 원래 수행하던 작업으로 돌아오기 위해 인터럽트 처리 직전에 수행 중이던 작업의 상태를 저장해둔다. 다음의 상황을 생각해보자. 집에서 친구와 통화를 하고 있는데 배달시킨 택배 물품이 도착하여 초인종이 울린다. 그래서 통화 중이던 친구에게 잠깐 기다려달라고 하고 현관문을 열어 택배 물품을 수령한 후 다시 통화를 지속한다. 이 상황에서 통화가 보류되기 직전까지 나누던 대화의 내용을 머릿속에 기억해두고 있다가 통화가 재개될 때 그 내용을 이어가는 것처럼, 인터럽트가 발생했을 때에도 직전의 작업 상태를 잠시 저장해두고 인터럽트를 먼저 처리하게 되는 것이다.

인터럽트는 요청하는 장치와 발생 상황에 따라 다양한 종류가 있기 때문에 운영체제는 인터럽트의 종류마다 서로 다른 인터럽트 처리루틴을 가지고 있다. 인터럽트 처리루틴이란 인터럽트가 발생했을 때 해주어야 할 작업을 정의한 프로그램 코드를 말한다. 이것은 운영체제 커널 내에 존재하는 코드로 CPU 스케줄링, 메모리 관리루틴 등 다양한 기능을 위한 커널 코드의 일부분이라고 할 수 있다. 인터럽트가 발생하면 운영체제는 해당하는 인터럽트 처리루틴을 찾아서 정의된 코드에 따라 일을 수행하게 된다.

한편 주변장치들은 각 장치마다 그 장치에서 일어나는 업무를 관리하기 위한 일종의 작은 CPU를 가지고 있다. 이를 우리는 컨트롤러(controller, 제어기)라 부른다. 컨트롤러는 해당 장치에 대한 업무를 처리하고, 이를 메인 CPU에 인터럽트를 발생시켜 보고하는 역할을 한다. 예를 들어 사용자로부터 키보드에 입력이 들어오면 키보드 컨트롤러가 인터럽트를 발생시켜 CPU에 그 사실을 알려주는 것이다. 그러면 CPU는 현재 수행 중이던 작업의 상태를 저장하고, 인터럽트 요청을 처리하기 위해서 운영체제 내에 정의된 키보드 인터럽트 처리루틴을 찾아간다. 키보드 인터럽트 처리루틴은 키보드로부터 입력받은 내용을 메모리의 특정 부분에 저장해 해당 프로그램에 키보드 입력이 들어왔음을 알리면서 인터럽트 처리를 완료한다. 이후 인터럽트 처리가 끝나면 인터럽트가 발생하기 직전의 상태를 복구시켜 중단되었던 작업을 재개한다. 주변장치들은 이와 같이 인터럽트를 통해서 CPU의 서비스를 받을 수 있다.

3장

컴퓨터 시스템의 동작 원리

1. 컴퓨터 시스템의 구조

컴퓨터 시스템의 구조는 컴퓨터 내부장치인 CPU, 메모리와 컴퓨터 외부장치인 디스크, 키보드, 마우스, 모니터, 네트워크 장치 등으로 구성된다. 컴퓨터는 외부장치에서 내부장치로 데이터를 읽어와 각종 연산을 수행한 후, 그 결과를 외부장치로 다시 내보내는 방식으로 업무를 처리한다. 이때 컴퓨터 내부로 데이터가 들어오는 것을 입력(input)이라 하고, 컴퓨터 외부장치로 데이터가 나가는 것을 출력(output)이라고 한다. 키보드로부터 입력을 받아서 컴퓨터가 어떤 연산을 한 후 그 결과를 모니터에 출력하는 경우를 대표적인 입출력(Input-Output: I/O)이라고 말할 수 있다. 따라서 컴퓨터 외부장치를 입출력 장치라고도 부른다. 디스크도 컴퓨터 외부장치이므로, 디스크에서 내용을 읽어 컴퓨터 내부에서 어떤 연산을 한 후 디스크에 데이터를 저장했다면 컴퓨터 입장에서는 입력과 출력이 일어난 것이다.

메모리 및 입출력장치 등의 각 하드웨어 장치에는 컨트롤러라는 것이 붙어 있다. 컨트롤러는 일종의 작은 CPU로서, 컴퓨터 전체에 CPU라는 중앙처리장치가 있듯이 컨트롤러는 각 하드웨어 장치마다 존재하면서 이들을 제어하는 작은 CPU라고 할 수 있다. 예를 들면 메모리를 제어하는 컨트롤러는 메모리 컨트롤러이고, 디스크를 제어하는 컨트롤러는 디스크 컨트롤러이다.

우리가 생각하는 운영체제는 여러 프로그램이 동시에 수행되는 시스템

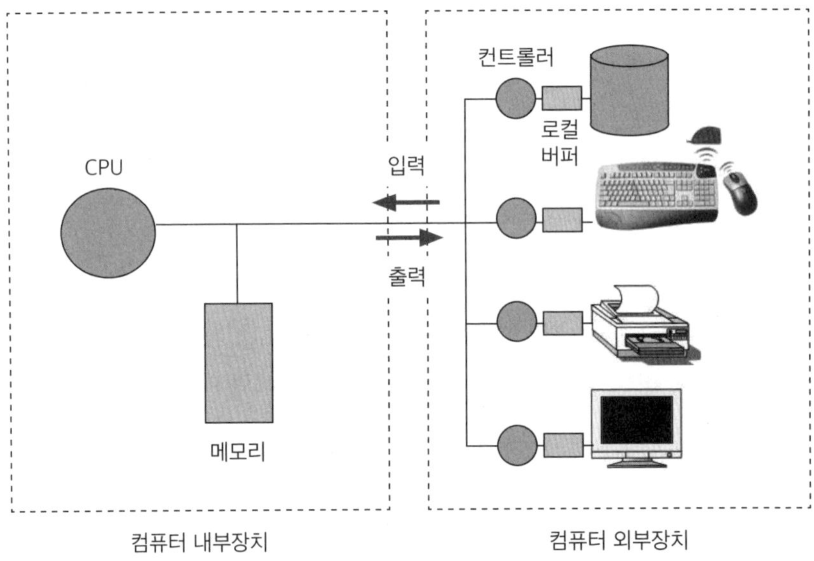

<그림 3-1> 컴퓨터 내부장치와 외부장치 구조

을 위한 운영체제이다. 이때 프로그램이 수행되려면 그 프로그램이 메모리에 올라가 있어야 한다. 운영체제는 컴퓨터가 부팅되었을 때부터 항상 수행되면서 각종 자원들을 관리해야 하므로 항상 메모리에 올라가 있다. 하지만 운영체제의 모든 코드를 다 메모리에 상주시키면 메모리의 낭비가 발생하게 된다. 따라서 운영체제 중 항상 메모리에 올라가 있는 부분은 전체 운영체제 중 핵심적인 부분에 한정되며, 이 부분을 커널(kernel)이라고 부른다.

2. CPU 연산과 I/O 연산

컴퓨터에서 연산을 한다는 것은 CPU가 무언가 일을 한다는 뜻이다. 입출력 장치들의 I/O 연산은 입출력 컨트롤러가 담당하고, 컴퓨터 내에서 수행되는 연산은 메인 CPU가 담당한다. 이때 입출력 장치와 메인 CPU는 동시 수행이 가능하다. 예를 들어 B라는 프로그램이 현재 CPU를 할당받아 프로그램 코드를 수행하고, A라는 프로그램은 하드디스크에서 어떠한 정보를 읽어오는 작업을 수행하는 상황을 생각해볼 수 있다. 이러한 경우 두 가지 일이 다른 곳에서 발생하므로 동시에 수행되는 것이 가능하다. 한편 각 장치마다 이를 제어하기 위해 설치된 장치 컨트롤러는 장치로부터 들어오고 나가는 데이터를 임시로 저장하기 위한 작은 메모리를 가지고 있다. 이를 로컬버퍼(local buffer)라고 부른다.

디스크나 키보드 등에서 데이터를 읽어오는 경우, 우선 로컬버퍼에 데이터가 임시로 저장된 후 메모리에 전달된다. 이때 장치에서 로컬버퍼로 읽어오는 일은 컨트롤러가 담당한다. 예를 들어 프로그램 B가 수행 중에 디스크에서 데이터를 읽어오라는 명령을 내리면, 디스크 컨트롤러가 물리적인 디스크에서 내용을 읽어 이를 로컬버퍼에 저장한다. 원하는 데이터를 로컬버퍼로 다 읽어오고 나면 B는 자신이 필요로 하는 데이터를 다 읽어왔으므로 메인 CPU에서 다음 일을 수행할 수 있다. 이때 로컬버퍼로 읽어오는 작업이 끝났는지를 메인 CPU가 지속적으로 체크하는 것이 아니라 장치에 있는 컨트롤러가 인터럽트를 발생시켜 CPU에 보고하게 된다. 이때 인터럽트란 컨트롤러들이 CPU의 서비스가 필요할 때 이를 통보하는 방법을 말한다. 기본적으로 CPU는 매 시점 메모리에서 명령(instruction)을 하나씩 읽어와서 수행한다. 이때 CPU 옆에는 인터럽트 라인(interrupt line)이 있어서, CPU가 자신의 작업을 하던 중간에 인터럽트 라인에 신호가 들어오면 하던 일을 멈추고 인터럽트와 관련된 일을 먼저 처리한다. 좀 더 정확히 설명하면, CPU는 명령 하나를 수행할 때마다 인터럽트가 발생했는지 확인한다. 인터럽트가 발생했으면 다음 명령을 수행하기 전에 인터럽트 처리를 하게 되고, 그렇지 않으면 다음 명령을 계속 수행하게 되는 것이다. 인터럽트는 키보드 입력 혹은 요청된 디스크 입출력 작업의 완료 등 CPU에 알려줄 필요가 있는 이벤트가 일어난 경우 컨트롤러가 발생시키는 것이다.

3. 인터럽트의 일반적 기능

앞의 예에서, 프로그램이 요청한 데이터를 디스크 컨트롤러가 로컬버퍼로 읽어온 후 인터럽트를 발생시키면 CPU는 인터럽트가 들어옴을 인지하고 인터럽트 관련 업무를 수행한다. 운영체제 커널에는 인터럽트가 들어왔을 때 해야 할 일이 미리 다 프로그래밍되어 그 코드가 보관돼 있다. 운영체제는 각종 하드웨어 및 소프트웨어 자원 관리뿐 아니라 사용자 프로그램에 필요한 서비스도 제공한다. 이와 같이 운영체제가 해야 할 일들을 운영체제의 개발자가 미리 프로그래밍해서 커널 내에 포함시켜두는 것이다. 그 중 한 가지가 인터럽트 처리루틴이다. 운영체제 커널 내에 있는 인터럽트 처리루틴은 다양한 인터럽트에 대해 각각 처리해야 할 업무들을 정의하고 있다.

앞의 예와 같이 디스크 컨트롤러가 인터럽트를 발생시키면 CPU는 하던 일을 잠시 멈추고 이 인터럽트가 발생했을 때 수행하도록 정의된 코드를 찾아 수행한다. 이때 수행하는 일은 디스크의 로컬버퍼에 있는 내용을 사용자 프로그램의 메모리로 전달하고, 해당 프로그램이 CPU를 할당받을 경우 다음 명령을 수행할 수 있음을 표시해두는 일이다. 한편 인터럽트에는 하드웨어 인터럽트와 소프트웨어 인터럽트가 있다. CPU의 서비스가 필요한 경우, CPU 옆에 있는 인터럽트 라인에 신호를 보내서 인터럽트가 발생했음을 알려주는 방식은 둘 다 동일하다. 다만 하드웨어 인터럽트는 컨트롤러 등 하드웨어 장치가 CPU의 인터럽트 라인을 세팅하는 반면, 소프트웨어 인터럽트는 소프트웨어가 그 일을 수행한다는 차이점이 있다. 하드웨어 인터럽트든 소프트웨어 인터럽트든 일단 인터럽트가 발생하면 CPU는 하던 일을 멈추고 운영체제 커널 내에서 해당 인터럽트의 처리를 위해 정의된 코드를 찾게 된다. 운영체제는 할 일을 쉽게 찾아가기 위해 인터럽트 벡터(interrupt vector)를 가지고 있다. 인터럽트 벡터란 인터럽트 종류마다 번호를 정해서, 번호에 따라 처리해야 할 코드가 위치한 부분을 가리키고 있는 자료구조를 말한다. 실제 처리해야 할 코드는 인터럽트 처리루틴(interrupt service routine) 또는 인터럽트 핸들러(interrupt handler)라고 불리는 다른 곳에 정의된다.

인터럽트 처리루틴을 통해 해당하는 인터럽트 처리를 완료하고 나면 원래 수행하던 작업으로 돌아가 중단되었던 일을 계속해서 수행하게 된다. 인터럽트 처리 후 돌아갈 위치를 알아야 하므로 인터럽트 처리 전에 수행 중이던 작업이 무엇이었는지 반드시 저장해두어야 한다. 이러한 정보를 저장하기 위한 장소를 운영체제는 별도로 가지고 있다.

지금부터는 소프트웨어 인터럽트에 관해 좀 더 자세히 알아보도록 하자. 통상적으로 인터럽트라고 하면 하드웨어 인터럽트를 의미하고, 소프트웨어 인터럽트는 트랩(trap)이라는 용어로 주로 불린다. 소프트웨어 인터럽트의 예로는 예외상황(exception)과 시스템 콜(system call)이 있다. 예외상황이란 사용자 프로그램이 0으로 나누는 연산 등 비정상적인 작업을 시도하거나, 자신의 메모리 영역 바깥에 접근하려는 시도 등 권한이 없는 작업을 시도할 때 이에 대한 처리를 위해 발생시키는 인터럽트를 말한다. 시스템 콜이란 사용자 프로그램이 운영체제 내부에 정의된 코드를 실행하고 싶을 때 운영체제에 서비스를 요청하는 방법이라고 볼 수 있다. 사용자 프로그램 자신의 코드는 직접 CPU를 가지고 실행하지만, 사용자 프로그램에 정의되지 않고 운영체제 커널에 있는 코드를 사용자 프로그램이 실행하고자 할 때에는 인터럽트 라인 세팅을 통해 CPU 제어권을 운영체제로 넘겨 실행하게 되는 것이다. 예를 들어 애플리케이션 개발자가 프로그램 작성 중 키보드 입력이나 화면 출력 등의 입출력 작업이 필요할 경우 본인이 직접 입출력을 수행하는 코드를 작성하는 것이 아니라 이미 존재하는 커널의 코드를 호출해서 처리한다.

시스템 콜이나 예외상황은 모두 사용자 프로세스로부터 CPU의 제어권이 운영체제에 이양되어 처리되는데, 이 과정에서 프로그램 코드가 직접 인터럽트 라인을 세팅하는 명령을 실행하여 인터럽트를 발생시킨 후 제어권이 넘어가게 되므로 이들도 넓은 의미에서는 인터럽트의 범주에 포함시키는 것이다.

4. 인터럽트 핸들링

인터럽트 핸들링(interrupt handling)이란 인터럽트가 발생한 경우에 처리해야 할 일의 절차를 의미한다. 프로그램 A가 실행되고 있을 때 인터럽트가 발생하면 A의 현재 상태를 먼저 저장한다. 현재 상태란 현재 CPU에서 실행 중인 명령의 메모리 주소를 포함해 몇 가지 부가적인 정보들을 의미한다. CPU에서 명령이 실행될 때에는 CPU 내부에 있는 임시 기억장치인 레지스터(register)에 데이터를 읽거나 쓰면서 작업을 하는데, 이때 인터럽트가 발생해 새로운 명령을 실행하면 기존의 레지스터값들이 지워지게 되므로 CPU 내의 이러한 상태를 저장해두어야 한다. 이것을 모두 저장한 후에야 인터럽트 처리가 이루어질 수 있는 것이다.

운영체제는 현재 시스템 내에서 실행되는 프로그램들을 관리하기 위해 프로세스 제어블록(Process Control Block: PCB)이라는 자료구조를 둔다. PCB는 각각의 프로그램마다 하나씩 존재하며 해당 프로그램의 어느 부분이 실행 중이었는지를 저장하고 있다. 구체적으로는 프로그램이 실행 중이던 코드의 메모리 주소와 레지스터값, 하드웨어 상태 등이 저장된다. 예를 들어 어떤 프로그램이 실행되던 중에 인터럽트가 발생하면 그 프로그램의 실행 상태를 PCB에 저장한 후 CPU의 제어권이 인터럽트 처리루틴으로 넘어가게 되며, 인터럽트 처리가 끝나면 저장된 상태를 PCB로부터 CPU상에 복원해 인터럽트 당하기 직전의 위치부터 실행이 이어지게 되는 것이다.

오늘날의 컴퓨터에서 운영체제는 인터럽트가 발생할 때에만 실행된다. 이는 시스템이 부팅 후 정상 상태에 머무르게 되면 CPU가 항상 사용자 프로그램에 의해 사용되며, 운영체제는 단지 인터럽트가 발생했을 때에만 잠깐 CPU의 제어권을 획득할 수 있기 때문이다. 인터럽트가 발생하지 않으면 원래 실행 중인 사용자 프로그램이 원하는 만큼 CPU를 계속 점유하고 있게 된다. 즉 인터럽트가 발생할 때에만 운영체제 코드 부분으로 CPU가 이양되어 인터럽트 처리를 수행하게 된다. 결론적으로 운영체제가 직접 CPU를 점유하는 경우는 인터럽트에 의하지 않고는 발생하지 않는다. 그럼에도 불구하고 운영체제는 컴퓨터 시스템 내의 모든 하드웨어 및 소프트웨어 자원을 체계적이고 효율적으로 관리할 수 있다.

5. 입출력 구조

입출력(I/O)이란 컴퓨터 시스템이 컴퓨터 외부의 입출력 장치들과 데이터를 주고받는 것을 말한다. 입출력 방식에는 동기식 입출력과 비동기식 입출력이 있다. 동기식 입출력(synchronous I/O)은 어떤 프로그램이 입출력 요청을 했을 때 입출력 작업이 완료된 후에야 그 프로그램이 후속 작업을 수행할 수 있는 방식을 말한다. 예를 들어 프로그램이 디스크에서 어떤 정보를 읽어오라는 요청을 했을 때 디스크 입출력이 완료되기까지는 어느 정도의 시간이 소요된다. 이때 동기식 입출력은 입출력이 진행되는 동안 그 프로그램의 다음 명령을 수행하지 않고 기다린다. 그러다가 입출력이 완료되어 인터럽트를 통해 그 사실이 전달된 후에야 CPU의 제어권이 그 프로그램에게 넘어가서 다음 명령을 수행할 수 있게 된다. 따라서 동기식 입출력에서 CPU는 입출력 연산이 끝날 때까지 인터럽트를 기다리며 자원을 낭비하게 된다. 한편 CPU의 명령 수행 속도는 빠르지만 입출력 장치에서 데이터를 읽어오는 등의 입출력 연산은 상대적으로 느리다. 그럼에도 불구하고 입출력이 완료될 때까지 대기했다가 사용자 프로그램에게 CPU의 제어권을 넘기는 방식은 입출력이 완료될 때까지 CPU가 아무 일도 하지 못하게 하기 때문에 자원의 낭비를 초래하게 된다. 따라서 일반적으로 프로그램이 입출력을 수행 중인 경우 CPU를 다른 프로그램에게 이양해 CPU가 계속 쉬지 않고 일할 수 있도록 관리한다. 예를 들어 프로그램 A가 CPU를 할당받고 명령을 수행하다가 입출력 요청을 하게 되면 입출력 작업이 완료될 때까지 CPU의 낭비가 초래되므로 CPU를 프로그램 A에게서 빼앗아 다른 프로그램 B에게 할당하게 된다. 그러면 프로그램 B가 CPU를 할당받아 명령을 수행하고, 프로그램 A의 입출력이 완료될 때까지 A에게는 CPU를 다시 할당하지 않는다. 이는 입출력이 완료될 때까지 그 프로그램에 CPU를 할당하더라도 명령을 수행하지 못하기 때문인데, 이를 관리하기 위해 운영체제는 프로그램을 몇 가지 상태로 나누고 입출력 중인 프로그램의 경우 봉쇄 상태(blocked state)로 전환시킨다. 봉쇄 상태의 프로그램에게는 CPU를 할당하지 않고, CPU 할당 시 곧바로 명령을 수행할 수 있는 프로그램에만 CPU를 할당한다.

어떤 프로그램이 동기식 입출력을 수행 중일 때 CPU를 다른 프로그램에게 할당하지 않는다면 매 시점 시스템 내에서는 하나의 입출력 연산만이 수행될 수 있다. 이 경우 동기화는 자동적으로 이루어질 수 있다. 그러나 앞서 설명한 것처럼 입출력이 수행 중일 때 다른 프로그램에게 CPU를 양도하게 되므로 다수의 입출력 연산이 동시에 요청되거나 처리될 수 있다. 예를 들어 A라는 프로그램이 디스크에 원래 1이던 파일의 내용을 3으로 바꾸는 입출력 연산을 요청했다고 하자. 그리고 입출력 연산을 수행 중일 때 A에게서 CPU를 빼앗아 B에게 할당했다고 하자. 한편 프로그램 B가 CPU를 할당받고 수행 중일 때, 이 프로그램 역시 입출력 요청을 할 수 있다. 공교롭게도 프로그램 B가 요청한 입출력 연산이 A가 접근하려는 곳과 동일한 파일의 내용을 1 증가시키는 연산이었다고 하자. 이 경우 매 시점 2개 이상의 입출력 연산을 수행할 수 있다면, 컨트롤러는 A와 B의 순서를 바꾸어 수행할 가능성이 있다. 즉 A가 입출력을 요청한 다음 B가 요청했다고 할 때, 컨트롤러는 작업을 바꿔서 B의 요청을 먼저 처리할 수 있다. 그렇게 되면 해당 파일의 값이 1 → 3 → 4로 변하는 것이 아니라 1 → 2 → 3이 되어 의도하지 않은 결과를 초래하게 된다. 따라서 동기식 입출력에서는 입출력 요청의 동기화를 위해 장치별로 큐(queue)를 두어 요청한 순서대로 처리할 수 있도록 한다. 프로그램 A가 먼저 요청했으면 이를 먼저 큐에 넣고, 그 후에 발생한 B의 요청을 A의 요청 뒤에 삽입하는 것이다. 디스크 차원에서는 큐에 있는 순서대로 처리함으로써 동기화 문제를 해결할 수 있다. 물론 큐에 있는 순서대로 처리하는 대신 요청들을 모으고 처리 순서를 바꾸어 입출력의 효율성을 높일 수도 있는데, 이러한 경우 동기화를 보장하기 위한 별도의 방안이 마련되어야 한다.

지금까지 설명한 동기식 입출력을 간단히 요약해보면 다음과 같다. 동기식 입출력을 요청한 프로그램은 입출력이 완료될 때까지 다음 명령을 수행할 수 없기 때문에 그동안 CPU가 낭비된다. 또한 이 경우 다른 프로그램에게 CPU를 양도하는 방법을 사용하지 않고 입출력 연산이 완료될 때까지 기다린다면, 매 시점 하나의 입출력 연산만이 일어날 수 있다. 그러나 CPU의 효율적인 사용을 위해 입출력이 수행되는 동안 다른 프로그램에게

CPU를 양도하면 동시에 다수의 입출력 연산이 일어날 수 있다. A라는 프로그램이 입출력을 요청해서 수행 중에 프로그램 B가 입출력 연산을 요청하면 또 다른 입출력 연산이 일어날 수 있기 때문이다. 이와 같이 다수의 프로그램이 동시에 입출력 연산을 요청하는 경우 동기성(synchronization)을 보장하기 위해 장치마다 큐를 두어 요청된 순서대로 처리할 수 있도록 한다.

〈그림 3-2〉에서 보는 것과 같이 장치마다 큐헤더가 존재하고 각 장치별로 입출력 수행 순서를 지켜 주기 위한 큐를 관리하고 있다. 컨트롤러는 이 순서에 따라 매 시점 하나씩 자신에게 주어진 입출력 작업을 처리하게 된다. 이때 CPU의 수행 속도에 비해 컨트롤러의 수행 속도나 장치 자체의 작업 수행 능력은 매우 떨어진다. 그렇기 때문에 입출력이 완료될 때까지 CPU가 아무 일도 못하게 하는 것이 아니라, 입출력과 관련 없는 프로그램

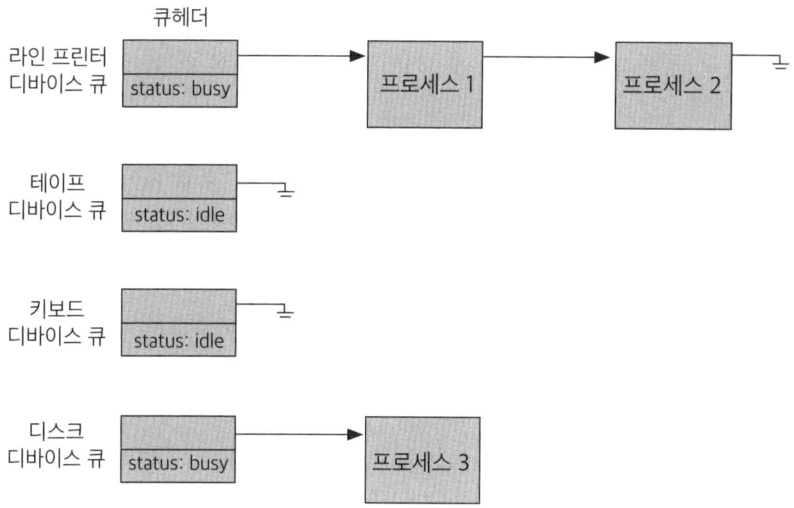

<그림 3-2> 디바이스 큐와 각 큐에 대기 중인 프로세스의 모습

을 수행하도록 하고, 요청된 입출력 연산이 완료되면 CPU에게 입출력이 완료되었음을 알려주는 방식으로 진행된다. 연산 완료의 통보는 인터럽트를 통해서 수행하며, 이 경우 운영체제 커널은 인터럽트 처리루틴으로 가서 입출력 연산을 끝낸 프로그램이 CPU를 할당받을 수 있도록 그 프로그램의 상태를 봉쇄 상태로부터 해제시키게 된다.

한편 비동기식 입출력은 입출력 연산을 요청한 후에 연산이 끝나기를 기다리는 것이 아니라 CPU의 제어권을 입출력 연산을 호출한 그 프로그램에게 곧바로 다시 부여하는 방식을 말한다. 어떤 프로그램이 데이터를 디스크에서 읽어오라는 요청을 했을 때 보통은 읽어온 결과를 이용해서 다음 연산을 수행하지만 경우에 따라서는 그 데이터와 관련 없이 수행할 수 있는 일이 있을 수 있다. 비동기식 입출력에서는 그러한 작업을 먼저 수행하고, 읽어오는 데이터가 반드시 있어야 수행할 수 있는 일들은 입출력이 완료된 후에 수행하게 된다. 또한 입출력 요청이 디스크에서 읽어오는 요청이 아니라 디스크에 쓰는 요청이라면 쓰기 작업이 완료되기 전에도 다음 명령을 수행할 수 있으므로 비동기식 입출력이 사용될 수 있다.

〈그림 3-3〉은 동기식 입출력과 비동기식 입출력을 비교해 보여준다. 사용자가 I/O 요청을 하면 동기식 입출력에서는 먼저 운영체제의 커널로 CPU의 제어권이 넘어와서 입출력 처리와 관련된 커널의 코드가 수행된다. 이때 입출력을 호출한 프로세스의 상태를 봉쇄 상태로 바꾸어 입출력이 완료될 때까지 CPU를 할당받지 못하도록 한다. 입출력이 완료되면 I/O 컨트롤러가 CPU에게 인터럽트를 발생시켜 입출력이 완료되었음을 알려준다. 그러면 이 프로세스의 봉쇄 상태를 해제시켜 CPU를 할당받을 수 있는 권한이 다시 생기게 된다.

반면 비동기식 입출력에서는 CPU의 제어권이 입출력을 요청한 프로세

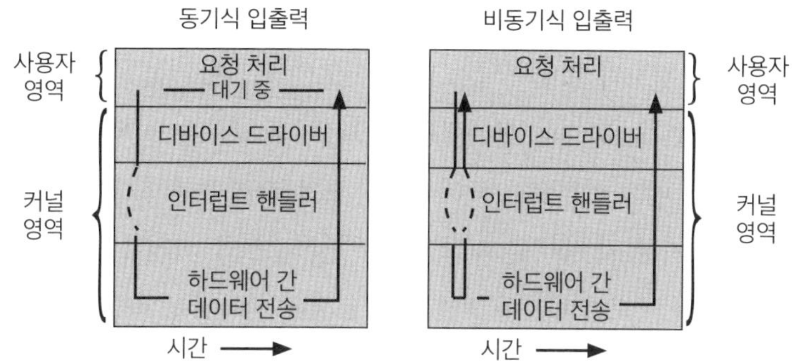

<그림 3-3> 동기식 입출력과 비동기식 입출력

스에게 곧바로 다시 주어지며, 입출력 연산이 완료되는 것과 무관하게 처리 가능한 작업부터 처리한다. 한편 비동기식 입출력에서도 입출력 연산이 완료되면 동기식과 마찬가지로 인터럽트를 통해 이를 CPU에게 알려준다. 그러면 그 시점부터 읽어온 데이터를 필요로 하는 명령을 수행할 수 있게 된다.

이러한 과정을 구체적인 예를 통해 살펴보면 다음과 같다. 프로그램 A가 실행 중에 디스크에서 어떤 데이터를 읽어오는 명령을 만나게 되면 프로그램 A는 시스템 콜을 통해 CPU에게 일종의 소프트웨어 인터럽트를 발생시킨다. 그러면 CPU는 지금까지 프로그램 A의 코드를 실행하던 일을 멈추고 현재의 상태를 저장한 후 인터럽트에 의해 처리해야 할 커널의 루틴으로 이동한다. 처리루틴으로 이동하면 CPU는 컨트롤러에게 입출력 연산을 요청한다. 그러면 컨트롤러는 A가 요청한 데이터를 디스크로부터 자신의 로컬버퍼로 읽어온다. 읽어오는 동안에 프로그램 A는 CPU를 다시 할당받지 못하게 된다. 운영체제는 프로그램 A가 입출력 연산을 요청했으므로 CPU를 할당해도 명령을 수행하지 못한다는 사실을 봉쇄 상태로 표시한다.

그리고 CPU를 다른 프로그램 B에 할당해 계속 CPU가 일을 할 수 있도록 한다. 원하는 정보가 로컬버퍼로 다 들어오면 컨트롤러는 CPU에게 입출력이 완료되었다는 사실을 인터럽트를 발생시켜 알린다. 이때 발생하는 인터럽트는 하드웨어 인터럽트에 해당한다. 프로그램 B를 수행 중이던 CPU는 수행하던 지점 및 상태를 저장해놓고 인터럽트를 처리하게 된다. 인터럽트 처리루틴은 로컬버퍼에 있는 A가 요청한 데이터를 A의 메모리 영역으로 읽어오고, A의 봉쇄 상태를 해제시켜 이제 A에게 CPU를 할당해도 됨을 표시한다. 그러면 A는 CPU를 기다리는 줄에 다시 서게 된다. 그 후 원래 수행하던 프로그램 B의 지점으로 돌아가서 하던 업무를 계속 수행하게 된다. 프로그램 A는 CPU를 기다리는 줄에서 기다리다가 자신의 차례가 되면 CPU를 할당받고 입출력 연산 이후의 작업을 수행하게 된다.

지금까지 동기식 입출력과 비동기식 입출력에 대해 살펴보았다. 일반적으로는 위의 예에서 설명한 것처럼 운영체제에게 입출력 요청을 할 경우 해당 프로그램의 입출력이 완료될 때까지 그 프로그램을 봉쇄시키는 동기식 입출력을 사용한다. 이때 운영체제는 장치별로 입출력 처리를 기다리는 프로세스를 줄 세워 관리함으로써 동기성을 보장하게 되는 것이다.

6. DMA

원칙적으로 메모리는 CPU에 의해서만 접근할 수 있는 장치이다. 따라서 CPU 외의 장치가 메모리의 데이터에 접근하기 위해서는 CPU에게 인터럽트를 발생시켜 CPU가 이를 대행하는 식으로만 가능하다. 앞서 살펴본 것처럼 컨트롤러가 CPU에게 인터럽트를 발생시키면 CPU는 컨트롤러의

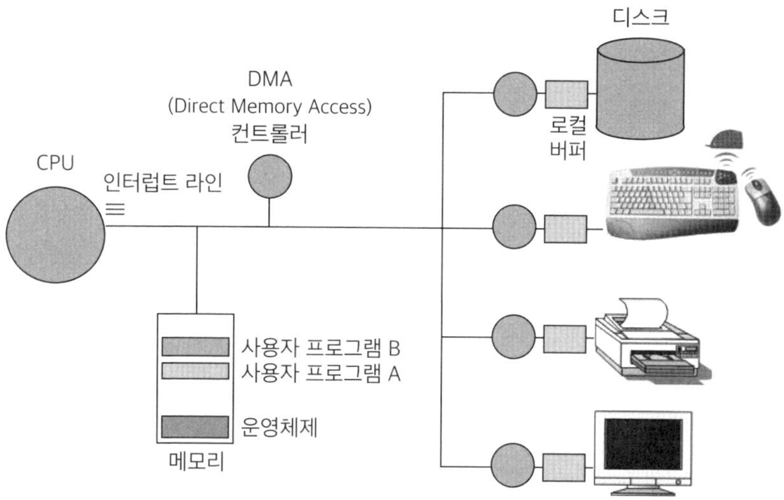

<그림 3-4> 각종 컨트롤러와 인터럽트 라인

로컬버퍼와 메모리 사이에서 데이터를 옮기는 일을 하게 된다. 한편 모든 메모리 접근 연산이 CPU에 의해서만 이루어질 경우 입출력 장치가 메모리 접근을 원할 때마다 인터럽트에 의해 CPU의 업무가 방해를 받게 되어 CPU 사용의 효율성이 떨어지는 문제점이 발생하게 된다. 이러한 비효율성을 극복하기 위해 CPU 이외에 메모리 접근이 가능한 장치를 하나 더 두는 경우가 많은데, 이와 같은 장치를 DMA(Direct Memory Access)라고 부른다. DMA는 일종의 컨트롤러로서, CPU가 입출력 장치들의 메모리 접근 요청에 의해 자주 인터럽트 당하는 것을 막아주는 역할을 한다. DMA를 사용하게 되면 로컬버퍼에서 메모리로 읽어오는 작업을 CPU가 담당하는 것이 아니라 DMA가 대행함으로써 CPU는 원래 하던 작업을 멈추고 인터럽트를 처리할 필요가 없어지는 것이다. 이때 DMA는 바이트(byte) 단위가 아니라 블록(block)이라는 큰 단위로 정보를 메모리로 읽어온 후에 CPU에게 인터

럽트를 발생시켜서 해당 작업의 완료를 알려준다. 이러한 방식으로 CPU에 발생하는 인터럽트의 빈도를 줄여 CPU를 좀 더 효율적으로 관리하고 입출력 연산을 빠르게 수행할 수 있게 된다.

7. 저장장치의 구조

컴퓨터 시스템을 구성하는 저장장치는 주기억장치와 보조기억장치로 나누어볼 수 있다. 주기억장치는 보통 메모리라고 부르며 전원이 나가면 저장되었던 내용이 모두 사라져버리는 휘발성(volatile)의 RAM을 매체로 사용하는 경우가 대부분이다. 이에 비해 보조기억장치는 전원이 나가도 저장된 내용을 기억할 수 있는 비휘발성(nonvolatile)의 마그네틱 디스크를 주로 사용한다. 이 밖에 보조기억장치로 플래시 메모리, CD, 마그네틱 테이프 등이 사용되기도 한다.

보조기억장치의 용도는 크게 두 가지로 구분된다. 그 첫 번째는 파일 시스템(file system)용이다. 전원이 나가도 유지해야 할 정보가 있으면 그것을 파일 형태로 보조기억장치에 저장하게 된다. 메모리는 휘발성 매체이기 때문에 비휘발성 매체인 디스크를 파일 시스템용으로 사용하는 것이다. 보조기억장치의 두 번째 용도는 메모리의 연장 공간인 스왑 영역(swap area)용이다. 메모리는 크기가 한정되고, 가격이 상대적으로 비싼데다가 용량이 적은 경우가 대부분이다. 그러므로 다수의 프로그램이 메모리에 올라가 동시에 수행되는 현대의 컴퓨터 환경에서는 메모리 공간이 부족한 경우가 흔히 발생하게 된다. 이 경우 운영체제는 프로그램 수행에 당장 필요한 부분만 메모리에 올려놓고 그렇지 않은 부분은 디스크의 스왑 영역에 내려놓게

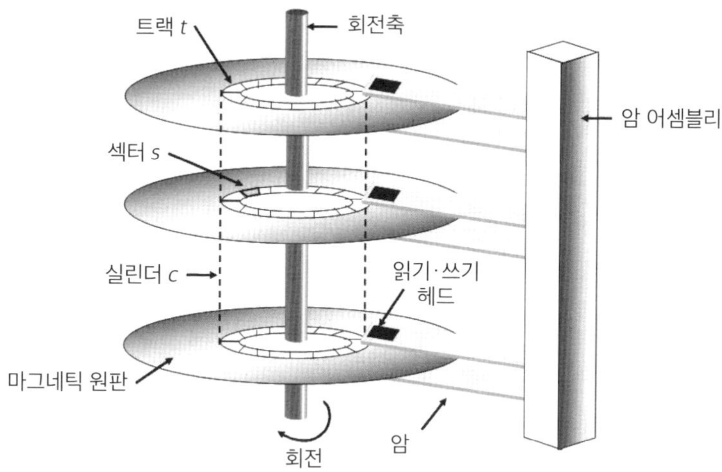

<그림 3-5> 하드디스크의 물리적 구조

된다. 이처럼 디스크에 내려놓는 일을 스왑 아웃(swap out)시킨다고 말하며, 스왑 아웃된 부분이 필요할 때에는 다시 메모리 영역으로 올리게 된다. 실행 중인 프로그램의 내용을 내려놓는 스왑 영역으로는 하드디스크가 가장 널리 사용되며, 이러한 스왑 영역은 프로그램이 실행될 때 내용을 저장했다가 프로그램이 종료될 때 삭제하는 메모리의 연장 공간으로서의 역할을 담당하므로 파일 시스템처럼 비휘발성 용도로 사용되는 것과는 역할이 구분된다.

보조기억장치 중 가장 대표적인 저장매체인 하드디스크에는 〈그림 3-5〉에서 보는 것과 같이 여러 개의 마그네틱 원판들이 있고, 암(arm)이 이동하며 원판에 저장된 데이터를 읽고 쓰는 방식으로 동작한다. 디스크 원판의 표면은 트랙(track)으로 나뉘고, 각 트랙은 섹터(sector)로 나뉜다. 섹터에 최소한의 단위 정보가 저장된다.

8. 저장장치의 계층 구조

컴퓨터 시스템을 구성하는 저장장치는 빠른 저장장치부터 느린 저장장치까지 단계적인 계층 구조로 이루어진다. 빠른 저장장치는 단위 공간당 가격이 높기 때문에 적은 용량을 사용하며, 느린 저장장치는 가격이 저렴해 대용량을 사용하는 반면 접근 속도가 느리다는 약점이 있다. 따라서 당장 필요한 정보는 빠른 저장장치에 넣어두어 수행 속도를 높이고 그렇지 않은 정보는 상대적으로 느린 저장장치에 보관하게 된다. 〈그림 3-6〉에서 볼 수 있는 것처럼 저장장치 계층은 최상위의 CPU 내부에 존재하는 레지스터(register)부터 캐시 메모리(cache memory), 메인 메모리(main memory) 등의 휘발성 저장장치로 구성되는 부분이 상위에 존재하며 이 부분에 저장되는 정보는 전원이 나가면 그 내용이 사라진다. 반면 메인 메모리보다 아랫부분을 구성하는 저장장치 계층은 전원이 나가도 지워지지 않는 비휘발

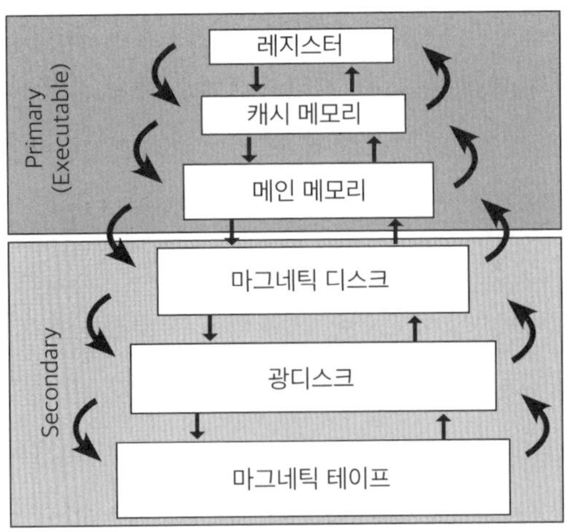

<그림 3-6> 컴퓨터 시스템의 저장장치 계층 구조

성 저장장치이다.

상위 저장장치 계층으로 갈수록 접근 속도가 월등히 빠르지만 용량은 상대적으로 적다. 하지만 당장 필요한 정보만을 선별적으로 저장하면 하위에 있는 큰 용량의 저장장치를 가지고 있는 것과 비슷한 성능 효과를 낼 수 있다. 예를 들면 캐시 메모리는 레지스터와 메인 메모리 사이에 존재하며 가격적인 측면에서는 메인 메모리보다 비싸다. 그러나 여러 가지 캐싱 기법을 이용해 적은 용량의 캐시 메모리를 사용해서도 메인 메모리와 같이 큰 용량을 가진 것처럼 효율적으로 동작하도록 관리할 수 있다. 이때 캐싱 기법이란 상대적으로 용량이 적은 빠른 저장장치를 이용해 느린 저장장치의 성능을 향상시키는 총체적 기법을 일컫는다. 캐싱 기법은 상대적으로 느린 저장장치에 있는 내용 중 당장 사용되거나 빈번히 사용될 정보를 빠른 저장장치에 선별적으로 저장함으로써 두 저장장치 사이의 속도를 완충시킨다. 빠른 저장장치에 빈번히 사용될 정보를 저장하면 필요한 정보를 빠른 저장장치에서 곧바로 찾을 수 있는 경우가 많아져 전체적인 성능이 향상된다. 이와 같은 캐싱 기법이 적은 용량으로도 효과를 거둘 수 있는 것은 컴퓨터 내의 데이터나 프로그램을 구성하는 모든 부분이 균일하게 사용되는 것이 아니라 일부분만이 집중적으로 사용되고 특정 부분은 거의 사용되지 않기 때문이다. 예를 들어 프로그램의 코드 중에는 많은 횟수 동안 반복되는 코드와, 한 번 수행되고 끝나는 부분이 있을 수 있다. 이러한 경우 반복되는 코드를 빠른 저장장치에 올려놓으면 적은 저장공간만으로도 전체 시스템의 평균적인 성능을 향상시킬 수 있다. 이러한 캐싱 기법을 컴퓨터 시스템 내의 다양한 저장장치 계층에서 활용함으로써 적은 용량의 상위 저장장치만으로도 대부분의 경우 빠른 수행 속도의 성능을 얻어낼 수 있게 된다.

9. 하드웨어의 보안

우리가 흔히 사용하는 운영체제는 여러 프로그램이 동시에 실행될 수 있는 다중 프로그래밍(multi-programming) 환경에서 동작한다. 그러므로 각 프로그램이 다른 프로그램의 실행을 방해하거나 프로그램 간에 충돌을 일으키는 문제를 막기 위해 하드웨어에 대한 각종 보안 기법이 필요하다. 하드웨어적인 보안을 유지하기 위해서 운영체제는 기본적으로 커널모드(kernel mode, system mode)와 사용자모드(user mode)의 두 가지 모드를 지원한다. 가령 어떤 프로그램이 이상한 명령을 수행시켜 다른 프로그램의 메모리 영역이나 파일 영역을 침범하는 경우가 발생할 수 있다. 따라서 중요한 정보에 접근해 위험한 상황을 초래할 수 있는 연산은 커널모드에서만 실행되도록 하여 일반 사용자 프로그램이 직접 위험한 명령을 수행할 수 없도록 하고, 그렇지 않은 일반적인 연산만 사용자모드에서 사용자 프로그램이 수행하도록 통제하여 보안성을 확보하게 된다.

커널모드는 운영체제가 CPU의 제어권을 가지고 운영체제 코드를 실행하는 모드로서, 이 모드에서는 모든 종류의 명령을 다 실행할 수 있다. 반면 사용자모드에서는 일반 사용자 프로그램이 실행되며 제한적인 명령만을 수행할 수 있다. 시스템에 중요한 영향을 미치는 연산은 커널모드에서만 실행 가능하도록 함으로써 하드웨어의 보안을 유지하는 것이다.

그러나 중요한 연산을 운영체제만이 수행할 수 있도록 정의하더라도 사용자 프로그램이 프로그램 내에서 그런 종류의 연산을 수행해버리면 제어가 아무런 소용이 없게 된다. 사용자 프로그램이 CPU를 가지고 있는 동안에는 운영체제가 자신의 코드를 실행하지 못하므로 사용자 프로그램을 감시할 방법이 없기 때문이다. 그러므로 이러한 상황을 방지하기 위해서는 하드웨어적인 지원이 필요하다. 컴퓨터 시스템은 CPU 내부에 모드비트(mode bit)를 두어 사용자 프로그램을 감시하게 된다. 모드비트가 0으로 세팅되어 있으면 커널모드로서 모든 명령을 수행할 수 있고, 모드비트가 1로 세팅되어 있으면 사용자모드로서 제한된 명령만을 수행할 수 있다. CPU는 보안과 관련된 명령을 수행하기 전에는 항상 모드비트를 조사해 그 값이 0으로 세팅된 경우에만 그 명령을 수행한다. 그리고 운영체제가 CPU를 점유해 자신의 코드를 수행하다가 사용자 프로그램에게 CPU의 제어권을 넘길 때 모드비트를 1로 세팅해 넘기게 된다. 이러한 방식으로 사용자 프로그램은 보안과 관련된 중요한 명령의 수행에 제약을 받게 되기 때문에 하드웨어를 보호할 수 있다. 사용자 프로그램이 수행되다가 하드웨어 접근 등 보안이 필요한 중요한 명령을 수행해야 할 경우에는 시스템 콜을 통해 운영체제가 대신해줄 것을 요청한다. 그러면 CPU의 제어권은 다시 운영체제로 넘어가게 된다. 인터럽트가 발생할 때 모드비트는 자동으로 0이 세팅되므로 운영체제는 서비스에 필요한 모든 종류의 명령을 다 수행할 수 있게 된다. 요청된 작업이 모두 끝난 후에는 모드비트를 다시 1로 만들어 사용자 프로그램에게 CPU를 넘겨주는 것이다. 이와 같이 시스템의 보안과 관련된 명령들을 특권명령이라 지칭하며, 특권명령은 모드비트가 0일 때에만 수행할 수 있다. 즉 특권명령은 커널모드에서 운영체제에 의해서만 수행할 수 있는 것이다.

이제 각종 하드웨어 장치에서 보안이 유지되는 방식에 대해 자세히 알아보도록 하겠다. 사용자 프로그램이 디스크에 저장된 파일에 자유롭게 접근할 수 있다면 보안상 문제가 발생할 수 있다. 자신의 소유가 아닌 다른 사람의 파일에 접근할 수 있기 때문이다. 그래서 모든 입출력 명령은 특권명령으로 규정해서 사용자 프로그램이 직접 입출력을 하는 것을 차단한다.

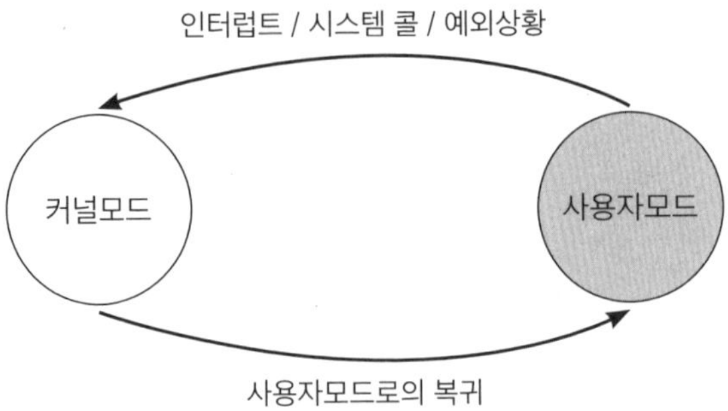

<그림 3-7> 커널모드와 사용자모드

그리고 입출력이 필요할 때에는 운영체제에 요청하여 운영체제가 입출력 명령을 대신 수행하게 한다. 입출력은 특권명령이기 때문에 모드비트가 0일 때에만 수행할 수 있으며, 사용자 프로그램이 입출력을 하고 싶으면 시스템 콜로 운영체제에 요청해야 한다. 그러면 운영체제가 CPU를 할당받고 인터럽트 벡터의 특정 위치를 통해 해당 인터럽트 처리루틴으로 이동한다. 이때 인터럽트 하드웨어에 의해 모드비트가 0으로 세팅되어 운영체제는 입출력을 수행할 수 있게 된다. 한편 운영체제는 입출력 요청이 올바른 요청인지 확인한 후 입출력을 실행하기 때문에 파일에 대한 보안을 유지할 수 있다. 요청된 입출력이 완료되면 CPU의 제어권을 다시 사용자 프로그램에게 넘길 수 있게 되며, 사용자 프로그램이 다시 CPU를 할당받으면 시스템 콜 이후의 명령을 수행할 수 있게 된다.

10. 메모리 보안

디스크뿐 아니라 메모리의 경우에도 보안이 필요하다. 이는 여러 프로그램이 메모리에 동시에 올라가서 실행되기 때문에 하나의 사용자 프로그램이 다른 사용자 프로그램이나 운영체제가 위치한 메모리 영역을 침범할 수 있기 때문이다. 예를 들어 하나의 사용자 프로그램이 C 언어의 포인터 등 메모리 주소 참조 연산을 잘못 사용해 다른 사용자 프로그램의 메모리 영역이나 운영체제 커널이 위치한 영역을 참조하려는 시도를 할 수 있다. 따라서 적어도 인터럽트 벡터와 인터럽트 처리루틴이 있는 곳은 각별한 보안이 필요하다. 이는 사용자 프로그램이 인터럽트 처리루틴을 접근하거나 변경할 수 있을 경우 운영체제만 수행할 수 있는 특권명령을 보안성이 침해되는 이상한 명령으로 변형할 수 있기 때문이다. 이러한 문제를 해결하기 위해 2개의 레지스터를 사용해서 프로그램이 접근하려는 메모리 부분이 합법적인지 체크함으로써 메모리를 보호할 수 있다. 이때 사용되는 2개의 레지스터는 기준 레지스터(base register)와 한계 레지스터(limit register)이다.

기준 레지스터는 어떤 프로그램이 수행되는 동안 그 프로그램이 합법적

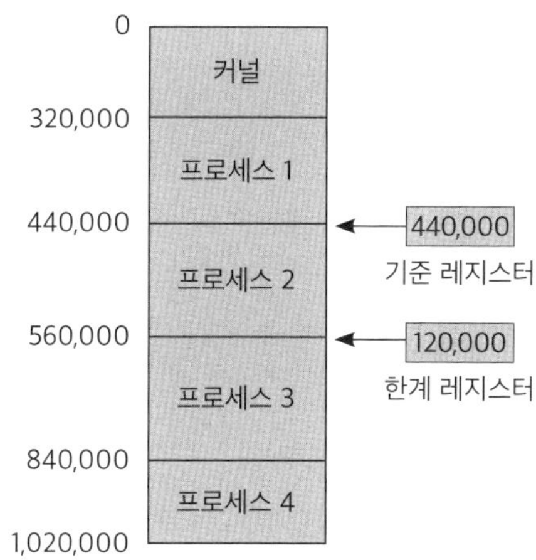

<그림 3-8> 기준 레지스터와 한계 레지스터를 이용한 메모리 보안

으로 접근할 수 있는 메모리상의 가장 작은 주소를 보관하고 있고, 한계 레지스터는 그 프로그램이 기준 레지스터값부터 접근할 수 있는 메모리의 범위를 보관하고 있다. 즉 어떤 프로그램이 실제 메모리에 올라가 있는 부분의 시작 주소와 그 프로그램의 길이를 각각 기준 레지스터와 한계 레지스터에 보관해 메모리 접근 연산이 있을 때마다 하드웨어적으로 현재 접근하려는 위치가 합법적인 범위에 있는지 체크하게 된다. 사용자 프로그램은 기준 레지스터에 있는 주소부터 기준 레지스터+한계 레지스터값 사이의 주소 영역에만 접근할 수 있으며, 접근하려는 주소가 이 범위 안에 없으면 불법적인 메모리 접근이므로 예외상황이라는 일종의 소프트웨어적인 인터럽트가 발생하게 된다. 예외상황은 운영체제에 소프트웨어 인터럽트를 발생시켜 CPU의 제어권을 해당 프로그램으로부터 운영체제로 이양시키고, 운영체제는 예외상황을 발생시킨 프로그램을 강제로 종료시킨다. 단 여기에서 살펴본 기준 레지스터와 한계 레지스터를 통한 메모리 보호 기법은 하나의 프로그램이 메모리의 한 영역에 연속적으로 위치하는 단순화된 메

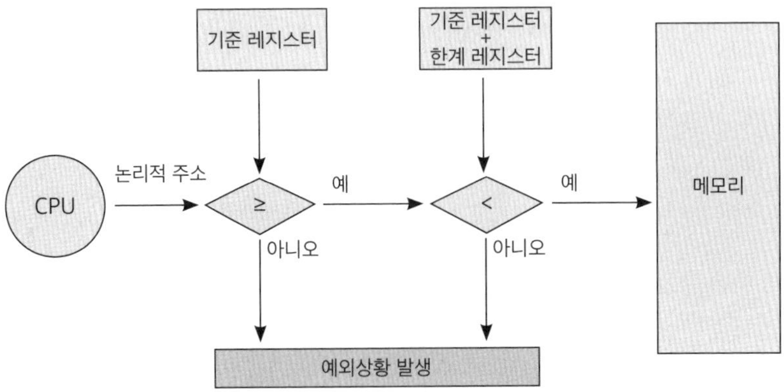

<그림 3-9> 기준 레지스터와 한계 레지스터에 의한 메모리 보호

모리 관리 기법을 사용하는 경우에 한정된 설명이다. 이 책의 7장에서 다룰 다양한 메모리 관리 기법에서는 하나의 프로그램이 메모리의 여러 영역에 나뉘어 위치하는 페이징(paging) 기법 등에 대해서도 살펴보게 될 것이다. 이 경우 2개의 레지스터뿐 아니라 다른 하드웨어의 지원을 통해서 연속적이지 않은 공간에 프로그램이 위치하는 좀 더 현실적인 메모리 관리 및 보호기법이 필요하다.

메모리 접근 연산은 사용자 프로그램이 CPU를 가지고 있는 동안 수행할 수 있는 연산이므로 특권명령은 아니다. 다만 사용자 프로그램이 메모리에 접근하기 전에 하드웨어적으로 그 접근이 합법적인지를 체크하여 메모리를 보호하게 된다. 이것이 운영체제만이 수행할 수 있는 입출력 연산과 메모리 접근 연산의 차이점이라고 할 수 있다. 사용자모드인 경우에는 기준 레지스터와 한계 레지스터를 사용해서 메모리를 보호하게 되고, 커널모드에서는 메모리에 무제한으로 접근하는 것이 가능하다. 메모리 접근 명령은 특권명령이 아니지만, 올바르지 않은 접근 시도로부터 메모리를 보호하기 위해서는 기준 레지스터와 한계 레지스터의 값을 세팅하는 연산은 특권명령으로 규정해야 한다. 만약 프로그램이 자신의 기준 레지스터와 한계 레지스터의 값을 직접 변경할 수 있다면 메모리에 무제한 접근하는 것이 가능하기 때문이다. 그러므로 운영체제가 2개의 레지스터값을 직접 세팅해 주고 사용자 프로그램은 값을 변경할 수 없게 한다.

11. CPU 보호

일반적으로 CPU는 컴퓨터 시스템 내에 하나밖에 존재하지 않기 때문에 특정 프로그램이 CPU를 독점해 무한반복문을 수행하는 등 부적절한 방법으로 CPU의 사용 권한을 독점하고 있다면 다른 프로그램 및 운영체제가 CPU를 빼앗을 방법이 없게 된다. 이와 같이 CPU가 하나의 프로그램에 의해 독점되는 것을 막기 위해 운영체제는 타이머(timer)라는 하드웨어를 사용한다. 타이머는 정해진 시간이 지나면 인터럽트를 발생시켜 운영체제가 CPU의 제어권을 획득할 수 있도록 하는 역할을 수행한다. 타이머에 의해 발생되는 인터럽트 처리루틴의 역할은 지금 CPU를 점유하고 명령을 실행 중인 프로그램으로부터 CPU를 빼앗아 다른 프로그램에게 CPU를 이양하는 것이다. 타이머는 일정한 시간 단위로 세팅될 수 있으며 매 클럭 틱(clock tick) 때마다 1씩 감소한다. 그리고 타이머가 0이 되는 순간 인터럽트가 발생하게 된다. 여기서 타이머의 값을 세팅하는 명령을 로드 타이머(load timer)라고 하며, 이는 특권명령에 속한다. 한편 타이머는 시분할 시스템에서 현재 시간을 계산하기 위해서도 사용된다. 시분할 시스템이란 여러 프로그램이 CPU의 시간을 조금씩 나누어 사용하는 시스템을 의미하며, 우리가 사용하는 대부분의 컴퓨터가 바로 시분할 시스템에 해당한다.

12. 시스템 콜을 이용한 입출력 수행

사용자 프로그램이 디스크의 파일에 데이터를 쓰거나 디스크의 파일로부터 데이터를 읽어오는 행위, 키보드로부터 입력을 받거나 수행 결과를 화면에 출력하는 행위 등은 모두 특권명령인 입출력 명령에 해당하므로 사용자 프로그램이 직접 수행할 수 없다. 이러한 입출력 명령은 운영체제 코드에 구현되어 있으며, 사용자 프로그램은 직접 입출력을 수행하는 대신 운영체제에게 시스템 콜이라는 서비스 대행 요청을 하여 입출력을 수행한다. 시스템 콜은 일종의 소프트웨어적인 인터럽트로서 사용자 프로그램이 시스템 콜을 할 경우 트랩이 발생해 CPU의 제어권이 운영체제로 넘어가게 된다. 그러면 운영체제는 해당 시스템 콜을 처리하기 위한 루틴으로 가서 정의된 명령을 수행한다. 예를 들어 시스템 콜이 디스크 입출력 요청이었으면 디스크 컨트롤러에게 입출력 요청을 수행하도록 명령하고, 추후에 디스크 컨트롤러가 입출력 수행을 마치면 CPU에게 인터럽트를 발생시켜 입출력이 완료되었음을 알려줌으로써 해당 프로그램이 다시 CPU를 할당받을 수 있도록 한다.

4장

프로그램의 구조와 실행

1. 프로그램의 구조와 인터럽트

우리가 사용하는 컴퓨터 프로그램은 어떠한 프로그래밍 언어로 작성되었든 그 내부 구조는 함수들로 구성된다. 하나의 함수가 수행되는 중에 다른 함수를 호출하고, 호출된 함수의 수행이 끝나면 다시 원래 호출했던 함수의 위치로 돌아가 프로그램을 계속 실행하게 된다. 한편 프로그램이 CPU에서 명령을 수행하려면 해당 명령을 담은 프로그램의 주소 영역이 메모리에 올라가 있어야 한다. 이때 프로그램의 주소 영역은 크게 코드(code), 데이터(data), 스택(stack) 영역으로 구분된다. 코드 영역은 우리가 작성한 프로그램 함수들의 코드가 CPU에서 수행할 수 있는 기계어 명령(machine instruction) 형태로 변환되어 저장되는 부분이고, 데이터 영역은 전역 변수(global variable) 등 프로그램이 사용하는 데이터를 저장하는 부분이다. 스택 영역은 함수가 호출될 때 호출된 함수의 수행을 마치고 복귀할 주소 및 데이터를 임시로 저장하는 데에 사용되는 공간이다.

우리가 작성한 프로그램은 제일 처음 메인함수에서 실행을 시작해 메인함수가 다른 함수를 호출하면, CPU가 메인함수의 코드를 수행하다가 다른 함수의 코드로 수행 위치를 이동하게 한다. 그러면 프로그램은 새로운 함수 위치로 점프해 그 함수를 실행하고 함수 수행이 완료된 후에는 원래 호출했던 함수 위치로 돌아오게 된다. 이때 돌아와야 하는 지점을 스택에 저장하는 것이다. 예를 들어 X라는 함수가 수행 중에 Y라는 함수를 호출한 경우를 생각해보자. 프로그램은 X 함수에서 Y 함수를 호출한 지점을 스택에 저장해놓았다가 Y 함수가 수행된 후 스택에 저장된 주소 위치로 돌아와 코드를 계속 수행하게 되는 것이다. 즉 함수가 호출되면 다음에 실행할 명령(instruction)의 메모리 위치가 바뀌게 된다. 이는 CPU가 명령을 순차적으로 수행하다가 호출된 함수의 위치로 점프해서 새로운 위치의 명령을 실행하기 때문이다. 호출된 함수를 모두 수행하고 나면 원래 함수가 수행되던 위치로 돌아가는데, 이때 스택에 저장되어 있는 복귀 주소를 사용하게 되는 것이다.

인터럽트의 동작 원리도 함수의 호출과 비슷하다. A라는 프로그램이 CPU를 할당받고 명령을 수행하고 있는데 인터럽트가 발생하면 A는 현재 수행 중인 명령의 위치를 저장해놓는다. 그 후 운영체제 내부 코드인 인터럽트 처리루틴으로 넘어가서 인터럽트 처리를 하고 다시 돌아와 A의 이전 작업 지점부터 수행을 계속 이어가게 된다. 일반적으로 프로그램 내에서 발생되는 함수호출에 필요한 복귀 주소는 각 프로그램의 주소 공간 중 스택 영역에 보관한다. 반면 인터럽트 때문에 CPU를 빼앗긴 위치는 운영체제가 관리하는 프로세스 제어블록에 저장된다. 프로세스 제어블록에는 인터럽트가 발생한 시점에서 그 프로그램의 어느 부분까지 수행했는지를 저장하며, 인터럽트 처리 후 프로세스 제어블록에 저장된 주소를 복원시켜 원래 수행하던 일을 재개하게 된다.

2. 컴퓨터 시스템의 작동 개요

흔히들 CPU를 '컴퓨터의 두뇌'라고 부르지만 CPU는 인간의 뇌처럼 스스로 생각하고 판단하는 능력을 갖추고 있지는 못하다. 이는 CPU가 빠른 속도로 처리하는 계산 능력은 가지고 있지만, 어떠한 작업을 수행해야 하는지 스스로 결정하는 능력은 갖추고 있지 못하기 때문이다. CPU는 매 시점 메모리의 특정 주소에 존재하는 명령을 하나씩 읽어와 그대로 실행할 뿐이다. 이때 CPU가 수행해야 할 메모리 주소를 담고 있는 레지스터를 프로그램 카운터(Program Counter: PC)라고 부른다. 즉 CPU는 매번 프로그램 카운터가 가리키는 메모리 위치의 명령을 처리하게 된다. 일반적으로 조건문이나 반복문, 함수호출 등에 의한 주소 이동이 없는 이상 프로그램 카운터는 항상 바로 다음 명령을 가리키게 되어 코드의 순차적인 수행이 이루어진다.

한편 컴퓨터 시스템의 동작이 CPU에 의해서만 이루어지는 것은 아니다. 프로그램이 수행되는 중에 디스크에서 파일을 읽어오기도 하고 키보드로부터 입력을 받거나 처리 결과를 화면에 출력하기도 한다. 이와 같이 CPU

에서 명령을 수행하는 부분과, 컴퓨터 외부장치와 입출력이 이루어지는 부분을 총체적으로 이해하기 위해서는 컴퓨터 시스템의 구성에 대한 폭넓은 이해가 필요하다. 컴퓨터 시스템을 구성하는 하드웨어로는 먼저 CPU와 메모리가 있고, 이 밖에 각 입출력 장치와 이들 장치를 전담하는 작은 CPU와 메모리가 있다. 입출력 장치별로 존재하는 작은 CPU와 메모리를 각각 입출력 컨트롤러와 로컬버퍼라고 부른다.

메모리에는 사용자 프로그램들과 운영체제가 같이 올라가 수행된다. 이때 CPU는 프로그램 카운터가 가리키는 메모리 위치의 프로그램을 수행한다. 예를 들어 프로그램 카운터가 메모리 주소 중 운영체제가 존재하는 부분을 가리키고 있다면 현재 운영체제의 코드를 수행 중이며, 이 경우 CPU가 커널모드(kernel mode)에서 수행 중이라고 이야기한다. 반대로 프로그램 카운터가 사용자 프로그램이 존재하는 메모리 위치를 가리키고 있다면

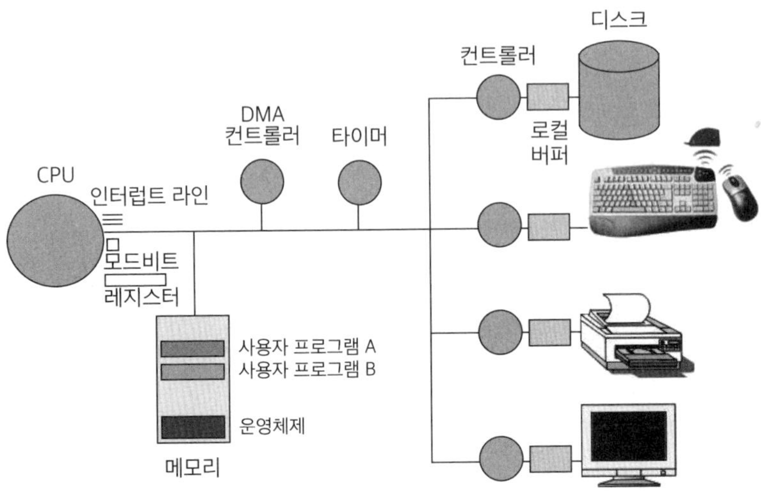

<그림 4-1> 컴퓨터 시스템의 하드웨어 구조 및 프로그램이 메모리에 적재되는 모습

그 메모리 위치에 올라가 있는 사용자 프로그램이 수행 중이며, 이 경우 사용자모드(user mode)에서 CPU가 수행되고 있다고 이야기한다. 통상적으로 명령들은 순차적으로 수행되나, 함수호출 등으로 점프해 바로 다음 주소가 아닌 명령을 수행할 수도 있다.

CPU가 수행하는 명령에는 일반명령과 특권명령이 있다. 일반명령은 메모리에서 자료를 읽어와 CPU에서 계산하고 결과를 메모리에 쓰는 일련의 명령들을 말하는데, 이러한 일반명령은 모든 프로그램이 수행할 수 있는 명령이다. 반면 특권명령은 보안이 필요한 명령으로 입출력 장치, 타이머 등 각종 장치에 접근하는 명령이다. 컴퓨터 시스템에서는 이러한 특권명령을 항상 운영체제만이 수행할 수 있도록 제한하고 있다. 컴퓨터 시스템은 이 두 명령의 실행가능성을 체크하기 위해 CPU 내에 모드비트(mode bit)를 둔다. 이에 대해서는 3장의 내용을 참고하기 바란다.

사용자 프로그램이 실행되다 보면 일반명령 외에 특권명령의 수행이 필요한 경우가 있다. 예를 들어 디스크의 파일에 접근하거나, 수행 결과를 화면에 출력하는 등의 작업은 특권명령의 수행을 필요로 한다. 이와 같은 경우에 사용자 프로그램은 스스로 특권명령을 수행할 수 없으므로 운영체제에게 특권명령의 대행을 요청한다. 이와 같은 서비스 요청을 시스템 콜(system call)이라고 부른다. 사용자 프로그램이 시스템 콜을 하게 되면 운영체제는 사용자 프로그램의 코드가 아닌 커널 영역에 정의된 시스템 콜 처리 코드를 수행하게 된다. 디스크에서 자료를 읽어오는 시스템 콜이라면, CPU가 디스크 컨트롤러에게 데이터를 읽어오라는 명령을 내린다. 그러면 디스크 컨트롤러는 디스크로부터 데이터를 읽어와서 자신의 로컬버퍼에 저장한다. 이 작업이 완료되면 디스크 컨트롤러가 CPU에 인터럽트를 발생시켜 입출력 작업이 완료되었음을 통지한다.

CPU는 프로그램 카운터가 가리키는 메모리 위치의 명령만 계속 수행하기 때문에 주변장치의 상태를 지속적으로 파악할 수 없다. 따라서 주변장치는 CPU의 도움이 필요한 경우 인터럽트를 사용해 CPU에게 서비스를 요청한다. 인터럽트를 발생시키기 위해 주변장치는 인터럽트 라인(interrupt line)을 세팅하고, CPU는 매번 명령을 수행한 직후 인터럽트 라인을 체크해 서비스 요청이 들어왔는지 확인한다. 이때 인터럽트의 종류는 다양하기 때문에 각각의 인터럽트 발생 원인마다 라인을 다르게 해서 구분하게 된다. 인터럽트가 발생하면 CPU는 해당 인터럽트를 처리하기 위한 루틴으로 넘어가서 커널 내의 인터럽트 처리 코드를 수행한다.

3. 프로그램의 실행

'프로그램이 실행(program execution)되고 있다'는 것은 컴퓨터 시스템 차원에서 볼 때 크게 두 가지 중요한 의미를 가진다. 그 첫 번째는 디스크에 존재하던 실행파일이 메모리에 적재된다는 의미이고, 두 번째는 프로그램이 CPU를 할당받고 명령(instruction)을 수행하고 있는 상태라는 의미이다. 일반적인 컴퓨터 시스템의 경우 CPU는 하나밖에 없으므로 매 시점 CPU에서 명령을 수행하는 프로그램은 기껏해야 하나뿐이다. 하지만 여러 프로그램이 짧은 시간 단위로 CPU를 나누어 쓰고, 이들 프로그램이 메모리에 동시에 적재되어 있을 수 있으므로 여러 프로그램이 동시에 실행된다는 말을 보편적으로 사용하는 것이다.

실행파일이 메모리에 적재될 때, 실행파일 전체가 메모리에 한꺼번에 올라가기보다는 일부분만 메모리에 올라가고 나머지는 디스크의 특정 영역

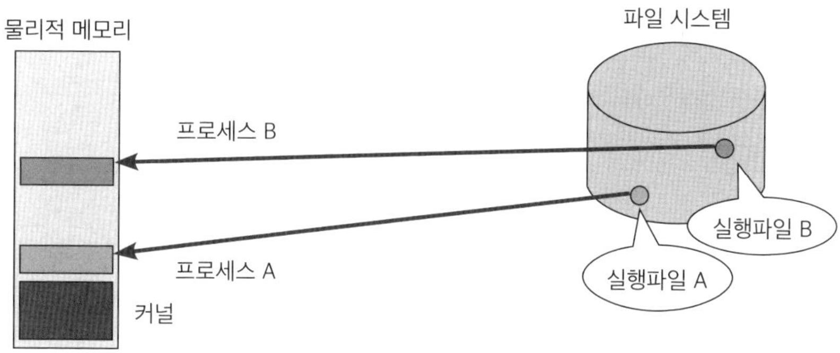

<그림 4-2> 실행파일이 실행되어 물리적 메모리에 적재되는 모습

에 내려가 있는 것이 일반적이다. 이는 여러 프로그램이 함께 사용하는 메모리 공간을 좀 더 효율적으로 사용하기 위한 방법이다. 구체적으로 살펴보면, 프로그램의 주소 공간 중 당장 CPU의 수행에 필요한 부분은 메모리에 올려놓고 그렇지 않은 부분은 디스크 중 메모리의 연장 공간으로 사용되는 스왑 영역에 내려놓는 방식으로 운영된다.

프로세스의 주소 공간은 앞서 설명한 대로 코드(code), 데이터(data), 스택(stack) 등으로 구성된다. 각각의 프로그램마다 이러한 주소 공간을 별도로 가지며, 프로그램마다 독자적으로 존재하는 이와 같은 주소 공간을 우리는 가상메모리(virtual memory) 또는 논리적 메모리(logical memory)라고 부른다. 이는 실제 물리적 메모리의 주소와 독립적으로 각 프로그램마다 독자적인 주소 공간을 가지기 때문에 지칭하는 용어이다.

운영체제도 하나의 프로그램이므로 운영체제 커널 역시 코드, 데이터, 스택의 주소 공간 구성을 가지고 있다. 운영체제의 기능이 그 아랫단의 하드웨어 자원을 효율적으로 관리하는 것과 윗단의 응용프로그램 및 사용자에게 편리한 서비스를 제공하는 것이므로 커널의 코드는 CPU, 메모리 등의

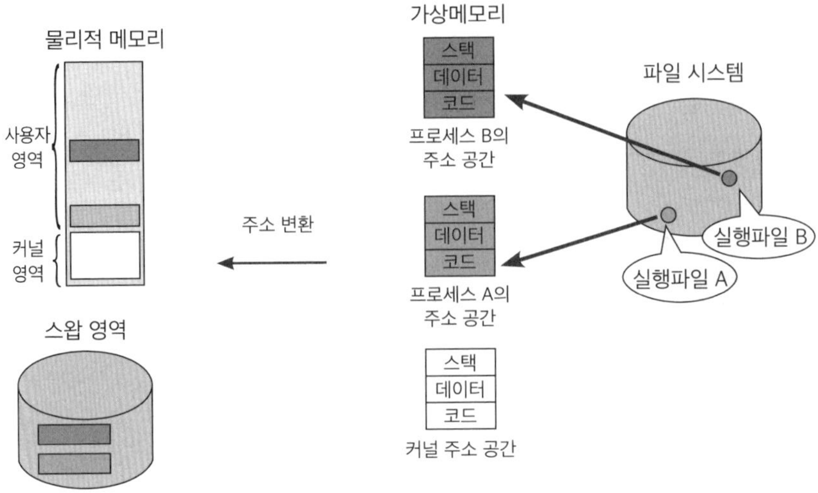

<그림 4-3> 주소 변환에 의해 프로세스의 논리적 주소 공간이 물리적 메모리에 적재되는 모습

자원을 관리하기 위한 부분과 사용자에게 편리한 인터페이스를 제공하기 위한 부분이 주를 이루고 있다. 이 밖에도 커널의 코드는 시스템 콜 및 인터럽트를 처리하기 위한 부분을 포함한다.

커널의 데이터 영역에는 각종 자원을 관리하기 위한 자료구조가 저장된다. CPU나 메모리와 같은 하드웨어 자원을 관리하기 위한 자료구조뿐 아니라 현재 수행 중인 프로그램을 관리하기 위한 자료구조도 커널의 데이터 영역에 유지된다. 이때 현재 수행 중인 프로그램을 프로세스(process)라고 부르고, 커널의 데이터 영역 내에는 각 프로세스의 상태, CPU 사용 정보, 메모리 사용 정보 등을 유지하기 위한 자료구조인 PCB를 두고 있다. 이와 같이 커널의 데이터 영역에는 하드웨어와 소프트웨어를 포함하는 시스템 내의 모든 자원을 관리하기 위한 자료구조를 각각 유지하고 있다.

커널의 스택 영역은 일반 프로그램의 스택 영역과 마찬가지로 함수호출시의 복귀 주소를 저장하기 위한 용도로 사용된다. 하지만 커널의 스택은 일반 사용자 프로그램의 스택과 달리 현재 수행 중인 프로세스마다 별도의 스택을 두어 관리한다. 이는 프로세스가 함수를 호출할 때 자기 주소 영역 내부에 정의된 함수를 호출하면 자신의 스택에 복귀 주소를 저장하지만, 프로세스가 특권명령을 수행하려고 커널에 정의된 시스템 콜을 호출하고 시스템 콜 내부에서 다른 함수를 호출하는 경우 그 복귀 주소는 커널 내의 주소가 되어 사용자 프로그램의 스택과는 별도의 저장공간이 필요하게 되기 때문이다. 또한 커널은 일종의 공유 코드로서 모든 사용자 프로그램이 시스템 콜을 통해 커널의 함수를 접근할 수 있으므로, 일관성 유지를 위해 각 프로세스마다 커널 내에 별도의 스택을 두게 되는 것이다. 정리하자면 프로그램이 자기 자신의 코드 내에서 함수호출 및 복귀 주소를 유지하기 위해서는 자기 주소 공간 내의 스택을 사용하고, 시스템 콜이나 인터럽

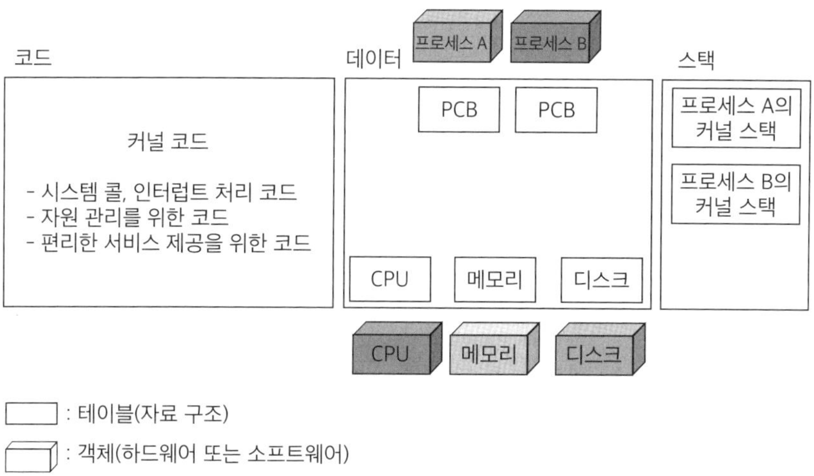

<그림 4-4> 운영체제의 주소 공간 구조

트 등으로 운영체제의 코드가 실행되는 중에 함수호출이 발생할 경우 커널 스택을 사용하게 되는 것이다. 다만 여기서 한 가지 유의할 점은 프로그램 내의 함수호출 시 해당 프로그램의 스택에 복귀 주소를 저장하지만, 시스템 콜이나 인터럽트 발생으로 CPU의 수행 주체가 운영체제로 바뀌는 순간에는 직전에 수행되던 프로그램의 복귀 정보를 스택이 아닌 PCB에 저장한다는 점이다. 이때 커널 역시 함수 구조로 이루어져 있으므로, 커널의 코드가 수행되는 도중에 이루어지는 함수호출은 커널스택을 사용하게 되는 것이다. 한편 커널스택은 프로세스마다 별도로 두고 있어, 커널 내에서 이루어지는 함수호출은 직전에 CPU를 가지고 있던 프로세스의 커널스택을 사용하게 된다.

4. 사용자 프로그램이 사용하는 함수

프로그램이 사용하는 함수는 크게 사용자 정의함수와 라이브러리 함수, 커널함수의 세 가지로 구분해볼 수 있다. 사용자 정의함수란 프로그래머 본인이 직접 작성한 함수를 뜻한다. 라이브러리 함수란 프로그래머 본인이 직접 작성하지는 않았지만 이미 누군가 작성해놓은 함수를 호출만 하여 사용하는 경우를 뜻한다. 사용자 정의함수와 라이브러리 함수는 모두 그 프로그램의 코드 영역에 기계어 명령 형태로 존재한다. 따라서 이 두 함수는 프로그램이 실행될 때에 해당 프로세스의 주소 공간에 포함되며, 또한 함수호출 시에도 자신의 주소 공간에 있는 스택을 사용하게 된다.

한편 커널함수는 운영체제 커널의 코드에 정의된 함수를 뜻한다. 커널함수의 종류에는 사용자 프로그램이 운영체제의 서비스를 요청하기 위해 호출하는 시스템 콜 함수와, 각종 하드웨어 및 소프트웨어가 CPU의 서비스를 요청하기 위해 발생시키는 인터럽트 처리 함수가 있다. 이와 같은 커널 함수는 사용자 프로그램의 주소 공간에 그 코드가 존재하는 것이 아니라 운영체제 커널의 주소 공간에 코드가 정의된다. 즉 운영체제 내에 있는 함수를 사용자 프로그램이 호출해서 사용하는 것이다. 예를 들어 삼각함수인 sin( ) 함수는 라이브러리 함수이고, 화면에 문자열을 출력하는 printf( ) 함수는 그 자체로는 라이브러리 함수이지만 궁극적으로 특권명령인 입출력을 수반하므로 printf( ) 내에서 커널함수를 호출하는 시스템 콜을 동반하게 된다.

운영체제 내에는 시스템 콜 함수로 read( ) 함수와 write( ) 함수가 정의돼 있으며, 이들은 각각 사용자 프로그램이 입력과 출력을 필요로 할 때 호출하는 함수이다. 일반적인 함수호출과 시스템 콜을 비교해서 설명하면, 일반적인 함수호출은 사용자 프로그램 내에 존재하는 코드를 실행하는 것이고 시스템 콜은 사용자 프로그램이 아닌 운영체제라는 별개의 프로그램에 CPU를 넘겨서 실행하는 것이다. CPU를 운영체제에 넘기기 위해 시스템 콜은 인터럽트와 동일한 메커니즘, 즉 CPU의 인터럽트 라인을 세팅하는 방법을 사용한다.

5. 인터럽트

이 책의 앞부분에서 컴퓨터 시스템의 동작 원리에 대해 설명하며 인터럽트의 개념을 이미 살펴보았다. CPU는 특별한 일이 없으면 현재 수행 중인 프로세스의 다음 명령을 순차적으로 수행한다. CPU는 매번 프로그램 카운터가 가리키는 곳에 있는 명령을 수행하는 일밖에 하지 않기 때문에, 현재 수행 중인 프로세스로부터 CPU를 회수해 CPU가 다른 일을 수행하도록 하기 위해서는 인터럽트 메커니즘이 필요하다. CPU는 매번 프로그램 카운터가 가리키고 있는 지점의 명령을 하나씩 수행하고 나서, 다음 명령을 수행하기 직전에 인터럽트 라인이 세팅되었는지 체크한다. 인터럽트 라인 체크를 통해 인터럽트가 발생했으면 CPU는 현재 수행하던 프로세스를 멈추고 운영체제의 인터럽트 처리루틴으로 이동해서 인터럽트 처리를 수행한다. 인터럽트의 처리를 마치고 나면 인터럽트가 발생하기 직전의 프로세스에게 CPU의 제어권이 다시 넘어가게 된다.

그렇다면 인터럽트 처리 중에 또 다른 인터럽트가 발생하는 경우에는 어떻게 처리되는지 알아보도록 하자. 원칙적으로는 인터럽트 처리 중에 또 다른 인터럽트가 발생하는 것을 허용하지 않는다. 그 이유는 인터럽트 처

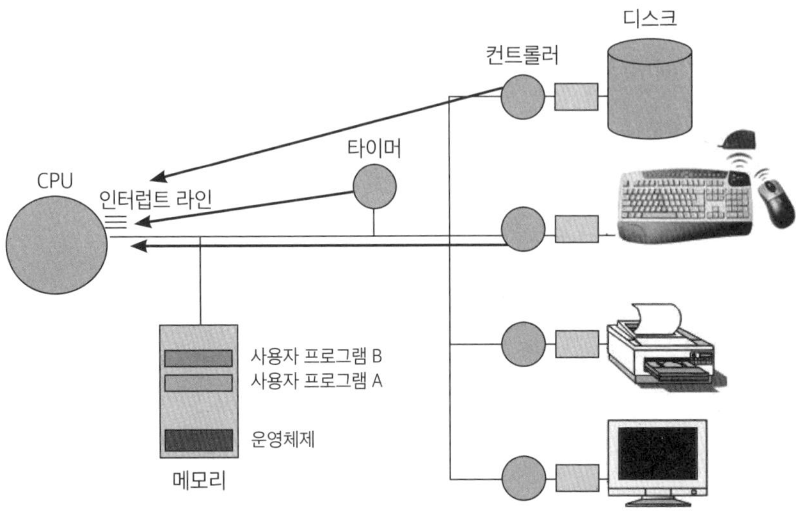

<그림 4-5> 하드웨어가 CPU에게 인터럽트를 전달하는 방법

리 중에 다른 인터럽트를 처리하면 데이터의 일관성이 유지되지 않는 문제가 발생할 수 있기 때문이다. 인터럽트를 처리하는 중에 운영체제 커널에 정의된 데이터를 변경하고 있는데, 다른 인터럽트가 발생해 앞선 인터럽트에서 변경 중이던 데이터를 또다시 변경하게 되면 두 인터럽트에 의해 데이터가 원래 의도하지 않았던 결괏값으로 변경될 수 있기 때문이다. 그렇지만 경우에 따라 예외가 존재할 필요성이 있다. 예를 들어 인터럽트가 발생해 현재 인터럽트 처리루틴을 수행하고 있지만, 그보다 더 시급하거나 CPU를 당장 사용해야 하는 일이 발생할 수 있기 때문이다.

다시 말하면 인터럽트마다 중요도가 다르기 때문에 상대적으로 낮은 중요도를 가진 인터럽트를 처리하는 도중에 중요도가 더 높은 인터럽트가 발생하는 것을 허락할 필요가 있다. 이와 같이 현재 처리 중인 인터럽트보다 더 높은 우선순위의 인터럽트가 발생한다면 현재 처리 중이던 인터럽트 코드의 수행 지점을 저장하고 우선순위가 높은 인터럽트를 처리하게 된다. 인터럽트 처리가 끝나면 저장된 주소로 복귀해 이전에 수행하던 인터럽트 처리 코드를 마저 수행하게 된다.

6. 시스템 콜

모든 프로그램은 자기 자신의 독자적인 주소 공간을 가지고 있으며, 프로그램이 함수호출을 하는 경우 자신의 주소 공간 내에서 호출이 이루어지게 된다. 그러나 시스템 콜은 비록 함수호출이기는 하지만 자신의 주소 공간을 거스르는 영역에 존재하는 함수를 호출하는 것을 말한다. 다시 말해 자신의 프로그램이 아닌, 커널이라는 다른 프로그램의 주소 공간에 존재하는 함수를 호출하는 것이다. 일반적인 함수호출이 자신의 스택에 복귀 주소를 저장한 후 호출된 함수 위치로 점프하는 것임에 비해, 시스템 콜은 주소 공간 자체가 다른 곳으로 이동해야 하므로 일반 함수호출과는 상이한 방법을 사용한다. 그 방법은 프로그램 자신이 인터럽트 라인에 인터럽트를 세팅하는 명령을 통해 이루어진다. 이는 프로그램이 스스로 인터럽트 라인을 세팅한다는 점만 다를 뿐 일반적인 인터럽트의 발생과 동일한 방법이라 할 수 있다.

디스크의 파일 입출력이 이루어지는 과정을 통해 시스템 콜 사용의 예를 살펴보자. 사용자 프로그램이 CPU에서 명령을 수행하던 중 디스크의 파일을 읽어와야 할 경우 시스템 콜로 커널의 함수를 호출하게 된다. 이때 입출력 함수의 호출이 자신의 주소 공간에서 이루어질 수 없기 때문에 사용자 프로그램은 CPU의 제어권을 운영체제에게 이양하게 되는데, 이는 인터럽트 라인을 세팅하는 명령을 통해 이루어진다. 인터럽트 라인이 세팅되면 CPU는 다음 명령을 수행하기 전에 인터럽트가 발생했는지 점검하게 되며, 이 과정에서 인터럽트가 발생한 것을 인지하고 현재 수행 중인 사용자 프로그램을 잠시 멈춘 후 CPU의 제어권을 운영체제로 이양시키게 된다. 운영체제는 설정된 인터럽트 라인에 의해 이번에 발생한 인터럽트가 입출력을 요청하는 인터럽트임을 인지하게 된다. 그런 다음 해당 서비스루틴으로 이동해 입출력 작업을 수행하게 된다. 이 과정에서 CPU는 디스크 컨트롤러에게 파일을 읽어오라는 명령을 하게 된다.

한편 디스크 컨트롤러가 디스크에서 데이터를 읽어오는 일은 CPU가 명령을 수행하는 일과 비교할 때 상대적으로 많은 시간이 소요된다. 따라서 입출력이 진행되는 동안 CPU가 입출력의 완료만을 기다리며 명령을 수행하지 않는 것은 효율적인 자원 활용 방법이라 할 수 없다. 또한 파일 입출

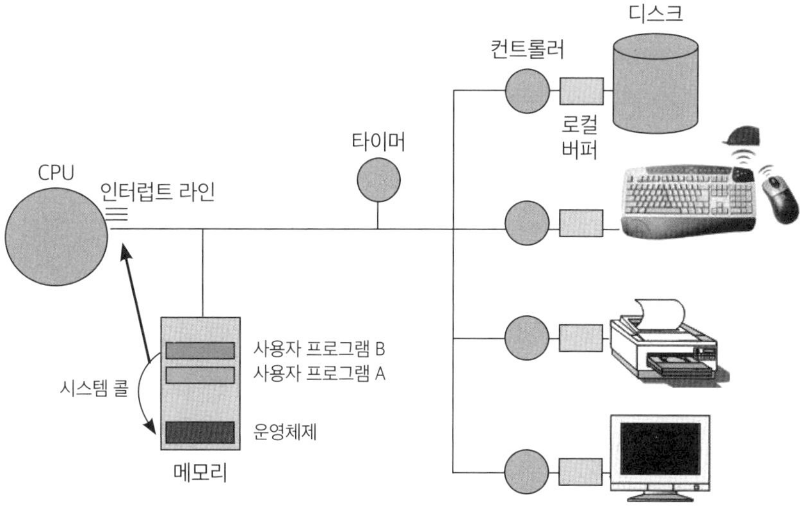

<그림 4-6> 사용자 프로그램이 시스템 콜을 하는 방법

력을 요청한 프로세스에게 CPU의 제어권을 넘겨줄 경우, 요청한 파일 데이터 없이 다음 명령을 수행할 수 없으므로 이 또한 바람직한 운영 방법이라고 볼 수 없다. 따라서 대부분의 경우 운영체제는 입출력을 요청한 다음 CPU의 제어권을 다른 프로세스에게 이양한다. 다른 프로세스가 CPU에서 명령을 수행하던 중 입출력 작업이 완료되면 디스크 컨트롤러가 CPU에게 인터럽트를 발생시켜 요청된 입출력 작업이 완료되었음을 알리게 된다. 그러면 CPU는 사용자 프로세스의 수행을 잠시 멈추고 인터럽트 처리루틴으로 그 제어권이 넘어간다. 이때 발생한 인터럽트는 하드웨어 인터럽트에 해당하며, 그 처리 내용은 디스크로부터 로컬버퍼로 읽어온 내용을 컴퓨터 내의 메모리로 복사한 후 디스크 입출력을 요청했던 프로세스에게 다시 CPU를 획득할 수 있는 권한을 주는 것이다. 그러면 해당 프로세스는 CPU를 기다리는 큐에 삽입되고 CPU의 제어권은 다시 인터럽트를 당한 프로세

스로 넘어가 하던 작업을 계속 수행하게 된다.

지금까지 살펴본 내용을 통해, 프로그램이 CPU를 할당받고 명령을 수행하다가 중간에 CPU를 빼앗기는 경우는 크게 두 가지가 있음을 알 수 있다. 하나는 타이머에 의해 인터럽트가 발생하는 경우이고, 다른 하나는 입출력 요청을 위해 시스템 콜을 하는 경우이다. 타이머는 특정 프로그램에 의해 CPU가 독점되는 것을 방지하기 위한 하드웨어로, CPU 할당시간이 만료되면 인터럽트를 발생시킨다. 이러한 타이머는 여러 프로세스가 CPU를 나누어 사용하는 시분할 시스템의 구현을 위한 필수적인 요소라 할 수 있다. 한편 사용자 프로그램이 디스크에서 파일 데이터를 읽어오는 등의 입출력 요청을 위해 시스템 콜을 하는 경우, 시간이 오래 걸리는 입출력 작업이 완료되기까지 그 프로세스에게 CPU를 다시 할당하더라도 당장 다음 명령을 수행하지 못하는 경우가 일반적이므로 CPU를 다른 프로세스에게 이양하게 된다. 입출력을 요청했던 프로세스는 입출력 요청이 완료된 후 컨트롤러가 인터럽트를 발생시킨 시점부터 다시 CPU를 얻을 수 있는 자격을 부여받게 된다.

7. 프로세스의 두 가지 실행 상태

하나의 프로세스가 시작되어 수행을 완료하기까지는 프로세스 자신의 주소 공간에 있는 코드만 실행되는 것이 아니라 커널의 주소 공간에 있는 코드도 실행된다. 이는 프로그램이 사용자 정의함수나 라이브러리 함수뿐 아니라 입출력 시스템 콜 등을 통해 운영체제 커널의 함수도 호출하여 실행하기 때문이다. 예를 들어 프로세스 A가 CPU에서 실행되고 있다고 하면, 이는 자신의 주소 공간에 정의된 코드를 실행하는 것과 커널의 시스템 콜 함수를 실행하는 것으로 나누어볼 수 있다. 전자를 사용자모드에서의 실행 상태(user mode running)라 하고, 후자를 커널모드에서의 실행 상태(kernel mode running)라 한다. 이때 한 가지 주의할 점은, 비록 시스템 콜을 통해 실행되는 것이 프로세스 A의 코드가 아닌 운영체제 커널의 코드이지만, 시스템 콜이 수행되는 동안 커널이 실행 상태(running state)에 있다고 하지 않고 프로세스 A가 실행 상태에 있다고 말한다는 점이다. 프로세스 A 입장에서는 CPU를 운영체제 커널에 빼앗긴 것으로 생각할 수도 있지만 커널의 코드가 실행되는 것이 사실상 프로세스 A가 해야 할 일을 대행하는 것이기 때문에 시스템 콜이 실행 중일 때에도 여전히 프로세스 A는 실행 상태에 있는 것으로 간주한다는 것이다. 다만 프로세스 A 자신의 코드를 실행하는 것과 구분 지어, 이러한 상태를 '프로세스 A가 커널모드에서 실행 중'이라고 이야기한다.

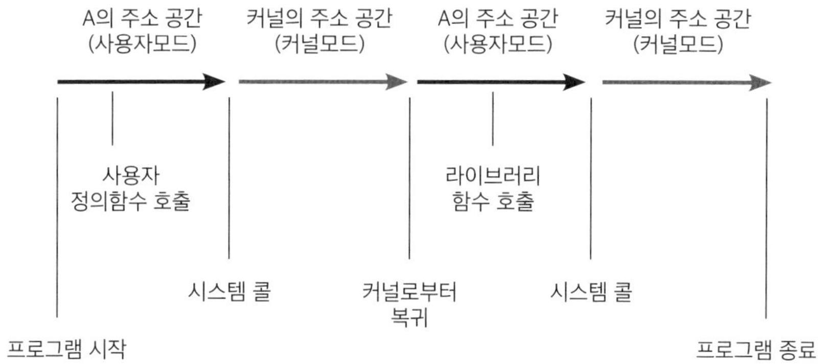

<그림 4-7> 사용자모드와 커널모드를 통해 프로그램이 수행되는 과정

정리하자면 프로그램이 시작되어 종료될 때까지 다양한 함수호출을 하며 실행되는데, 이를 사용자모드와 커널모드의 실행 상태로 구분 지을 수 있다. 프로그램이 사용자 정의함수나 라이브러리 함수를 호출할 때에는 모드의 변경 없이 사용자모드에서의 실행을 지속하게 되고, 시스템 콜을 하는 경우에는 커널모드로 진입해 커널의 주소 공간에 정의된 함수를 실행하게 된다. 시스템 콜의 실행이 끝나면 다시 사용자모드로 복귀해서 시스템 콜 이후의 명령들을 계속 실행한다. 프로그램의 실행이 끝날 때에는 커널모드로 진입해 프로그램을 종료한다.

5장

프로세스 관리

1. 프로세스의 개념

프로세스(process)란 실행 중인 프로그램(program in execution)을 뜻한다. 디스크에 실행파일 형태로 존재하던 프로그램이 메모리에 올라가서 실행되기 시작하면 비로소 생명력을 갖는 프로세스가 되며, 프로세스는 CPU를 획득해 자신의 코드를 수행하기도 하고, 때로는 CPU를 반환하고 입출력 작업을 수행하기도 한다. 그러다가 자신의 임무를 다 수행하고 나면 종료되어 사라지게 된다. 일반적으로 잡(job)이라는 용어와 프로세스를 혼용해 사용하기도 한다. 프로세스를 이해하기 위해서는 프로세스의 문맥

(context)에 대해 알 필요가 있다. 프로세스의 문맥이란 프로세스가 현재 어떤 상태에서 수행되고 있는지 정확히 규명하기 위해 필요한 정보를 의미한다.

프로세스가 시작해서 종료할 때까지 CPU에서 명령을 한꺼번에 수행하면 좋겠지만, 여러 프로세스가 함께 수행되는 시분할 시스템 환경에서는 타이머 인터럽트에 의해 짧은 시간 동안 CPU를 사용한 후 빼앗겼다가 추후에 다시 CPU를 획득하는 식으로 CPU 관리가 이루어진다. 따라서 CPU를 다시 획득해 명령의 수행을 재개하는 시점이 되면 이전의 CPU 보유 시기에 어느 부분까지 명령을 수행했는지 직전 수행 시점의 정확한 상태를

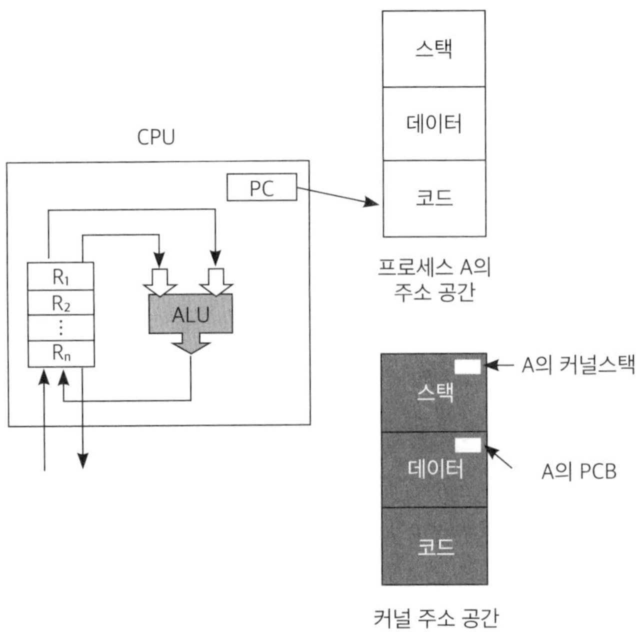

<그림 5-1> 프로세스의 문맥을 구성하는 요소

재현할 필요가 있다. 이때 정확한 재현을 위해 필요한 정보가 바로 프로세스의 문맥이다. 즉 프로세스의 문맥은 그 프로세스의 주소 공간(코드, 데이터, 스택 상태)을 비롯해 레지스터에 어떤 값을 가지고 있었는지와, 시스템 콜 등을 통해 커널에서 수행한 일의 상태, 그 프로세스에 관해 커널이 관리하고 있는 각종 정보 등을 포함하게 된다.

프로세스의 문맥을 크게 세 가지로 분류하면 하드웨어 문맥, 프로세스의 주소 공간, 그리고 커널상의 문맥으로 나누어볼 수 있다. 하드웨어 문맥은 CPU의 수행 상태를 나타내는 것으로 프로그램 카운터값과 각종 레지스터에 저장하고 있는 값들을 의미한다. 프로세스는 코드, 데이터, 스택으로 구성되는 자기 자신만의 독자적인 주소 공간을 가지고 있다. 프로세스의 주소 공간은 그 프로세스의 문맥을 결정짓는 중요한 요소 중 하나이다. 한편 프로그램이 수행되어 프로세스가 되면 운영체제는 프로세스를 관리하기 위한 자료구조를 유지한다. PCB와 커널스택(kernel stack)이 이에 해당하며 이 또한 프로세스의 문맥을 구성하는 중요한 요소가 된다.

2. 프로세스의 상태

프로세스의 상태는 실행(running), 준비(ready), 봉쇄(blocked, wait, sleep)의 세 가지로 구분할 수 있다. 실행 상태는 프로세스가 CPU를 보유하고, 기계어 명령을 실행하고 있는 상태를 가리킨다. 일반적인 컴퓨터 시스템 내에 CPU는 하나뿐이므로 컴퓨터 내에서 여러 프로세스가 동시에 수행된다고 해도 실제로 실행 상태에 있는 프로세스는 매 시점 하나뿐이다. 준비 상태는 프로세스가 CPU만 보유하면 당장 명령을 실행할 수 있지만 CPU

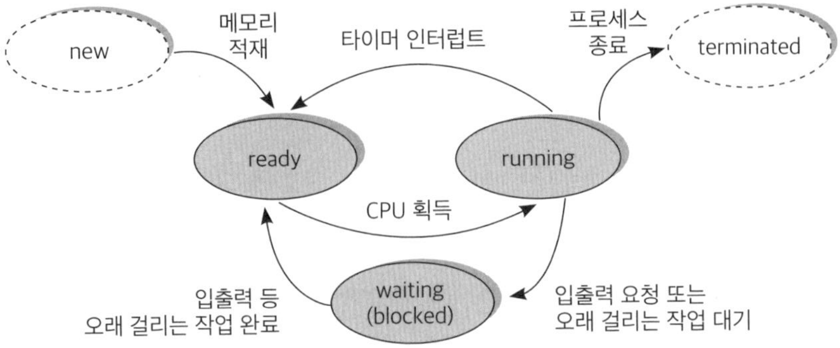

<그림 5-2> 프로세스의 상태 변화도

를 할당받지 못한 상태를 가리킨다. 봉쇄 상태는 CPU를 할당받더라도 당장 명령을 실행할 수 없는 프로세스의 상태를 말한다. 봉쇄 상태의 예로는 프로세스가 요청한 입출력 작업이 진행 중인 경우를 들 수 있다. 이와 같이 프로세스의 상태를 구분하는 이유는 컴퓨터의 자원을 효율적으로 관리하기 위해서이다. 이 밖에 프로세스가 생성 중이거나 종료 중인 일시적 상태를 각각 시작(new) 상태, 완료(terminated) 상태라고 부르기도 한다. 시작 상태는 프로세스가 시작되어 그 프로세스를 위한 각종 자료구조는 생성되었지만 아직 메모리 획득을 승인받지 못한 상태를 말하고, 완료 상태는 프로세스가 종료되었으나 운영체제가 그 프로세스와 관련된 자료구조를 완전히 정리하지 못한 상태를 말한다.

하나의 프로세스는 항상 앞서 설명한 상태 중의 어느 한 상태에 머물러 있게 된다. 그리고 그 상태는 시간이 흐름에 따라 변하게 된다. 예를 들어 실행 상태에서 CPU의 제어권을 가지고 프로세스가 실행되는 중에 타이머 인터럽트가 발생하면 CPU의 제어권은 운영체제로 이양된다. 그러면 운영체제는 타이머 인터럽트 처리루틴으로 가서 수행 중이던 프로세스의 문맥을 저장하고 준비 상태에 있는 프로세스 중에서 새롭게 CPU의 제어권을 부여할 프로세스를 선택한다. 그러면 원래 수행 중이던 프로세스는 준비 상태로 변하고 새롭게 CPU를 할당받은 프로세스가 실행 상태가 된다. 이처럼 실행시킬 프로세스를 변경하기 위해 원래 수행 중이던 프로세스의 문맥을 저장하고 새로운 프로세스의 문맥을 세팅하는 과정을 문맥교환(context switch)이라고 한다. 문맥교환이 일어나는 경우는 타이머 인터럽트가 발생하는 경우 외에도 실행 상태에 있던 프로세스가 입출력 요청 등으로 봉쇄 상태로 바뀌는 경우를 들 수 있다. 이때 준비 상태에 있는 프로세스들 중에서 CPU를 할당받을 프로세스를 선택한 후 실제로 CPU의 제어권을 넘겨받는 과정을 CPU 디스패치(dispatch)라고 한다.

이제 입출력을 요청한 프로세스의 상태 변화가 어떻게 일어나는지 간단한 예를 통해 살펴보도록 하겠다. 프로세스가 실행 상태에 있다는 것은 CPU를 할당받고 기계어 명령을 하나씩 수행해나가는 것을 의미한다. 그런데 경우에 따라서는 디스크에서 파일의 내용을 읽어와야 하는 명령이 포함될 수 있다. 그럴 경우 읽어온 결과가 있어야 후속 명령을 수행할 수 있는데, 디스크에서 읽는 작업은 CPU 처리 속도에 비해 상대적으로 오랜 시간이 소요되는 작업이기 때문에 디스크 입출력이 진행되는 동안에는 이 프로세스가 CPU를 점유하고 있어도 후속 명령을 처리하지 못해서 CPU가 비효율적으로 낭비될 수 있다. 따라서 입출력이 완료될 때까지 CPU를 반환한 다음 디스크 입출력 서비스를 기다리며 봉쇄 상태로 바뀌게 된다. 그러면 CPU를 기다리는 준비 상태의 프로세스들 중에서 CPU 스케줄러가 적절한 프로세스를 하나 선정해 CPU를 할당하게 된다. 준비 상태의 프로세스는 CPU만 획득하면 곧바로 명령을 수행할 수 있으므로 이번에 CPU를 할당받은 프로세스는 실행 상태로 변경되어 자신의 코드를 CPU에서 실행하게 된다.

그렇다면 디스크 입출력을 요청한 프로세스는 그 후 어떠한 상태 변화를 겪게 되는 것일까? 입출력을 요청한 프로세스는 디스크 입출력을 기다리는 큐에 줄 서 있다가 자기 차례가 되어 디스크 컨트롤러로부터 서비스를 받고 나면(즉 마그네틱 매체에서 원하는 데이터를 로컬버퍼로 읽어오고 나면) 디스크 컨트롤러가 CPU에게 인터럽트를 발생시켜 입출력이 완료되었다는 사실을 알린다. 그러면 CPU는 어떤 프로세스를 실행하고 있다가 인터럽트가 발생한 것을 확인하고 그에 대응하는 루틴을 수행한다. 이 루틴이 진행되는 동안 CPU에서 수행되던 프로세스의 상태는 사용자모드 실행 상태에서 커널모드 실행 상태로 바뀐다. 비록 인터럽트 처리루틴이 직전에 실행 중이던 프로세스와는 무관한 업무를 담고 있기는 하지만 인터럽트 처리를 우리는 편의상 직전 프로세스의 문맥에서 실행된 것으로 간주한다. 다시 말해 프로세스가 실행되던 중에 인터럽트가 발생하면, 인터럽트가 발생한 원인과 관계없이 인터럽트를 당한 프로세스가 사용자모드에서 실행되다가 커널모드로 진입한 것으로 간주하게 된다는 것이다. 디스크 컨트롤러가 발생시킨 인터럽트는 입출력이 완료된 프로세스의 상태를 봉쇄 상태에서 준비 상태로 바꾼 후 장치의 로컬버퍼에 있는 내용을 메모리로 이동시키는 일련의 업무를 수행한다.

이렇게 인터럽트 처리가 끝나면 인터럽트 처리루틴 이전에 수행되던 프로세스에게 CPU를 다시 할당해 그 프로세스의 직전 수행 시점 이후의 코드가 실행된다. 경우에 따라서는 인터럽트 당한 프로세스에게 CPU를 다시 할당하지 않고, 입출력이 완료된 프로세스가 더 우선순위가 높은 프로세스인 경우 문맥교환을 통해 CPU 제어권을 이양시킬 수도 있다. 즉 인터럽트 발생 전에 수행되던 프로세스가 아니라 방금 입출력을 끝낸 프로세스에게 CPU를 할당하는 경우도 있다는 것이다. 이는 6장에서 설명할 CPU 스케줄링 방법에 따라 달라지게 되는데 일반적인 경우는 아니라고 할 수 있다.

3. 프로세스 제어블록

프로세스 제어블록(Process Control Block: PCB)이란 운영체제가 시스템 내의 프로세스들을 관리하기 위해 프로세스마다 유지하는 정보들을 담는 커널 내의 자료구조를 뜻한다. PCB는 다음과 같은 요소들로 구성되어 있다.

- 프로세스의 상태(process state)
- 프로그램 카운터(program counter)의 값
- CPU 레지스터(CPU register)의 값
- CPU 스케줄링 정보(CPU scheduling information)
- 메모리 관리 정보(memory management information)
- 자원 사용 정보(accounting information)
- 입출력 상태 정보(I/O status information)

프로세스의 상태는 CPU를 할당해도 되는지 여부를 결정하기 위해 필요하다. 프로그램 카운터값은 다음에 수행할 명령의 위치를 가리키며, CPU 레지스터값은 CPU 연산을 위해 현 시점에 레지스터에 어떤 값을 저장하고 있는지를 나타낸다. CPU 스케줄링 정보와 메모리 관리 정보는 각각 그 프

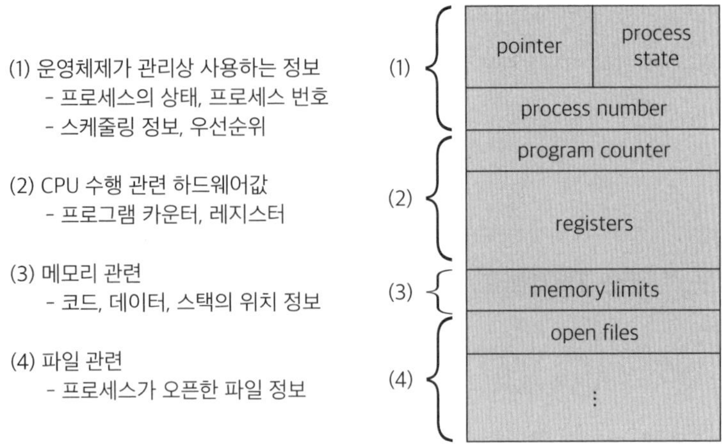

<그림 5-3> 프로세스 제어블록(PCB)의 구성

로세스의 CPU 스케줄링과 메모리 할당을 위해 필요한 정보이다. 자원 사용 정보는 사용자에게 자원 사용 요금을 계산해 청구하는 등의 용도로 사용된다. 입출력 상태 정보는 프로세스가 오픈한 파일 정보 등 프로세스의 입출력 관련 상태 정보를 나타낸다.

4. 문맥교환

문맥교환(context switch)이란 하나의 사용자 프로세스로부터 다른 사용자 프로세스로 CPU의 제어권이 이양되는 과정을 뜻한다. 사용자 프로세스가 CPU를 할당받고 실행되던 중에 타이머 인터럽트가 발생하면 CPU의 제어권은 운영체제에게 넘어가게 된다. 그러면 운영체제는 타이머 인터럽트 처리루틴으로 가서 직전까지 수행 중이던 프로세스의 문맥을 저장하고 새롭

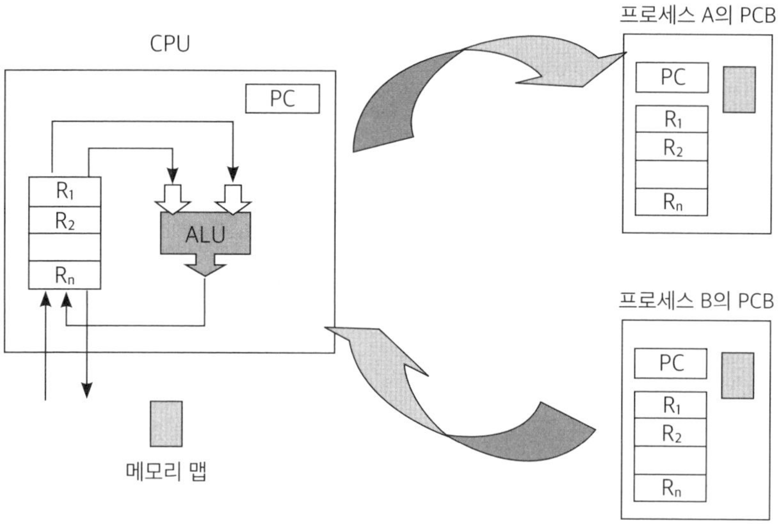

<그림 5-4> 문맥 교환의 모습

게 실행시킬 프로세스에게 CPU를 이양한다. 이 과정에서 원래 수행 중이던 프로세스는 준비 상태로 바뀌고 새롭게 CPU를 할당받은 프로세스는 실행 상태가 된다. 문맥교환 중에 원래 CPU를 보유하고 있던 프로세스는 프로그램 카운터값 등 프로세스의 문맥을 자신의 PCB에 저장하고, 새롭게 CPU를 할당받을 프로세스는 예전에 저장했던 자신의 문맥을 PCB로부터 실제 하드웨어로 복원시키는 과정을 거친다. 문맥교환은 타이머 인터럽트가 발생하는 경우 외에 실행 중이던 프로세스가 입출력 요청이나 다른 조건을 충족하지 못해 CPU를 회수당하고 봉쇄 상태가 되는 경우에도 발생할 수 있다.

프로세스가 실행 상태일 때 시스템 콜이나 인터럽트가 발생하면 CPU의 제어권이 운영체제로 넘어와 원래 실행 중이던 프로세스의 업무를 잠시 멈추고 운영체제 커널의 코드가 실행된다. 이 경우에도 CPU의 실행 위치 등 프로세스의 문맥 중 일부를 PCB에 저장하게 되지만 이러한 과정을 문맥교환이라고 하지는 않는다. 이는 하나의 프로세스의 실행모드만이 사용자모드에서 커널모드로 바뀌는 것일 뿐, CPU를 점유하는 프로세스가 다른 사용자 프로세스로 변경되는 과정이 아니기 때문이다. 이와 같은 모드 변경에 비해 문맥교환에는 훨씬 많은 오버헤드(overhead)가 뒤따르게 된다.

타이머 인터럽트가 발생하거나 프로세스가 입출력 요청 시스템 콜을 하여 봉쇄 상태에 들어가는 경우에는 문맥교환이 일어나지만, 그 밖의 인터럽트나 시스템 콜 발생 시에는 문맥교환이 일어나지 않고 실행 모드만이 변경될 뿐이다. 즉 사용자모드에서 커널모드로 바뀌어 시스템 콜이나 인

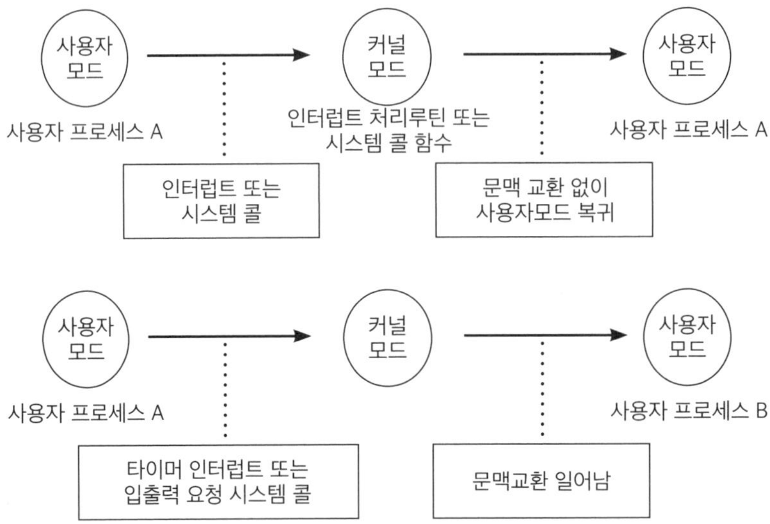

<그림 5-5> 문맥교환이 일어나는 경우와 그렇지 않은 경우의 예

터럽트 처리를 하고, 다시 동일한 프로세스의 사용자모드로 돌아와 이전에 수행하던 작업을 계속 수행할 뿐이다.

문맥교환에 소요되는 시간은 시스템 입장에서 볼 때 일종의 오버헤드라고 할 수 있다. 이는 문맥교환 중에 일어나는 작업이 실제 시스템에게 유용한 작업이 아니기 때문이다. 따라서 타이머에 CPU 할당시간을 아주 작게 세팅해 프로세스 간 문맥교환이 빈번하게 발생하도록 하면 이에 드는 오버헤드가 상당히 커진다. 또 그 반대로 CPU 할당시간을 너무 크게 설정하면 시분할 시스템의 의미가 퇴색하게 되므로 적절한 CPU 할당시간을 정하는 것이 중요하다.

5. 프로세스를 스케줄링하기 위한 큐

운영체제는 준비 상태에 있는 프로세스들을 줄 세우기 위해 준비 큐(ready queue)를 두고 준비 큐의 제일 앞에 줄 서 있는 프로세스에 제일 먼저 CPU를 할당한다. 준비 큐에 프로세스를 줄 세우는 방법은 CPU 스케줄링 방법에 따라 달라진다. CPU 스케줄링에 대해서는 6장에서 자세히 살펴보도록 하겠다.

CPU를 기다리는 프로세스를 줄 세우는 준비 큐 외에도 운영체제는 특정 자원을 기다리는 프로세스들을 줄 세우기 위해 자원별로 장치 큐(device queue)를 둔다. 예를 들어 디스크에 입출력 서비스를 요청한 프로세스들은 디스크 입출력 큐(disk I/O queue)에 줄 서게 된다. 그러면 디스크 컨트롤러는 디스크 입출력 큐에 줄 서 있는 순서대로 프로세스들의 입출력 작업을 수행한다. 프로세스별 입출력 작업이 완료되면 디스크 컨트롤러가 CPU에

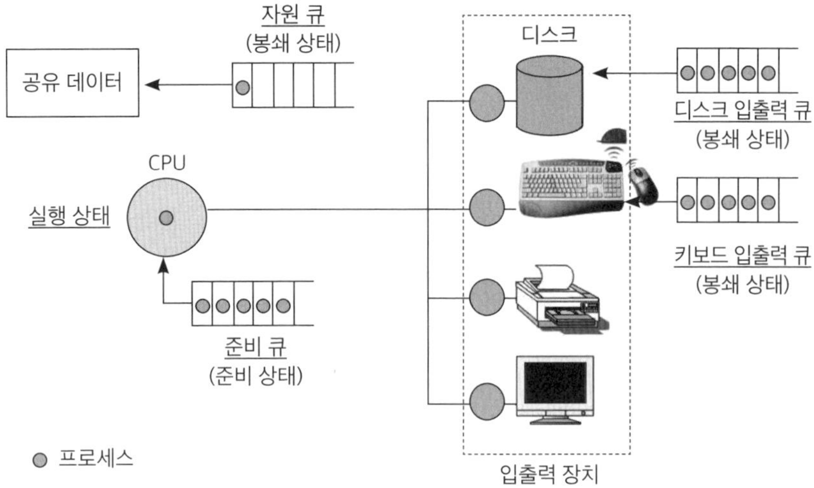

<그림 5-6> 프로세스의 상태 변화와 각종 큐의 모습

인터럽트를 발생시키게 되고, 그러면 인터럽트 처리루틴에 의해 디스크 입출력이 완료된 프로세스는 입출력 큐에서 빠져나와 CPU를 기다리는 준비 큐에 줄 서게 된다. 디스크 입출력 큐 외에도 프로그램이 키보드로부터 어떤 입력을 받아야 하는 경우에는 키보드 입출력 큐(keyboard I/O queue)에 줄 서게 되며, 화면이나 프린터에 처리 결과를 출력해야 하는 경우에는 각각 해당 입출력 큐에 줄 서게 된다.

앞서 언급한 큐들은 하드웨어 자원을 기다리는 프로세스들을 줄 세우기 위해 필요한 것이었다. 이와 같은 큐는 소프트웨어 자원을 기다리는 경우에도 필요하다. 예를 들어 공유 데이터에 대한 접근 권한은 소프트웨어 자원으로 분류될 수 있다. 어떠한 프로세스가 공유 데이터를 사용하는 중에 다른 프로세스가 같은 데이터를 접근하면 데이터에 대한 일관성이 훼손될 수 있다. 따라서 공유 데이터는 매 시점 하나의 프로세스만이 접근할 수 있도록 해야 한다. 이때 접근한다는 것이 반드시 CPU가 그 데이터를 사용하고 있음을 의미하는 것은 아니다. 공유 데이터에 접근 중인 프로세스가 준비 상태나 봉쇄 상태로 변경된 경우에도 새롭게 CPU를 할당받은 프로세스가 동일한 데이터에 접근하게 되면 데이터의 일관성이 깨어질 수 있으므로 접근을 허락해서는 안 된다. 즉 공유 데이터라는 일종의 소프트웨어 자원을 앞서 접근 중인 프로세스가 다 사용하고 반납할 때까지는 다른 프로세스가 CPU를 할당받았다 하더라도 접근하지 말고 기다려야 하는 것이다. 따라서 여러 프로세스가 공유 데이터에 동시에 접근하려고 할 경우 공유 데이터를 기다리는 큐에 줄 서게 하여 현재 그 데이터를 사용하고 있는 프로세스가 데이터를 반납하기 전까지는 접근하지 못하게 하고, 반납할 경우 큐에 줄 서 있는 순서대로 데이터의 접근 권한을 주는 방법을 사용하게 된다.

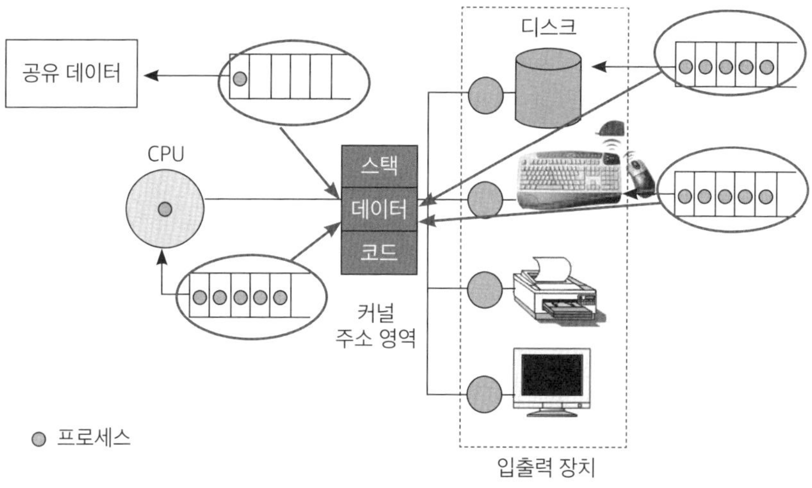

<그림 5-7> 프로세스의 상태 변화 큐를 관리하는 운영체제 커널 주소 공간 구조

이와 같이 프로세스의 상태 관리는 커널의 주소 영역 중 데이터 영역에 다양한 큐(queue)를 두어 수행하게 된다. 각 프로세스가 CPU를 기다리는지, 입출력을 기다리는지 등의 정보를 커널이 총체적으로 관리한다는 뜻이다. 예를 들어 타이머 인터럽트가 발생하면 커널은 자신의 데이터 영역에 있는 준비 큐의 정보를 참조해 다음에 어느 프로세스에게 CPU를 할당할지 결정하고, 현재 실행 중인 프로세스는 준비 큐의 제일 뒤로 보낸다.

운영체제는 앞서 설명한 준비 큐(ready queue)와 장치 큐(device queue) 외에 작업 큐(job queue)를 추가로 유지한다. 작업 큐는 시스템 내의 모든 프로세스를 관리하기 위한 큐로, 프로세스의 상태와 무관하게 현재 시스템 내에 있는 모든 프로세스가 작업 큐에 속하게 된다. 그러므로 작업 큐에 있다고 해서 반드시 메모리를 가지고 있는 것은 아니다. 준비 큐에 속한 프로세스들은 준비 상태에 있고, 장치 큐에 속한 프로세스들은 봉쇄 상태에 있으므로 프로세스는 상태 변화에 따라 준비 큐와 장치 큐를 오가며 실행된다. 작업 큐가 가장 넓은 개념이고 준비 큐와 장치 큐에 있는 프로세스들은 모두 작업 큐에 속해 있다.

〈그림 5-8〉은 준비 큐와 다양한 장치 큐를 운영체제가 어떻게 자료구조로 구현하는지 보여준다. 장치 큐는 각각의 자원마다 큐가 하나씩 존재하며, 여기서 큐헤더(queue header)는 큐의 가장 앞부분을 말한다. 큐는 각 프로세스의 PCB를 연결 리스트 형태로 관리하며 포인터를 사용해 순서를 정한다. 프로세스가 CPU를 할당받고 코드를 수행하다가 입출력 요청이 발생하면 해당 장치 큐에 가서 줄을 서게 된다. 장치 큐에 속한 프로세스들은 봉쇄 상태에 있다가 해당 장치의 서비스를 받고 나서 장치 컨트롤러가 인터럽트를 발생시키면 준비 상태로 바뀌어 준비 큐로 이동한다.

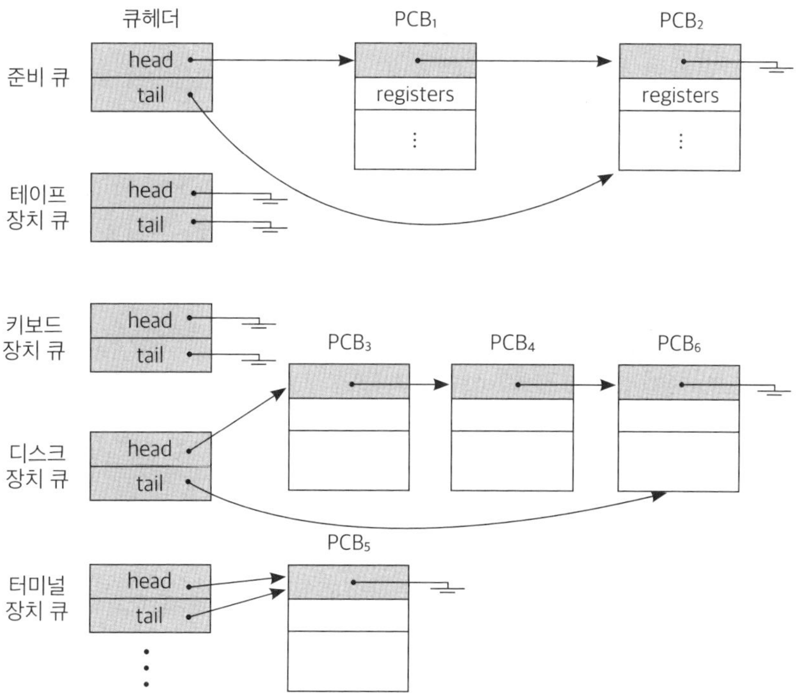

<그림 5-8> 준비 큐 및 다양한 장치 큐의 모습

6. 스케줄러

스케줄러(scheduler)란 어떤 프로세스에게 자원을 할당할지를 결정하는 운영체제 커널의 코드를 지칭한다. 스케줄러에는 장기 스케줄러(long term scheduler)와 단기 스케줄러(short term scheduler)가 있다. 장기 스케줄러는 작업 스케줄러(job scheduler)라고도 부르며, 어떤 프로세스를 준비 큐에 진입시킬지 결정하는 역할을 한다. 준비 큐는 CPU만 얻으면 당장 실행될 수 있는 프로세스의 집합이고, CPU에서 실행되기 위해서는 프로세스가 메모리를 보유해야 하므로 장기 스케줄러는 프로세스에게 메모리를 할당하는 문제에 관여하게 된다. 처음 프로세스가 생성되면 시작 상태를 거쳐 준비 상태에 이르게 되는데 장기 스케줄러는 이때 시작 상태의 프로세스들 중 어떠한 프로세스를 준비 큐에 삽입할 것인지 결정하는 역할을 하게 되는 것이다. 한편 단기 스케줄러는 CPU 스케줄러라고도 하며, 준비 상태의 프로세스 중에서 어떤 프로세스를 다음번에 실행 상태로 만들 것인지 결정한다. 다시 말하면 준비 큐에 있는 여러 프로세스들 중 어떠한 프로세스에게 CPU를 할당할 것인가를 단기 스케줄러가 결정하게 된다. 시분할 시스템에서는 타이머 인터럽트가 발생하면 단기 스케줄러가 호출된다.

스케줄러는 종류에 따라 각각 고유한 특성을 가진다. 단기 스케줄러는 밀리초 정도의 시간 단위로 매우 빈번하게 호출되기 때문에 수행 속도가 충분히 빨라야 한다. 반면 장기 스케줄러는 수십 초 내지 수 분 단위로 가끔 호출되기 때문에 상대적으로 속도가 느린 것이 허용된다. 장기 스케줄러는 메모리에 동시에 올라가 있는 프로세스의 수(degree of multiprogramming)를 조절하는 역할을 한다. 이는 시작 상태의 프로세스에게 메모리 할당을 승인할지 여부를 장기 스케줄러가 결정하기 때문이다. 그러나 현대의 시분할 시스템에서 사용되는 운영체제에는 일반적으로 장기 스케줄러를 두지 않는 경우가 대부분이다. 장기 스케줄러는 과거에 자원이 매우 빈약하던 시절에 주로 사용되었다. 과거에는 적은 양의 메모리를 많은 프로세스들에게 할당하면 프로세스당 메모리 보유량이 지나치게 적어져 시스템의 효율이 매우 떨어졌기 때문에 장기 스케줄러가 이를 조절하는 역할을 담당했기 때문이다. 이에 비해 현대의 시분할 시스템용 운영체제에서는 프로세스가 시작 상태가 되면 장기 스케줄러 없이 곧바로 그 프로세스에 메모리를 할당해 준비 큐에 넣어주게 된다.

현대의 시분할 시스템용 운영체제에서는 장기 스케줄러 대신 중기 스케줄러(medium term scheduling)를 두는 경우가 많다. 중기 스케줄러는 너무 많은 프로세스에게 메모리를 할당해 시스템의 성능이 저하되는 경우 이를 해결하기 위해 메모리에 적재된 프로세스의 수를 동적으로 조절하기 위해 추가된 스케줄러이다. 만약 너무 많은 프로세스가 메모리에 적재되어 프로세스당 보유하고 있는 메모리양이 극도로 적어지면 CPU 수행에 당장 필요한 프로세스의 주소 공간조차도 메모리에 올려놓기 어려운 상황이 발생한다. 그렇게 되면 디스크 입출력이 수시로 발생하게 되어 시스템의 성능이 심각하게 저하될 수 있다. 중기 스케줄러는 이런 경우 메모리에 올라와 있는 프로세스 중 일부를 선정해 이들로부터 메모리를 통째로 빼앗아 그 내용을 디스크의 스왑 영역에 저장해둔다. 이와 같은 행위를 스왑 아웃(swap out)이라고 부른다. 즉 중기 스케줄러는 프로세스당 보유 메모리양이 지나치게 적어진 경우 이를 완화시키기 위해 일부 프로세스를 메모리에서 디스크로 스왑 아웃시키는 역할을 수행한다.

중기 스케줄러가 일부 프로세스를 메모리에서 디스크로 스왑 아웃시켜야 하는 경우 그 0순위인 프로세스는 봉쇄 상태에 있는 프로세스들이다. 이는 봉쇄 상태인 프로세스들의 경우 당장 CPU를 획득할 가능성이 없기 때문에 메모리를 보유하고 있는 것 또한 큰 의미가 없기 때문이다. 봉쇄 상태인 프로세스를 모두 스왑 아웃시킨 후에도 메모리 공간이 부족한 경우, 중기 스케줄러는 보통 타이머 인터럽트가 발생해 준비 큐로 이동하는 프로세스를 추가적으로 스왑 아웃시킨다. 준비 큐에 너무 많은 프로세스들이 존재하면 개별 프로세스에 배정되는 메모리양이 지나치게 적어질 뿐 아니라 CPU를 한번 할당받은 후 다시 할당받기까지 오랜 시간이 소요되기 때문에, 이들 프로세스로부터 메모리를 회수해 당장 실행하게 될 프로세스에게 메모리를 추가로 부여하는 것이 더 효율적이기 때문이다. 중기 스케줄러는 이러한 방식을 통해 장기 스케줄러와 마찬가지로 메모리에 올라와 있는 프로세스의 수를 조절하는 역할을 수행한다.

중기 스케줄러의 등장으로 인해 프로세스의 상태에는 실행, 준비, 봉쇄 외에 하나의 상태가 더 추가된다. 외부적인 이유로 프로세스의 수행이 정지된 상태를 나타내는 중지(suspended, stopped) 상태가 그것이다. 중지 상태에 있는 프로세스는 외부에서 재개시키지 않는 이상 다시 활성화될 수 없으므로 메모리 자원이 당장 필요하지 않다. 따라서 중지 상태의 프로세스는 메모리를 통째로 빼앗기고 디스크로 스왑 아웃된다. 중기 스케줄러에 의해 디스크로 스왑 아웃된 프로세스의 상태가 대표적인 중지 상태

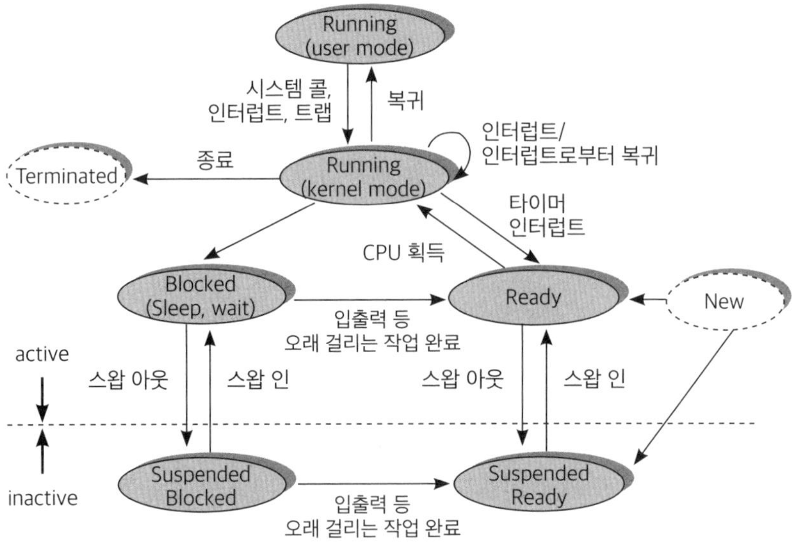

<그림 5-9> 중지 상태를 포함한 프로세스의 상태 변화도

의 예라고 할 수 있다. 중지 상태는 중지준비 상태와 중지봉쇄 상태로 세분화할 수 있다. 준비 상태에 있던 프로세스가 중기 스케줄러에 의해 디스크로 스왑 아웃되면 이 프로세스의 상태는 중지준비(suspended ready) 상태가 된다. 이에 비해 봉쇄(block) 상태에 있던 프로세스가 중기 스케줄러에 의해 스왑 아웃되면 이 프로세스의 상태는 중지봉쇄(suspended block) 상태가 된다. 중지봉쇄 상태이던 프로세스가 봉쇄되었던 조건을 만족하게 되면 이 프로세스의 상태는 중지준비 상태로 바뀐다. 중지 상태에 있는 프로세스들은 중지준비 상태이든 중지봉쇄 상태이든 관계없이 메모리를 조금도 보유하지 않고 디스크에 통째로 스왑 아웃된 상태로 존재하게 된다.

7. 프로세스의 생성

운영체제가 프로세스 전부를 생성한다고 생각할 수 있지만 사실은 그렇지 않다. 시스템이 부팅된 후 최초의 프로세스는 운영체제가 직접 생성하지만 그다음부터는 이미 존재하는 프로세스가 다른 프로세스를 복제 생성하게 된다. 이때 프로세스를 생성한 프로세스를 부모 프로세스라고 하고, 새롭게 생성된 프로세스를 자식 프로세스라고 한다. 즉 부모 프로세스가 자식 프로세스를 생성하게 되는 것이다. 이러한 방식을 통해 프로세스는 족보와 같은 계층을 형성하게 된다. 한편 프로세스의 세계는 인간의 세계와는 상당한 차이가 있다. 프로세스의 세계에서는 자식이 먼저 죽고, 이에 대한 처리는 자식을 생성했던 부모 프로세스가 담당하는 방식으로 진행된다. 만약 후손들을 여러 단계에 걸쳐 많이 생성한 프로세스가 종료될 경우

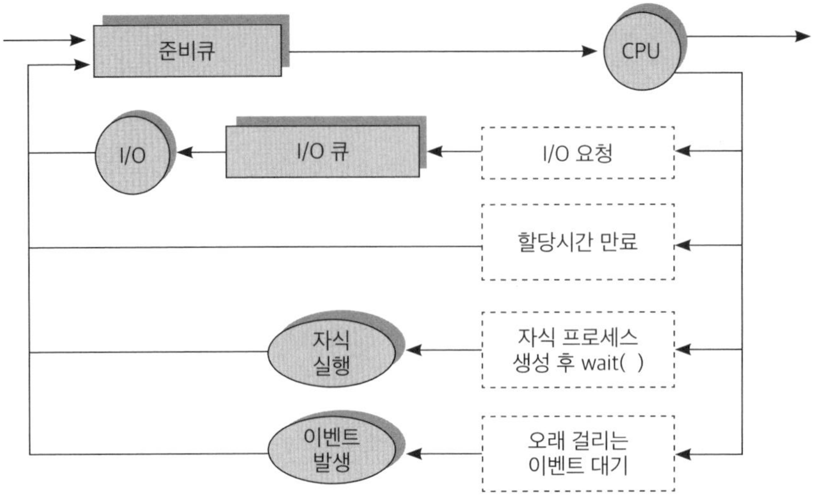

<그림 5-10> 프로세스의 수행도

에는 그 프로세스가 생성했던 모든 후손 프로세스들을 연쇄적으로 종료시킨 후에야 본인이 종료될 수 있다.

생성된 프로세스가 작업을 수행하기 위해서는 자원이 필요하다. 자원을 획득하는 방법은 운영체제 및 자원의 종류에 따라 상이하다. 어떤 경우에는 운영체제로부터 직접 자원을 할당받을 수도 있고, 또 다른 경우에는 부모 프로세스와 자원을 공유해서 사용할 수도 있다. 프로세스가 수행되는 모델도 부모와 자식이 공존하며 수행되는 모델과 자식이 종료(terminate)될 때까지 부모가 기다리는(wait) 모델이 있다. 부모와 자식이 공존하며 수행되는 모델에서는 자식과 부모가 같이 CPU를 획득하기 위해 경쟁하는 관계가 된다. 부모가 자식의 종료를 기다리는 모델에서는 자식 프로세스가 종료될 때까지 부모 프로세스는 아무 일도 하지 않고 봉쇄 상태에 머물러 있다가, 자식 프로세스가 종료되면 그때 부모 프로세스가 준비 상태가 되어 다시 CPU를 얻을 권한이 생기게 된다. 예를 들면 유닉스 명령어 입력창에서 커맨드(command)를 입력해 수행시키면 커맨드의 수행이 종료될 때까지 프롬프트를 다시 띄우지 않게 되는데, 이는 명령어 입력창을 띄운 부모 프로세스가 커맨드를 수행하고 있는 자식 프로세스의 종료를 기다리며 봉쇄 상태에 머물러서 기다리고 있기 때문이다.

프로세스가 생성되면 자신만의 독자적인 주소 공간(address space)을 갖게 된다. 부모 프로세스가 자식 프로세스를 생성하면 자식 프로세스는 부모 프로세스와는 별도의 주소 공간을 가지게 되는데, 처음 주소 공간을 생성할 때에는 부모 프로세스의 주소 공간 내용을 그대로 복사해서 생성한다. 자식 프로세스가 다른 프로그램을 수행하기 위해서는 생성된 주소 공간 위에 새로운 프로그램의 주소 공간을 덮어씌워 실행하게 되는 것이다.

프로세스의 생성 절차에 대해 유닉스의 예를 통해 살펴보도록 하겠다. 유닉스에서는 fork( ) 시스템 콜을 통해 새로운 프로세스를 생성할 수 있다. fork( ) 시스템 콜은 자식 프로세스를 생성할 때 부모 프로세스의 내용을 그대로 복제 생성하게 된다. 즉 프로세스 ID를 제외한 모든 정보(운영체제 커널 내의 정보와 주소 공간의 정보)를 그대로 복사하는 방법을 사용한다. 따라서 부모 프로세스와 자식 프로세스는 비록 주소 공간을 따로 갖게 되지만 주소 공간 내에는 동일한 내용을 가지게 된다. fork( )를 통해 생성된 자식 프로세스는 exec( ) 시스템 콜을 통해 새로운 프로그램으로 주소 공간을 덮어씌울 수 있다.

〈그림 5-11〉은 유닉스 시스템의 전형적인 프로세스 계층도를 보여준다. 원칙적으로 부모 프로세스가 종료되기 전에 그 아래에 존재하는 모든 자식 프로세스들이 먼저 종료되어야 한다. 이와 관련해 프로세스 종료는 두 가지로 나뉜다. 첫 번째는 프로세스가 마지막 명령을 수행한 후 운영체제에

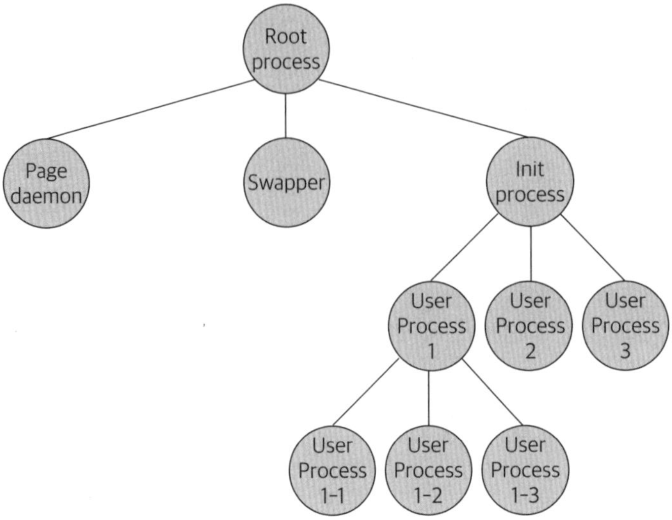

<그림 5-11> 유닉스 시스템의 프로세스 계층도

게 이를 알려 이루어지는 자발적 종료이다. 프로세스는 명령(instruction)을 모두 수행한 후, 프로그램이 마쳐지는 코드 부분에 exit( )라는 시스템 콜을 넣어주도록 되어 있다. 즉 프로세스는 시스템 콜을 통해 운영체제에게 자신이 종료됨을 알릴 수 있는 것이다. 이때 종료를 통보받은 운영체제는 이 프로세스로부터 자원을 회수하고 시스템 내에서 이 프로세스를 정리하게 된다. 한편 exit( ) 함수는 프로그램 개발자가 명시적으로 호출하지 않아도 프로그램이 종료되는 지점에 컴파일러가 자동으로 삽입해 프로세스의 종료 직전에 항상 호출된다.

두 번째는 비자발적 종료로 부모 프로세스가 자식 프로세스의 수행을 강제로 종료시키는 것이다. 이는 abort( )라는 함수를 통해 이루어지게 된다. 강제종료가 발생하는 경우는 다음과 같이 나누어볼 수 있다. ① 자식 프로세스가 할당 자원의 한계치를 넘어서는 많은 양의 자원을 요구할 때, ② 자식 프로세스에게 할당된 작업이 더 이상 필요하지 않을 때, ③ 부모 프로세스가 종료(exit)되는 경우 등을 들 수 있다. 특히 부모 프로세스가 종료되는 경우 운영체제는 자식 프로세스가 더 이상 수행되지 못하게 하기 때문에 단계적인 종료가 발생한다. 한편 사용자 계정으로 서버 컴퓨터에 접속해서 수행시킨 프로그램을 로그아웃 후에도 계속 수행시켜야 하는 경우가 있을 수 있다. 이 경우 로그아웃을 하게 되면 로그인 창 아래에 생성된 모든 자식 프로세스들이 종료되기 때문에 이러한 프로세스를 계속 실행시키고 싶으면 해당 프로세스를 로그아웃 후에도 존재하는 시스템 프로세스의 자식으로 이양시키는 절차가 필요하다. 즉 종료되는 프로세스의 자식 프로세스를 계속 실행시키기 위해서 종료되지 않을 다른 프로세스의 양자로 자식 프로세스를 보내어 기존 부모 프로세스가 종료된 후에도 다른 프로세스 아래에서 계속 수행될 수 있도록 하는 것이다. 이러한 방식을 통해 부모가 죽기 전에 자식이 먼저 죽게 된다는 원칙이 여전히 지켜지는 것이다.

지금부터는 프로세스가 자식 프로세스를 어떻게 생성할 수 있는지 설명하도록 하겠다. 운영체제는 자식 프로세스의 생성을 위해 fork( ) 시스템 콜을 제공한다. 프로세스가 fork( ) 시스템 콜을 하게 되면 CPU의 제어권이 커널로 넘어가게 되고, 커널은 fork( )를 호출한 프로세스를 복제해 자식 프로세스를 생성하게 된다. 즉 fork( ) 시스템 콜을 하게 되면 fork( ) 함수를 호출한 프로세스와 똑같은 프로세스가 하나 생성된다. 실제로 fork( )를 통해 생성된 프로세스는 부모 프로세스와 모든 문맥을 동일하게 가지고 있다. 즉 부모 프로세스의 주소 공간을 비롯해 프로그램 카운터 등 레지스터 상태, PCB 및 커널스택 등 모든 문맥을 그대로 복제해 자식 프로세스의 문

```
main( )
{
    if (fork( )==0)    /* this is child*/
       printf("\n Hello, I am child!\n");
    else               /* this is parent */
       printf("\n Hello, I am parent!\n");
}
```

부모 프로세스
fork( )의 결괏값 > 0

자식 프로세스
fork( )의 결괏값 = 0

<그림 5-12> fork( )를 이용해 자식 프로세스를 생성하는 예

맥을 형성하게 되는 것이다. 따라서 자식 프로세스는 부모 프로세스의 처음부터 수행을 시작하는 것이 아니라 부모 프로세스가 현재 수행한 시점(프로그램 카운터 지점)부터 수행하게 된다는 것이다. 다만 운영체제가 프로세스를 관리하기 위해서 사용하는 프로세스 식별자는 부모 프로세스와 다른 식별자를 가지게 된다는 점이 유일한 차이점이라고 할 수 있다.

fork( )의 절차에 대해 조금 더 이해하기 쉽게 설명하자면 다음과 같다. 부모 프로세스가 메인함수의 첫 번째 줄부터 한 줄씩 코드를 수행하다가 fork( )라는 라인에 이르면 자신과 똑같은 프로세스를 하나 생성하게 되는데, 현재 그 라인까지 수행했다는 기억조차도 똑같은 자식 프로세스가 생성되는 것이다. 즉 인간으로 말하자면 부모가 자신을 닮은 아이를 낳는 것이 아니라 부모와 똑같은 나이를 먹고 과거에 살아온 것에 대해 기억까지 동일한 복제인간을 하나 만드는 것이라고 이해하면 된다. 더 놀라운 사실은 그 복제인간이 방금 전에 '복제되었다'는 기억을 가지는 것이 아니라 부모와 마찬가지로 방금 전에 자기 자신을 '복제했다'는 기억을 가지게 된다는 것이다. 그래서 복제된 프로세스는 자기가 복제본이 아니라 원본이며, 자기를 복제해서 복제본이 생성되었다는 그런 기억을 갖게 된다는 것이다. 다만, 한 가지 이 프로세스가 복제된 프로세스라는 사실을 알 수 있는 단서가 하나 있는데, 그것은 fork( ) 함수의 결괏값으로 원본에게는 양수를 주고 복제본에게는 0을 준다는 점이다. 이와 같이 fork( ) 함수의 결괏값이 다르므로 조건문을 사용해 원본 프로세스와 복제본 프로세스가 다른 작업을 하도록 프로그램을 작성할 수 있는 것이다.

한편 이처럼 fork( ) 시스템 콜을 통해 프로세스를 생성한 후 그 결괏값에 따라 부모 프로세스와 자식 프로세스에게 다른 작업을 수행시킬 수는 있지만, 이는 조건문에 의한 분기(branch)일 뿐 사실상 두 프로세스 모두 동일한 코드의 내용을 가질 수밖에 없다. 따라서 자식 프로세스에게 부모와는 다른 독자적인 프로그램을 수행시킬 수 있는 메커니즘이 필요하다. 유닉스에서는 프로세스의 주소 공간에 새로운 프로그램을 덮어씌우는 exec( ) 시스템 콜을 지원한다. exec( ) 시스템 콜은 프로세스가 지금까지 수행했던 상태를 잊어버리고 그 주소 공간을 완전히 새로운 프로그램으로 덮어씌운 후 새로운 프로그램의 첫 부분부터 다시 실행을 시작하도록 하는 시스템 콜이다. 따라서 새로운 프로그램을 수행시키기 위해서는 fork( )를 통해 기존 프로세스와 동일한 프로세스를 복제한 후 exec( )을 통해 새롭게 수행시키려는 프로세스를 자식 프로세스의 주소 공간에 덮어씌우면 되는 것이다.

프로세스의 생성과 관련된 fork( ), exec( ) 등은 사용자 프로세스가 직접 수행할 수 없는 특권명령에 해당한다. 따라서 운영체제에 서비스의 대행을 요청하는 시스템 콜을 통해서만 그 수행이 가능하다. 프로세스와 관련된 시스템 콜을 살펴보면 fork( ), exec( ), exit( ) 이외에도 wait( )라는 함수가 있다. wait( ) 시스템 콜은 자식 프로세스가 종료되기를 기다리며 부모 프로세스가 봉쇄 상태에 머무르도록 할 때 사용된다. fork( ) 후에 wait( )를 호출하면 커널은 자식 프로세스가 종료될 때까지 부모 프로세스를 봉쇄 상태에 머무르게 하고, 자식 프로세스가 종료되면 부모를 준비 상태로 변경시켜 작업을 재개할 수 있도록 한다. 이러한 방식으로 부모 프로세스와 자식 프로세스 간의 동기화(synchronization)가 가능해진다. wait( ) 시스템 콜을 한 후 부모 프로세스는 일반적인 봉쇄 상태에서처럼 자원을 기다리며 줄 서 있는 것이 아니라 자식 프로세스가 종료되기를 기다리며 수면 상태에 머무르게 되는 것이며, 자식 프로세스가 종료되는 순간 준비 큐에 재진입해 다시 CPU를 얻을 권한을 획득하게 된다.

8. 프로세스 간의 협력

프로세스는 각자 자신만의 독립적인 주소 공간을 가지고 수행되며 프로세스가 다른 프로세스의 주소 공간을 참조하는 것은 허용되지 않는다. 따라서 원칙적으로 하나의 프로세스는 다른 프로세스의 수행에 영향을 미칠 수 없다. 다른 프로세스와 정보를 주고받을 수 있는 방법이 없기 때문이다. 부모 프로세스가 자식 프로세스를 생성할 때 자식 프로세스가 부모 프로세스의 주소 공간을 복제하긴 하지만 생성이 완료된 후부터는 각자 자신의 독자적인 주소 공간만을 참조해 코드를 수행하므로 독립적인 관계가 된다. 사실상 부모 프로세스와 자식 프로세스는 자원을 서로 획득하기 위해 경쟁적인 관계에 있게 되는 것이다.

경우에 따라서는 독립적인 프로세스들이 협력할 때 업무의 효율성이 증진될 수 있다. 이는 부분적인 처리 결과나 정보를 공유할 수 있고, 처리 속도가 향상될 수도 있는 등 여러 가지 측면에서 효과적일 수 있다. 따라서 운영체제는 프로세스 간의 협력 메커니즘을 제공해 하나의 프로세스가 다른 프로세스의 수행에 영향을 미칠 수 있게 한다.

프로세스 간의 협력 메커니즘을 위해 운영체제가 제공하는 대표적인 메커니즘으로는 IPC(Inter-Process Communication: 인터프로세스 커뮤니케이션)가 있다. IPC란 하나의 컴퓨터 안에서 실행 중인 서로 다른 프로세스 간에 발생하는 통신을 말한다. 이러한 통신에서는 의사소통 기능과 함께 동기화를 보장해주어야 한다. 공유 데이터를 서로 다른 두 프로세스가 사용할 수 있다고 하면 데이터의 불일치 문제가 발생할 수 있기 때문이다. 그러므로 하나의 프로세스가 공유 데이터의 값을 변경하는 동안 다른 프로세스는 그 데이터에 접근할 수 없게 해야 한다. 즉 IPC는 프로세스들 간의 통신(communication)과 동기화를 이루기 위한 메커니즘을 의미한다. IPC의 대표적인 방법으로는 메시지 전달(message passing) 방식과 공유메모리(shared memory) 방식이 있다. 이 두 방식의 차이는 프로세스 사이에 공유 데이터(shared data)를 사용하는가, 그렇지 않는가에 있다.

메시지 전달 방식은 프로세스 간에 공유 데이터를 일체 사용하지 않고 메시지를 주고받으면서 통신하는 방식이다. 이때 두 프로세스의 주소 공간이 다르므로 메시지 전달을 직접 할 수는 없으며 커널이 그 역할을 하게 된다. 메시지 통신을 하는 시스템은 커널에 의해 send(message)와 receive(message)라는 두 가지 연산을 제공받게 된다. 이 두 연산을 통해 프로세스는 전달할 메시지를 운영체제에게 시스템 콜 방식으로 요청해 전달할 수 있다. 메시지를 프로세스끼리 직접 주고받을 수 있다면 원하지 않는 메시지를 전달해 다른 프로세스에 악영향을 미칠 수 있으므로 운영체제는 메시지를 주고받는 연산을 특권명령으로 규정해 커널을 통해서만 가능하도록 하고 있다. 통신하기를 원하는 두 프로세스는 커뮤니케이션 링크(communication link)를 생성한 후 send( )와 receive( )를 이용해서 메시지를 주고받게 된다. 커뮤니케이션 링크의 구현 방법은 물리적인 방법과 논리적인 방법이 있을 수 있다.

메시지 전달을 통해 통신하는 방식은 메시지의 전송 대상이 다른 프로세스인지 아니면 메일박스라는 일종의 저장공간인지에 따라 다시 직접통신(direct communication)과 간접통신(indirect communication)으로 나뉜다. 단 이 두 가지 방식의 차이는 연산의 인터페이스에 대한 차이일 뿐 실제 메시지 전송이 이루어지는 내부 구현은 커널의 중재에 의해 사실상 동일한 방식으로 이루어진다.

직접통신에서는 통신하려는 프로세스의 이름을 명시적으로 표시한다. send(P, message)는 프로세스 P에게 메시지를 전송하는 것을 의미하며 receive(Q, message)는 프로세스 Q로부터 메시지를 전달받는 것을 말한다. 이러한 방식을 위한 커뮤니케이션 링크는 다음과 같은 특성을 갖는다. 즉 링크는 자동적으로 생성되고, 하나의 링크는 정확히 한 쌍의 프로세스에게 할당된다. 또한 각 쌍의 프로세스에게는 오직 하나의 링크만이 존재하고, 링크는 단방향성(unidirectional)일 수 있으나 대부분의 경우 양방향성(bidirectional)이다.

간접통신에서는 메시지를 메일박스(mail box) 또는 포트(port)로부터 전달받는다. 각 메일박스에는 고유의 ID가 있으며 메일박스를 공유하는 프로세스들만 서로 통신을 할 수 있다. 간접통신에서 사용되는 커뮤니케이션 링크는 프로세스 간에 메일박스를 공유하는 경우에만 생성된다. 하나의 링크가 여러 프로세스들에게 할당될 수 있으며 각 프로세스의 쌍은 여러 링크를 공유할 수 있다. 또한 링크는 단방향성 또는 양방향성일 수 있다. 간접통신에서는 새로운 메일박스를 생성하는 연산, 메일박스를 통한 메시지의 send( )/receive( ) 연산, 메일박스를 삭제하는 연산 등이 사용될 수 있다. 이러한 간접통신 방식에서 send(A, message)는 A라는 메일박스에 메시지를 전송하는 것을 말하며, receive(A, message)는 A라는 메일박스로부터 메시지를 전달받는 것을 말한다. 간접통신에서는 메일박스를 공유하기 때문에 다음과 같은 의문 상황이 발생할 수 있다. P_1, P_2, P_3가 메일박스 A를 공유하는 경우 P_1이 메시지를 보냈다면 P_2와 P_3 중 어느 프로세스가 메시지를 받게 되는가? 이러한 의문 사항을 해결하기 위한 방법으로 2개의 프로세스에게만 링크를 할당하는 방법이 사용될 수 있다. 즉 P_2와 P_3에게 각각 따로 링크를 생성하는 것이다. 또는 링크에 대한 receive( ) 연산을 매 시점 하나의 프로세스만 수행할 수 있도록 하는 방법이 있다. 그렇지 않으면 시스템이 메시지 수신자를 임의로 결정해 누가 메시지를 받았는지 송신자에게 통신해주는 방식이 사용될 수 있다.

IPC의 또 다른 방식으로는 공유메모리(shared memory) 방식이 있다. 공

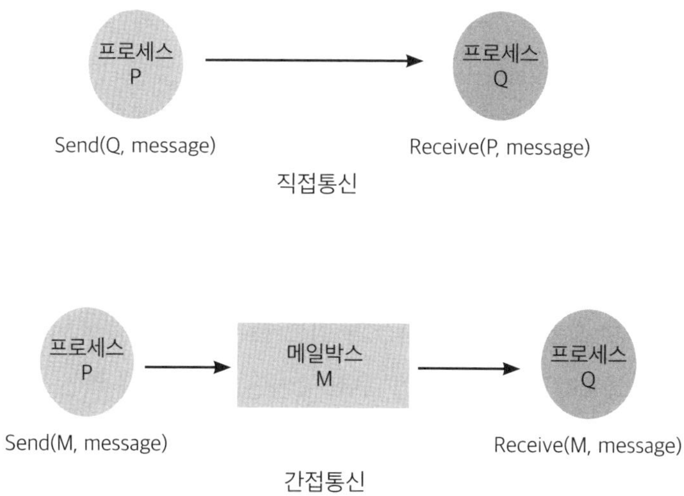

<그림 5-13> 직접통신과 간접통신

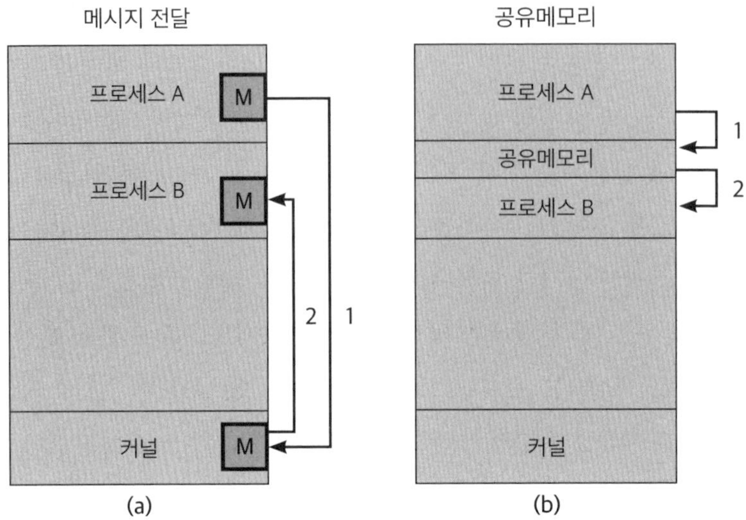

<그림 5-14> 메시지 전달 방식과 공유메모리 방식

유메모리 방식에서는 프로세스들이 주소 공간의 일부를 공유한다. 원칙적으로 서로 다른 프로세스 A와 B는 각자 독립적인 주소 공간을 가지므로 프로세스 A가 자신의 주소 공간에 특정한 내용을 쓸 경우 이는 자신만 볼 수 있게 된다. 그러나 운영체제는 공유메모리를 사용하는 시스템 콜을 지원해, 서로 다른 프로세스들이 그들의 주소 공간 중 일부를 공유할 수 있도록 한다. 이러한 공유메모리 영역은 각자의 주소 공간에 공통적으로 포함되는 영역이므로 여러 프로세스가 읽고 쓰는 것이 가능하다. 실제 구현은 프로세스 A와 B가 독자적인 주소 공간을 가지고 있지만, 이 주소 공간이 물리적 메모리에 매핑될 때 공유메모리 주소 영역에 대해서는 동일한 물리적 메모리 주소로 매핑되는 것이다. 공유메모리 방식은 프로세스 간의 통신을 수월하게 만드는 인터페이스를 제공하지만 서로의 데이터에

일관성 문제가 유발될 수 있다. 이에 대해서는 커널이 책임지지 않기 때문에 프로세스들끼리 직접 공유메모리 접근에 대한 동기화 문제를 책임져야 한다.

6장

CPU 스케줄링

CPU는 프로그램의 기계어 명령을 실제로 수행하는 컴퓨터 내의 중앙 처리장치이다. 프로그램이 시작되어 메모리에 올라가면 프로그램 카운터(Program Counter: PC)라는 이름의 레지스터가 현재 CPU에서 수행할 코드의 메모리 주소값을 가지고 있게 된다. 그러면 CPU는 프로그램 카운터가 가리키는 주소의 기계어 명령을 하나씩 수행하게 된다. 한편 CPU는 일반적으로 한 시스템 내에 하나씩밖에 없으므로 여러 프로그램이 동시에 수행되는 시분할 환경에서 매우 효율적으로 관리되어야 하는 자원이다.

CPU 관리에 대한 설명에 들어가기에 앞서 프로그램 실행과 관련된 몇 가지 기계어 명령에 대해 알아보도록 하자. 기계어 명령은 크게 CPU 내에서 수행되는 명령, 메모리 접근을 필요로 하는 명령, 입출력을 동반하는 명령으로 나누어볼 수 있다. CPU 내에서 수행되는 명령의 예로는 Add 명령을 들 수 있다. Add 명령은 CPU 내의 레지스터에 있는 두 값을 더해 레지스터에 저장하는 명령이다. 이러한 명령은 CPU 내에서만 수행되므로 명령의 수행 속도가 매우 빠르다. 메모리 접근을 수행하는 명령으로는 Load 명령과 Store 명령이 있다. Load 명령은 메모리에 있는 데이터를 CPU로 읽어들이는 명령이며, Store 명령은 CPU에서 계산된 결괏값을 메모리에 저장하는 명령이다. 메모리를 접근하는 명령은 비록 CPU 내에서 수행되는 명령보다는 시간이 오래 소요되지만 비교적 짧은 시간에 수행할 수 있는 명령에 해당된다. 또한 CPU 내에서 일어나는 명령이나 메모리를 접근하는 명령은 사용자 프로그램이 직접 실행할 수 있는 일반명령에 해당한다.

한편 사용자 프로그램이 수행되다보면 입출력 작업이 필요한 경우가 발생한다. 키보드로부터 입력을 받는다든지 컴퓨터에서 처리된 결과를 화면에 출력한다든지 하는 작업이 이에 해당한다. 이 밖에 디스크에서 파일 데이터를 읽어오거나 컴퓨터에서 처리된 결과를 디스크에 파일 형태로 저장하는 것도 입출력 작업의 중요한 예이다. 이와 같이 입출력을 수반하는 명령은 CPU나 메모리 접근 명령에 비해 대단히 오랜 시간이 소요된다. 또한 컴퓨터 시스템에서는 모든 입출력 명령을 특권명령으로 규정해 사용자 프로그램이 직접 수행할 수 없도록 하고 운영체제를 통해 서비스를 대행하도록 하고 있다.

사용자 프로그램이 수행되는 과정은 CPU 작업과 I/O 작업의 반복으로 구성된다. 이는 일종의 사이클처럼 CPU와 I/O 장치라는 상이한 자원을 번갈아 사용하면서 프로그램이 수행되는 것으로 볼 수 있다. 레지스터 간의 연산으로 구성되는 Add 명령이나 메모리를 접근하는 Load 명령, Store 명령 등은 사용자 프로그램이 직접 CPU를 가지고 수행하는 비교적 빠른 명령이다. 반면 프로그램이 수행되는 중에 I/O를 요청하면 CPU의 제어권이 운영체제 커널로 넘어갈 뿐 아니라 상대적으로 매우 느린 입출력 장치의 접근이 필요하게 된다. 이와 같이 프로그램의 수행은 서로 다른 두 단계의 조합으로 이루어진다. 첫째는 사용자 프로그램이 CPU를 직접 가지고 빠른 명령을 수행하는 일련의 단계이고, 둘째는 I/O 요청이 발생해 커널에 의해 입출력 작업을 진행하는 비교적 느린 단계이다. 전자를 CPU 버스트(burst)라고 하고, 후자를 I/O 버스트라고 부른다. 즉 프로그램이 I/O를 한 번 수행한 후 다음 번 I/O를 수행하기까지 직접 CPU를 가지고 명령을 수행하는 일련의 작업이 CPU 버스트이다. 이에 비해 I/O 버스트는 I/O 작업이 요청

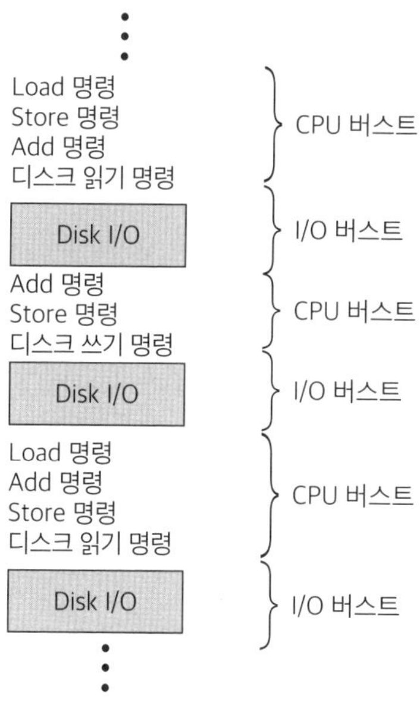

<그림 6-1> CPU 버스트와 I/O 버스트의 모습

된 후 완료되어 다시 CPU 버스트로 돌아가기까지 일어나는 일련의 작업을 말한다.

각 프로그램마다 CPU 버스트와 I/O 버스트가 차지하는 비율이 균일하지는 않다. 어떤 프로세스는 I/O 버스트가 빈번해 CPU 버스트가 매우 짧게 나타나는 반면, 또 다른 프로세스는 I/O를 거의 하지 않아 CPU 버스트가 매우 길게 나타난다. 이와 같은 기준에서 프로세스를 크게 I/O 바운드 프로세스(I/O bound process)와 CPU 바운드 프로세스(CPU bound process)로 나누어볼 수 있다. I/O 바운드 프로세스는 I/O 요청이 빈번해 CPU 버스트가 짧게 나타나는 프로세스를 말하고, CPU 바운드 프로세스는 I/O 작업을 거의 수행하지 않아 CPU 버스트가 길게 나타나는 프로세스를 말한다. I/O 바운드 프로세스는 주로 사용자로부터 인터랙션(interaction)을 계속 받아가며 프로그램을 수행시키는 대화형 프로그램(interactive program)이 해당되고, CPU 바운드 프로세스는 프로세스 수행의 상당 시간을 입출력 작업 없이 CPU 작업에 소모하는 계산 위주의 프로그램이 해당된다. 프로그램이 수행되는 구조를 보면 I/O 바운드 프로세스는 짧은 CPU 버스트를 많이 가지고 있는 반면, CPU 바운드 프로세스는 소수의 긴 CPU 버스트로 구성된다.

CPU 스케줄링은 이와 같이 CPU를 사용하는 패턴이 상이한 여러 프로그램이 동일한 시스템 내부에서 함께 실행되기 때문에 필요한 것이다. 프로세스의 CPU 버스트가 모두 균일한 경우에는 CPU 스케줄링을 하는 것이 큰 의미가 없지만, 우리가 사용하는 시분할 시스템에서는 이와 같이 CPU 버스트가 균일하지 않은 다양한 프로그램들이 공존하므로 효율적인 CPU 스케줄링 기법이 반드시 필요하다.

컴퓨터 시스템 내에서 수행되는 프로세스들의 CPU 버스트를 분석해보면 대부분의 경우 짧은 CPU 버스트를 가지며, 극히 일부분만 긴 CPU 버스트를 가진다. 즉 프로세스들의 CPU 버스트 분포는 다수의 짧은 CPU 버스트와 소수의 긴 CPU 버스트로 구성된다. 이는 다시 말해서 CPU를 한 번에 오래 사용하기보다는 잠깐 사용하고 I/O 작업을 수행하는 프로세스들이 많다는 것이다. CPU 버스트가 짧은 프로세스는 대부분 대화형 작업(interactive job)으로 사용자와 인터랙션을 해가며 프로그램을 수행시킨다. 즉 사용자에게 입력을 받아 CPU 연산을 수행하고 그 결과를 다시 출력하는 작업을 수행한다. 이러한 작업을 수행하는 프로세스는 CPU의 빠른 서비스를 필요로 한다. 대화형 작업이므로 사용자에 대한 빠른 응답이 중요하기 때문이다. 따라서 CPU 스케줄링을 할 때 CPU 버스트가 짧은 프로세스에게 우선적으로 CPU를 사용할 수 있도록 하는 스케줄링이 필요하다.

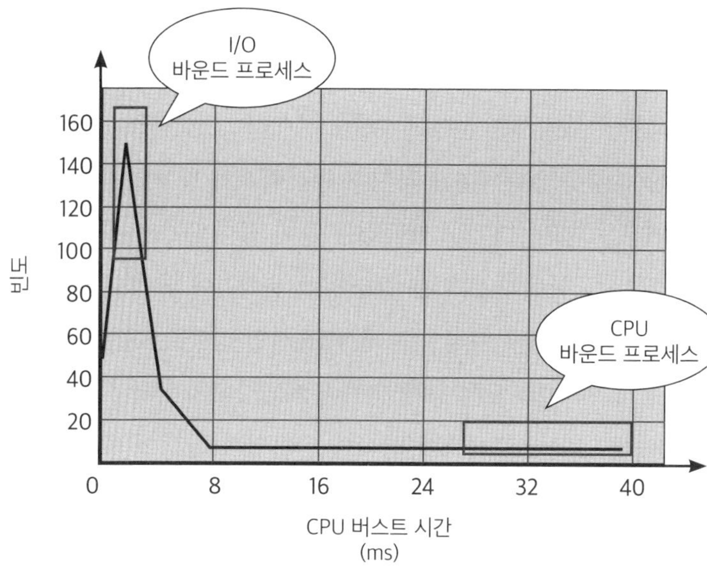

<그림 6-2> CPU 버스트의 분포

이는 바꾸어 말하면 CPU 스케줄링 시 I/O 바운드 프로세스의 우선순위를 높여주는 것이 바람직하다는 의미가 된다. 이러한 스케줄링은 대화형 프로세스의 빠른 응답성 제공 외에 I/O 장치의 효율성을 높이는 효과도 얻을 수 있다. I/O 바운드 프로세스에게 먼저 CPU를 할당할 경우 CPU를 잠깐만 사용한 후 곧바로 I/O 작업을 수행할 수 있으므로 I/O 장치의 이용률이 높아지기 때문이다. 만약 CPU 바운드 프로세스에게 먼저 CPU를 할당한다면 그 프로세스가 CPU를 다 사용할 때까지 I/O 바운드 프로세스는 응답시간이 길어질 뿐 아니라 해당 I/O 장치도 그 시간 동안 작업을 수행하지 않는 휴면 상태가 되기 때문에 비효율적이다.

1. CPU 스케줄러

CPU 스케줄러는 준비 상태에 있는 프로세스들 중 어떠한 프로세스에게 CPU를 할당할지 결정하는 운영체제의 코드이다. 프로세스가 CPU를 할당받고 기계어 명령을 수행하다가 타이머 인터럽트가 발생하면 CPU 스케줄러가 호출된다. 그러면 CPU 스케줄러는 준비 큐에서 CPU를 기다리는 프로세스 중 하나를 선택해 CPU를 할당하게 된다. 이 밖에도 CPU 스케줄링이 필요한 경우들이 몇 가지 있는데, 대표적인 상황으로는 ① 실행 상태에 있던 프로세스가 I/O 요청 등에 의해 봉쇄(blocked) 상태로 바뀌는 경우, ② 실행 상태에 있던 프로세스가 타이머 인터럽트 발생에 의해 준비 상태로 바뀌는 경우, ③ I/O 요청으로 봉쇄 상태에 있던 프로세스의 I/O 작업이 완료되어 인터럽트가 발생하고 그 결과 이 프로세스의 상태가 준비 상태로 바뀌는 경우, ④ CPU에서 실행 상태에 있는 프로세스가 종료되는 경우가 있다.

CPU 스케줄링 방식에는 비선점형(nonpreemptive) 방식과 선점형(preemptive) 방식이 있다. 비선점형 방식이란 CPU를 획득한 프로세스가 스스로 CPU를 반납하기 전까지는 CPU를 빼앗기지 않는 방법을 말한다. 이에 비해 선점형 방식은 프로세스가 CPU를 계속 사용하기를 원하더라도 강제로 빼앗을 수 있는 스케줄링 방법을 말한다. CPU를 빼앗는 방법으로는 할당시간(time quantum)을 부여한 후 타이머 인터럽트를 발생시키는 방법이 대표적이다. 위의 네 가지 경우 중에서는 ①과 ④가 비선점형 스케줄링의 예가 되며, ②와 ③은 선점형 스케줄링 방식에 해당한다. ③은 이번에 I/O 작업이 완료된 프로세스가 인터럽트 당한 프로세스보다 우선순위가 높아, 인터럽트 처리 후 직전에 수행되던 프로세스에게 CPU를 다시 할당하는 것이 아니라 문맥교환을 통해 I/O가 완료된 프로세스에게 CPU를 할당하는 경우가 해당된다.

2. 디스패처

CPU 스케줄러가 어떤 프로세스에게 CPU를 할당해야 할지 결정하고나면 선택된 프로세스에게 실제로 CPU를 이양하는 작업이 필요하다. 이와 같이 새롭게 선택된 프로세스가 CPU를 할당받고 작업을 수행할 수 있도록 환경설정을 하는 운영체제의 코드를 디스패처(dispatcher)라고 부른다. 디스패처는 현재 수행 중이던 프로세스의 문맥(context)을 그 프로세스의 PCB에 저장하고, 새롭게 선택된 프로세스의 문맥을 PCB로부터 복원한 후 그 프로세스에게 CPU를 넘기는 과정을 수행한다. 새로운 프로세스의 문맥을 복원시킨 후에는 시스템의 상태를 사용자모드로 전환해 사용자 프로그램에게 CPU의 제어권을 넘기게 된다. 그러면 사용자 프로그램은 복원된 문맥 중 프로그램 카운터로부터 현재 수행할 주소를 찾을 수 있게 된다. 디스패처가 하나의 프로세스를 정지시키고 다른 프로세스에게 CPU를 전달하기까지 걸리는 시간을 디스패치 지연시간(dispatch latency)이라고 하며, 디스패치 지연시간의 대부분은 문맥교환 오버헤드에 해당된다.

3. 스케줄링의 성능 평가

스케줄링 기법의 성능을 평가하기 위해 여러 지표들이 사용되는데, 이 지표들은 크게 시스템 관점의 지표와 사용자 관점의 지표로 나누어볼 수 있다. 시스템 관점의 지표로는 CPU 이용률과 처리량이 있으며, 사용자 관점의 지표로는 소요시간, 대기시간, 응답시간 등 기다린 시간과 관련된 지표들이 있다.

우선 CPU 이용률(CPU utilization)은 전체 시간 중에서 CPU가 일을 한 시간의 비율을 나타낸다. CPU는 대부분의 시스템에 하나만 존재하는 고비용의 자원이므로 CPU의 이용률은 시스템 전체의 성능과 밀접하게 관련된다. 따라서 CPU가 일을 하지 않고 휴면(idle) 상태에 머무르는 시간을 최대한 줄이는 것이 스케줄링의 중요한 목표가 된다.

처리량(throughput)은 주어진 시간 동안 준비 큐에서 기다리고 있는 프로세스 중 몇 개를 끝마쳤는지(CPU 버스트를 완료한 프로세스의 개수)를 나타낸다. 즉 CPU의 서비스를 원하는 프로세스 중 몇 개가 원하는 만큼의 CPU를 사용하고 이번 CPU 버스트를 끝내어 준비 큐를 떠났는지 측정한 것이 처리량의 개념이다. 여러 프로세스가 CPU를 기다리고 있는 상황에서 주어진 시간에 더 많은 프로세스들이 CPU 작업을 완료하기 위해서는 CPU 버스트가 짧은 프로세스에게 우선적으로 CPU를 할당하는 것이 유리하다.

소요시간(turnaround time)은 프로세스가 CPU를 요청한 시점부터 자신이 원하는 만큼 CPU를 다 쓰고 CPU 버스트가 끝날 때까지 걸린 시간, 즉 준비 큐에서 기다린 시간과 실제로 CPU를 사용한 시간의 합을 뜻한다. 이는 해당 CPU 버스트가 완료될 때까지 소요된 시간으로, 프로그램이 시작해 종료하는 데까지 걸리는 시간이 아님에 주의해야 한다. 프로그램이 시작해서 종료하기까지 CPU 버스트는 여러 차례 있을 수가 있고 우리는 지금 CPU에만 관심이 있기 때문에 하나의 프로세스라 하더라도 소요시간은 CPU 버스트의 수만큼 각각 별도로 측정되기 때문이다. 예를 들어 CPU를 사용하다가 I/O 연산을 위해 CPU를 자진 반납했다면 CPU를 사용하기 위해 준비 큐에 들어왔을 때부터 CPU를 자진 반납하기까지 걸린 시간이 소요시간이 된다.

대기시간(waiting time)은 CPU 버스트 기간 중 프로세스가 준비 큐에서 CPU를 얻기 위해 기다린 시간의 합을 뜻한다. 시분할 시스템에서는 일반적으로 타이머를 사용해서 하나의 프로세스가 CPU를 연속적으로 사용할 수 있는 시간을 제한한다. 따라서 한 번의 CPU 버스트 중에도 준비 큐에서 기다린 시간이 여러 번 발생할 수 있다. 이때 대기시간이란 이번 CPU 버스트가 끝나기까지 준비 큐에서 기다린 시간의 합을 뜻하게 된다.

응답시간(response time)은 프로세스가 준비 큐에 들어온 후 첫 번째 CPU를 획득하기까지 기다린 시간을 뜻한다. 대기시간은 준비 큐에 들어온 직후부터 이번 CPU 버스트가 끝날 때까지 준비 큐에서 기다린 시간의 합을 나타내는 반면, 응답시간은 준비 큐에 들어온 직후부터 첫 번째 CPU를 얻기까지 걸린 시간만을 나타내어 이 두 척도는 다소 차이가 있다. 타이머 인터럽트가 빈번히 발생할수록 각 프로세스가 CPU를 연속적으로 사용할 수 있는 시간이 짧아지므로 처음 CPU를 얻기까지 걸리는 시간은 줄어들게 되어 응답시간이 향상된다. 응답시간은 대화형 시스템에 적합한 성능 척도로서 사용자 입장에서 가장 중요한 성능 척도라 할 수 있다.

이제 생활 속에서의 비유를 통해 성능 척도들의 의미를 생각해보도록 하겠다. 중국집에 주방장이 있고 손님이 있다고 하자. 이때 이용률과 처리량은 중국집 입장에서의 척도이고 소요시간, 대기시간, 응답시간은 손님 입장에서의 척도라 할 수 있다. 이용률은 전체 시간 중 주방장이 일한 시간의 비율을 나타내고, 처리량은 주방장이 주어진 시간 동안 몇 명의 손님에게 요리를 만들어주었는지를 나타낸다. 중국집 입장에서는 주방장을 고용해서 가능한 많은 일을 시키는 것이 좋으므로 이용률이 높은 것을 선호한다. 또한 많은 손님에게 요리를 판매하는 것이 이익이므로 처리량이 많은 것이 중요한 지표가 된다. 한편 소요시간은 손님이 중국집에 들어와서 주문한 음식을 다 먹고 나가기까지 소요된 총 시간을 말하고 대기시간은 음식을 먹은 시간을 제외한 순수하게 기다린 시간을 의미한다. 이때 음식이 조금씩 여러 번에 걸쳐 나왔다면 음식을 먹은 시간을 제외하고 각각의 음식이 나오기까지 기다린 시간을 합한 것이 대기시간이 된다. 그리고 응답시간은 최초의 음식이 나오기까지 기다린 시간을 뜻한다.

4. 스케줄링 알고리즘

이 절에서는 다양한 CPU 스케줄링 알고리즘(scheduling algorithm)에 대해서 살펴보도록 하겠다.

1) 선입선출 스케줄링

선입선출(First-Come First-Served: FCFS) 스케줄링은 프로세스가 준비 큐에 도착한 시간 순서대로 CPU를 할당하는 방식을 말한다. 이 방식에서는 CPU를 먼저 요청한 프로세스에게 CPU를 먼저 할당하고, 그 프로세스가 자발적으로 CPU를 반납할 때까지 빼앗지 않는다. FCFS는 은행, 공항, 화장실 등 일상생활에서도 흔히 볼 수 있듯이 먼저 온 요청을 먼저 처리하기 때문에 대단히 합리적인 스케줄링 방식인 것 같지만 경우에 따라 비효율적인 결과를 초래하기도 한다. CPU 버스트가 긴 프로세스 하나가 CPU 버스트가 짧은 프로세스 여러 개보다 먼저 도착했다고 가정해보자. 이 경우 CPU를 잠깐만 사용하면 준비 큐를 떠나 I/O 작업을 수행할 수 있는 다수의 프로세스들이 앞의 긴 작업 하나 때문에 계속 기다려야 하는 상황이 생겨 평균 대기시간(average waiting time)이 길어지게 된다. 또한 CPU 버스트가 짧은 프로세스들에게 잠깐씩만 CPU를 할당하게 되면 이 프로세스들이 CPU 버스트를 마친 뒤 I/O 작업을 연이어 수행할 수 있는데 CPU 버스트가 긴 프로세스 하나 때문에 대기시간은 물론 I/O 장치들의 이용률까지도 동반 하락하게 된다.

이처럼 FCFS 스케줄링 알고리즘에서는 먼저 도착한 프로세스의 성격에 따라 평균 대기시간이 크게 달라진다. 즉 CPU 버스트가 긴 프로세스가 먼저 도착할 경우 평균 대기시간이 길어지는 반면, CPU 버스트가 짧은 프로세스가 먼저 도착하게 되면 평균 대기시간은 짧아지게 된다. 이제 이 알고리즘의 성능을 예를 통해 살펴보도록 하겠다.

프로세스	CPU 버스트 시간
P_1	12
P_2	3
P_3	3

프로세스의 도착 순서가 P_1, P_2, P_3라 하고 각각의 CPU 버스트 시간이 12, 3, 3이라고 가정할 때, FCFS에 의한 스케줄 순서를 차트로 나타내면 다음과 같다. 단 P_1, P_2, P_3는 모두 시각 0에 도착했으나 간발의 차이로 P_1이 제일 먼저, 그리고 P_3가 제일 나중에 도착한 것으로 가정한다.

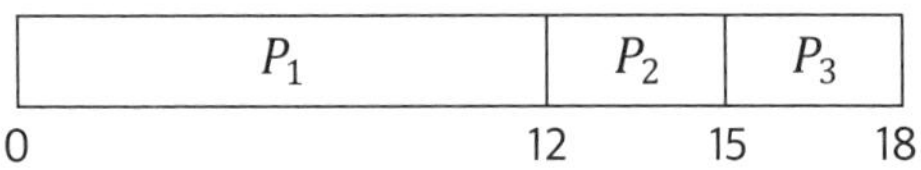

- 대기시간: $P_1 = 0$, $P_2 = 12$, $P_3 = 15$
- 평균 대기시간: $(0+12+15)/3 = 9$

한편 프로세스의 도착 순서가 P_2, P_3, P_1이라고 할 때, 스케줄 순서를 차트로 나타내면 다음과 같다.

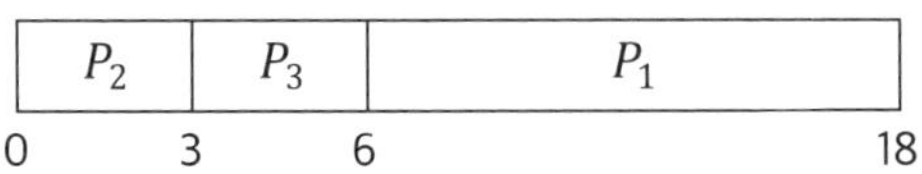

- 대기시간: $P_1 = 6$, $P_2 = 0$, $P_3 = 3$
- 평균 대기시간: $(6+0+3)/3 = 3$

이 두 경우를 비교해보면, CPU 버스트가 짧은 프로세스가 먼저 도착한 후자의 경우에 평균 대기시간이 크게 줄어들었음을 알 수 있다. 전자의 경우처럼 CPU 버스트가 짧은 프로세스가 CPU 버스트가 긴 프로세스보다 나중에 도착해 오랜 시간을 기다려야 하는 현상을 콘보이 현상(Convoy effect)이라고 하며, 이는 FCFS 스케줄링의 대표적인 단점에 해당된다.

2) 최단작업 우선 스케줄링

최단작업 우선(Shortest-Job First: SJF) 스케줄링 알고리즘은 CPU 버스트가 가장 짧은 프로세스에게 제일 먼저 CPU를 할당하는 방식이다. 이와 같은 할당 방식을 통해 CPU 버스트가 짧은 프로세스가 CPU를 먼저 사용하고 준비 큐를 빠져나가게 되면 프로세스들이 준비 큐에서 기다리는 전체적인 시간이 줄어들게 된다. SJF 스케줄링 알고리즘은 평균 대기시간을 가장 짧게 하는 최적 알고리즘(optimal algorithm)으로 알려져 있다.

SJF 알고리즘은 비선점형 방식과 선점형 방식 두 가지로 구현될 수 있다. 비선점형(nonpreemptive) 방식이란 일단 CPU를 획득하면 그 프로세스가 CPU를 자진 반납하기 전까지는 CPU를 빼앗지 않는 방식을 말한다. 선점형(preemptive) 방식이란 준비 큐에서 CPU 버스트가 가장 짧은 프로세스에게 CPU를 할당했다 하더라도, CPU 버스트가 더 짧은 프로세스가 도착할 경우 CPU를 빼앗아 더 짧은 프로세스에게 부여하는 방식을 말한다. 다시 말하면 SJF의 선점형 구현 방식에서는 현재 CPU에서 실행 중인 프로세스의 남은 CPU 버스트 시간보다 더 짧은 CPU 버스트 시간을 가지는 프로세스가 도착할 경우 CPU를 빼앗게 된다. 이러한 SJF의 선점형 구현 방식을 SRTF(Shortest Remaining Time First)라고도 부른다.

일반적으로 CPU를 기다리는 프로세스들이 동시에 준비 큐에 도착하지는 않는다. 따라서 현재 CPU를 할당받고 수행 중인 프로세스가 비록 CPU를 할당받은 시점에서는 CPU 버스트 시간이 가장 짧은 프로세스였다 해도 그 사이 CPU 버스트 시간이 더 짧은 프로세스가 도착할 수 있다. 이때 비선점형 방식과 선점형 방식은 서로 다른 조치를 취하게 된다. 비선점형 방식에서는 현재 CPU를 점유하고 있는 프로세스가 CPU 버스트를 모두 수행하고 스스로 CPU를 내어놓을 때까지 스케줄링을 하지 않는다. 반면 선점형 방식에서는 CPU 버스트 시간이 더 짧은 프로세스가 도착하면 현재 수행 중인 프로세스에게서 CPU를 선점해 CPU 버스트 시간이 더 짧은 프로세스에게 할당한다. 따라서 프로세스들이 준비 큐에 도착하는 시간이 불규칙한 환경에서는 선점형 방식이 프로세스들의 평균 대기시간을 최소화하는 최적의 알고리즘이 된다. 반면 일련의 프로세스들이 준비 큐에 한꺼번에 도착하고 그 후에는 따로 도착하지 않는 환경에서는 비선점형 방식과 선점형 방식이 서로 같은 결과를 나타내기도 한다. 일반적인 시분할 환경에서는 중간중간에 새로운 프로세스가 도착하는 경우가 발생하므로 선점형 방식이 평균 대기시간을 가장 많이 줄일 수 있는 방식이 된다.

프로세스	도착 시각	CPU 버스트 시간
P_1	0	14
P_2	4	8
P_3	8	2
P_4	10	8

4개의 프로세스 P_1, P_2, P_3, P_4가 각각 위와 같은 도착 시각과 CPU 버스트 시간을 가진다고 할 때 SJF 알고리즘의 스케줄링 차트 및 평균 대기시간은 다음과 같다.

• SJF 비선점형 스케줄링

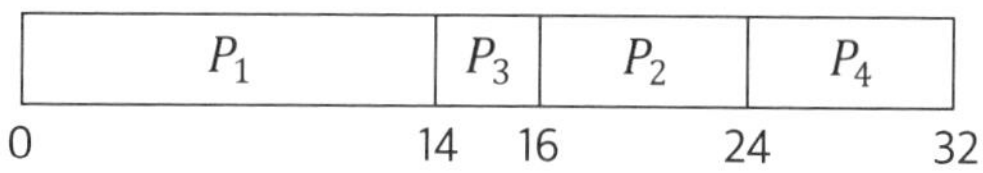

- 평균 대기시간: (0+12+6+14)/4 = 8

• SJF 선점형 스케줄링

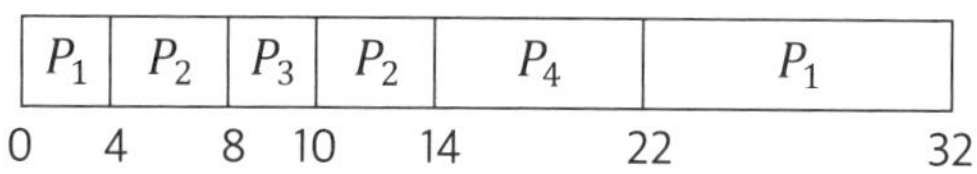

선점형 방식에서는 프로세스가 새롭게 도착하거나 작업이 끝날 때마다 CPU 버스트 시간을 비교하게 된다.

- 평균 대기시간: (18+2+0+4)/4 = 6

SJF 스케줄링 기법의 구현에서 현실적으로 어려운 부분은 프로세스의 CPU 버스트 시간을 미리 알 수 없다는 점이다. 그래서 예측을 통해 CPU 버스트 시간을 구한 후 예측치가 가장 짧은 프로세스에게 CPU를 할당하게 된다. CPU 버스트 시간의 예측은 과거의 CPU 버스트 시간을 통해 이루어지는데, 다음과 같은 방법을 사용한다.

$(n+1)$번째 CPU 버스트의 예측시간 T_{n+1}은

$$T_{n+1} = \alpha t_n + (1 - \alpha)T_n$$

이때 t_n과 T_n은 각각 n번째 실제 CPU 버스트 시간과 n번째 CPU 버스트의 예측시간을 뜻하며, α는 0과 1 사이의 상수로 두 요소를 어느 정도씩 반영할지 조절하는 매개변수(parameter)이다. $\alpha = 0$인 경우 $T_{n+1} = T_n$이 되어 고정된 값이 예측값으로 계속 사용된다. 이에 비해 $\alpha = 1$인 경우 $T_{n+1} = t_n$이 되어 바로 전에 사용한 CPU 버스트 시간을 예측값으로 사용하게 된다.

α값을 0과 1 사이의 값으로 세팅하면 n번째 실제 CPU 버스트 시간과 n번째 버스트 시간의 예측값을 적당히 가중 평균해 n+1번째 CPU 버스트 시간을 예측하게 된다. 이를 조금 다른 각도에서 생각하면 과거의 CPU 버스트 시간들을 통해 미래의 CPU 버스트 시간을 예측하게 되며, 최근의 CPU 버스트 시간일수록 오래전의 CPU 버스트 시간에 비해 가중치를 높이는 방식이 된다. 이는 위 식에서 n 대신 $n-1$을 대입한 식 $T_n = \alpha t_{n-1} + (1-\alpha)T_{n-1}$을 식의 T_n 자리에 넣어서 풀고, 다시 n 대신 $n-2$를 대입한 식 $T_{n-1} = \alpha t_{n-2} + (1-\alpha)T_{n-2}$를 식의 T_{n-1} 자리에 넣어서 푸는 방식을 반복하면 아래와 같은 식이 얻어지기 때문이다.

$$T_{n+1} = \alpha t_n + (1-\alpha)\alpha t_{n-1} + \cdots + (1-\alpha)^j \alpha t_{n-j} + \cdots$$

위 식에서 α와 $(1-\alpha)$는 모두 0과 1 사이의 값이므로 이들이 계속 곱해질수록 그 값은 더욱 작아지게 된다. 따라서 t_{n-1}의 계수가 t_n의 계수보다 작은 값이 되고, t_{n-2}의 계수는 t_{n-1}의 계수보다 작은 값이 된다. 즉 과거를 통해 미래를 예측하는 데 있어서 더 오래된 과거일수록 그 영향력이 적어지도록 반영하는 방식인 것이다.

SJF 알고리즘이 평균 대기시간을 최소화하는 알고리즘이기는 하지만 시스템에서 평균을 줄이는 것이 항상 좋은 방식이라고는 말할 수 없다. 계속

CPU 버스트가 짧은 프로세스에게만 CPU를 할당할 경우 CPU 버스트가 긴 프로세스는 준비 큐에 줄 서서 무한정 기다려야 하는 문제가 발생할 수 있기 때문이다.

예를 들어 프로세스 A의 CPU 버스트 시간이 1000인데 현재 준비 큐에 CPU 버스트가 10, 20, 30인 프로세스가 있다고 하자. 그러면 프로세스 A는 위 세 프로세스가 모두 CPU를 사용한 후에 CPU를 할당받을 수 있다. CPU 버스트가 10, 20인 프로세스가 CPU 사용을 끝마치고 현재 CPU 버스트가 30인 프로세스가 CPU를 사용하고 있는 상황이라고 할 때, 프로세스 A는 이 프로세스만 CPU 사용을 마치면 마침내 CPU를 할당받을 수 있게 된다. 그런데 CPU 버스트가 30인 프로세스의 수행이 끝나기 직전 CPU 버스트가 100, 200, 300인 프로세스가 차례로 도착했다고 하자. 그러면 이들의 CPU 버스트가 프로세스 A의 CPU 버스트보다 짧기 때문에 프로세스 A는 또다시 이들 프로세스가 모두 CPU를 사용한 이후에야 CPU를 할당받을 수 있게 된다. 이와 같이 CPU 버스트가 짧은 프로세스가 계속 도착할 경우 프로세스 A는 영원히 CPU를 할당받지 못할 수도 있다. 이러한 현상을 우리는 기아 현상(starvation)이라고 하며, 이는 SJF 알고리즘의 심각한 문제점이다. 기아 현상을 극복하는 방법에 대해서는 이후에 나올 스케줄링 알고리즘들을 통해 설명하도록 하겠다.

3) 우선순위 스케줄링

우선순위 스케줄링(priority scheduling)이란 준비 큐에서 기다리는 프로세스들 중 우선순위가 가장 높은 프로세스에게 제일 먼저 CPU를 할당하는 방식을 말한다. 이때 우선순위는 우선순위값(priority number)을 통해 표시하며 우선순위값이 작을수록 높은 우선순위를 가지는 것으로 가정한다. 우선순위를 결정하는 방식에는 여러 가지가 있을 수 있다. CPU 버스트 시간을 우선순위값으로 정의하면 우선순위 스케줄링은 SJF 알고리즘과 동일한 의미를 가지게 된다. 시스템과 관련된 중요한 작업을 수행하는 프로세스의 우선순위를 높게 부여하면 이러한 프로세스가 CPU를 빨리 할당받을 수 있게 할 수도 있다.

우선순위 스케줄링도 비선점형 방식과 선점형 방식으로 각각 구현할 수 있다. 현재 CPU에서 수행 중인 프로세스보다 우선순위가 높은 프로세스가 도착하여 CPU를 선점해서 새롭게 도착한 프로세스에게 할당할 경우 선점형 방식이 된다. 이와 달리 일단 CPU를 얻었으면 비록 우선순위가 더 높은 프로세스가 도착하더라도 CPU를 자진 반납하기 전까지 선점하지 않는다면 이는 비선점형 방식이 된다.

우선순위 스케줄링 방식에서의 문제점 중 하나는 기아 현상이 발생할 수 있다는 점이다. 우선순위가 높은 프로세스가 계속 도착하는 상황에서 우선순위가 낮은 프로세스는 CPU를 얻지 못한 채 계속 기다려야 할 수 있기 때문이다. 이러한 문제점을 해결하기 위해 노화(aging) 기법을 사용할 수 있다. 노화 기법이란 기다리는 시간이 길어지면 우선순위를 조금씩 높여, 언젠가는 가장 높은 우선순위가 되어 CPU를 할당받을 수 있게 해주는 방법이다. 이는 일상생활에서 흔히 볼 수 있는 경로사상이 컴퓨터의 세계에 반영된 형태라고도 볼 수 있다. 버스나 지하철에서 나이 드신 분께 자리를 양보하듯이 프로세스가 오래 기다려서 나이를 먹게 되면 우선순위를 높여 CPU를 먼저 할당받게 하는 것이다.

4) 라운드 로빈 스케줄링

라운드 로빈 스케줄링(Round Robin Scheduling)은 지금까지 소개한 스케줄링 방식과 달리 시분할 시스템의 성질을 가장 잘 활용한 새로운 의미의 스케줄링 방식이라 할 수 있다. 라운드 로빈 스케줄링에서는 각 프로세스가 CPU를 연속적으로 사용할 수 있는 시간이 특정 시간으로 제한되며, 이 시간이 경과하면 해당 프로세스로부터 CPU를 회수해 준비 큐에 줄 서 있는 다른 프로세스에게 CPU를 할당한다. 그러면 이 프로세스는 준비 큐의 제일 뒤에 가서 줄을 서 다음번 차례가 오기를 기다리게 된다. 이때 각 프로세스마다 한 번에 CPU를 연속적으로 사용할 수 있는 최대시간을 할당시간(time quantum)이라고 부른다. 할당시간이 너무 길면 라운드 로빈 스케줄링은 FCFS와 같은 결과를 나타내게 된다. CPU 버스트 시간이 매우 긴 프로세스가 모든 작업을 수행할 만큼 할당시간을 길게 설정하는 경우가 이에 해당된다. 한편 할당시간이 너무 짧으면 CPU를 사용하는 프로세스가 빈번하게 교체되어 문맥교환의 오버헤드가 커진다. 따라서 일반적으로 할당시간을 수십 밀리초 정도의 규모로 설정하게 된다. 이는 여러 프로세스가 동시에 수행되는 환경에서 대화형 프로세스가 CPU를 한 번 할당받기까지 지나치게 오래 기다리지 않을 정도의 시간 규모에 해당한다. 이는 사람이 느리지 않다고 체감할 정도의 시간 규모에 한 번씩은 CPU를 할당받을 수 있도록 정한 시간 규모라 할 수 있다.

라운드 로빈 스케줄링은 여러 종류의 이질적인 프로세스가 같이 실행되는 환경에서 효과적이다. 예를 들어 n개의 프로세스가 준비 큐에 있고 할당시간이 q라고 할 때, 모든 프로세스는 $(n-1)q$시간 이내에 적어도 한 번은 CPU를 할당받을 수 있게 된다. 이는 n개의 프로세스 중 자기 자신을 제외한 프로세스의 수가 $(n-1)$개이고 이들이 한 번에 최대 q시간만큼 CPU를 사용할 수 있기 때문이다. 따라서 적어도 $(n-1)q$시간 이내에 자기 차례가 한 번은 돌아오게 되는 것이다. 이와 같은 방식은 대화형 프로세스의 빠른 응답시간을 보장할 수 있다는 장점이 있다. 할당시간을 수십 밀리초 규모로 설정해, 인간이 충분히 빠르다고 느낄 정도인 수백 밀리초에서 1초 정도의 응답시간을 보장할 수 있기 때문이다. 그렇다고 이 스케줄링에서 CPU 버스트가 긴 프로세스에게 특별히 불이익이 가는 것도 아니다. 각 프로세스의 대기시간이 그 프로세스의 CPU 버스트 시간에 비례하기 때문이다. 즉 CPU를 많이 쓰는 프로세스는 대기시간이 그에 비례해서 길어지고, 반대로 CPU를 적게 쓰는 프로세스는 대기시간도 짧아지게 된다.

이제 라운드 로빈 스케줄링을 예를 통해 살펴보도록 하겠다. 아래와 같은 CPU 버스트 시간을 가지는 프로세스 P_1, P_2, P_3가 순서대로 도착했다고 하자.

프로세스	CPU 버스트 시간
P_1	24
P_2	17
P_3	3

이때 할당시간이 10인 라운드 로빈 스케줄링을 적용하면 그 결과는 다음 차트와 같다. 라운드 로빈 스케줄링은 일반적으로 SJF 방식보다 평균 대기시간은 길지만 응답시간은 더 짧다.

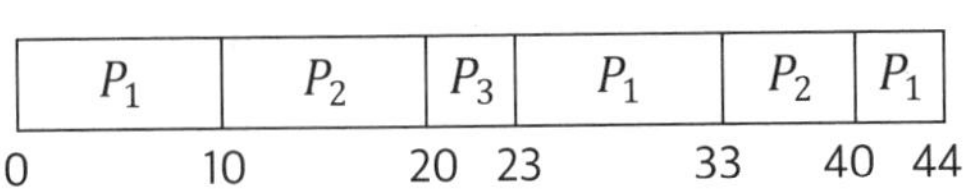

할당시간이 만료되어 CPU를 회수하는 방법으로는 타이머 인터럽트를 사용하게 된다. 만약 CPU 버스트 시간이 할당시간보다 짧으면 CPU를 자신의 버스트 시간만큼 사용한 후 스스로 반납하게 된다. 라운드 로빈 스케줄링의 기본적인 목적은 CPU 버스트 시간이 짧은 프로세스가 빨리 CPU를 얻을 수 있도록 하는 동시에, CPU 버스트 시간이 긴 프로세스가 불이익을 당하지 않도록 하는 것이다.

SJF 스케줄링의 경우 평균 대기시간 측면에서는 가장 우수한 결과를 보장하지만, CPU 버스트 시간이 짧은 프로세스에게만 유리하고 CPU 버스트 시간이 긴 프로세스들은 전체 시스템의 성능을 향상시키기 위해 희생해야 했다. 이것은 일부의 희생을 통해 전체의 성능을 향상시키는 방법으로 효율성을 높이는 대신 형평성을 간과하는 결과를 초래한 것이다.

이에 비해 라운드 로빈 스케줄링은 공정한 스케줄링 방식이라 할 수 있다. CPU 버스트 시간을 매우 작은 단위로 나누어 실행하기 때문에 자신이 CPU를 쓰고자 하는 양이 적으면 소요시간(turn around time)이 짧아지고, 반대로 자신이 CPU를 쓰고자 하는 양이 많으면 소요시간도 거기에 비례해서 길어진다. 대기시간 역시 자신이 사용하는 CPU 버스트 시간에 비례해 증가하므로 공정하다고 할 수 있다.

예를 들어 CPU 버스트 시간이 1초인 프로세스가 작업을 완료하는 데에 10초가 걸렸다면, CPU 버스트 시간이 10초인 프로세스는 그것의 10배인 100초가 소요되는 것이다. 물론 준비 큐 내의 프로세스의 수에 변동이 있는 경우 정확히 위와 같은 결과를 얻을 수는 없으나, 평균적으로 위와 같은 결과를 얻을 수 있다. 한편 SJF 스케줄링의 경우에는 CPU 버스트 시간이 1초인 프로세스의 소요시간이 10초라고 해도 CPU 버스트 시간이 10초인 프로세스는 이보다 더 짧은 CPU 버스트를 가진 프로세스가 계속 도착할 경우 무한정 기다리게 될 수 있다.

라운드 로빈 스케줄링에서 할당시간을 너무 짧게 설정하면 문맥교환의 오버헤드가 증가해 전체 시스템의 성능을 저하시킬 수 있다. 예를 들어 어떤 프로세스의 CPU 버스트 시간이 10일 때 할당시간을 10, 5, 1로 할 경우의 문맥교환 횟수는 다음과 같다.

- 할당시간을 10으로 한 경우: 문맥교환이 일어나지 않음
- 할당시간을 5로 한 경우: 문맥교환이 1회 발생
- 할당시간을 1로 한 경우: 문맥교환이 9회 발생

문맥교환의 오버헤드를 무시하게 되면 위의 세 가지 경우에 CPU가 수행하는 작업은 동일하지만 실질적으로 CPU의 이용률은 첫 번째 경우가 가장 높게 된다. 이는 첫 번째의 경우 CPU가 모두 실질적인 프로세스의 작업을 수행하는 데에 사용되나, 두 번째와 세 번째의 경우에는 문맥교환 오버헤드로 인해 전체 시간 중 일부는 CPU가 작업을 수행하지 못하기 때문이다.

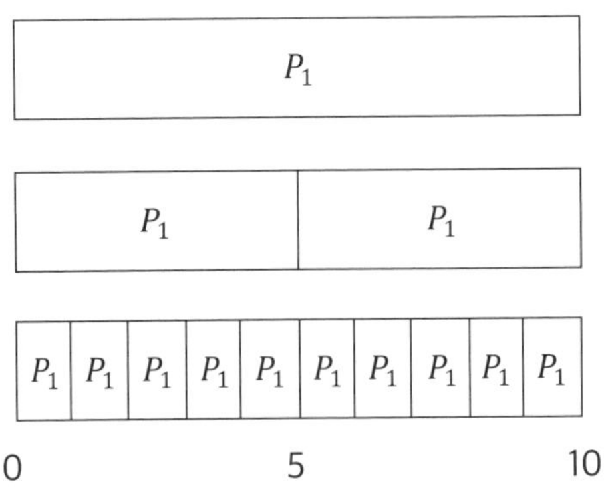

<그림 6-3> 할당시간에 따른 문맥교환 횟수 비교

이제 FCFS 스케줄링과 라운드 로빈 스케줄링을 대기시간과 응답시간, 소요시간 관점에서 비교해보도록 하겠다. CPU 버스트 시간이 10인 프로세스 10개가 간발의 차이로 모두 시각 0에 도착했다고 하자. 이 경우 FCFS 스케줄링에서는 P_1이 CPU를 다 사용한 후 P_2, P_3가 차례대로 CPU를 사용하는 식으로 진행된다. 따라서 P_1의 대기시간은 0, P_2의 대기시간은 10, P_3의 대기시간은 20, …, P_{10}의 대기시간은 90이 된다. 응답시간도 대기시간과 동일한 값을 갖는다. 따라서 10개의 프로세스에 대한 평균 대기시간과 평균 응답시간은 모두 45가 된다. 이제 10개의 프로세스에 대한 소요시간을 구해보자. P_1의 소요시간은 10, P_2의 소요시간은 20, P_3의 소요시간은 30, …, P_{10}의 소요시간은 100이 되며, 따라서 10개의 프로세스에 대한 평균 소요시간은 55가 된다. 이 방식의 특징은 프로세스를 하나씩 끝내는 식으로 시간이 흐름에 따라, 적어도 하나씩은 처리가 완료된 프로세스가 발생하여 평균 대기시간이나 평균 소요시간 측면에서 좋은 결과를 얻을 수 있다는 것이다. 그러나 프로세스 간 대기시간이나 소요시간의 편차가 매우 크며, 평균 응답시간이 지나치게 길어지는 문제점이 있다.

이제 동일한 예에 대해서 라운드 로빈 스케줄링을 적용한 경우를 생각해보자. 라운드 로빈 스케줄링에서 할당시간을 극단적으로 짧게 설정하면 10개의 프로세스가 100이라는 시간 안에 거의 동시에 자신의 CPU 버스트를 끝마치게 된다. 따라서 대기시간이나 처리시간의 편차가 크지 않다. 그러나 중간 산출물 없이 모든 프로세스가 마지막이 되어서야 함께 끝마쳐지므로 평균 대기시간과 평균 소요시간이 각각 90과 100에 이르게 되어 FCFS보다 비효율적이다. 즉 FCFS에서는 CPU를 먼저 쓰고 나가는 프로세스의 소요시간 및 대기시간이 짧아지는 반면, 라운드 로빈 스케줄링에서는 CPU를 조금씩 같이 쓰고 거의 동시에 끝나게 되어 소요시간 및 대기시간이 가장 오래 기다린 프로세스에 맞춰지게 된다. 따라서 라운드 로빈 스케줄링의 평균 대기시간 및 평균 소요시간은 FCFS의 거의 두 배가 된다. 이는 동일한 CPU 버스트 시간을 가지는 프로세스들에 라운드 로빈 스케줄링을 적용할 경우 평균 대기시간 및 평균 소요시간이 더 길어진다는 의미가 된다. 그러나 이 경우에도 평균 응답시간은 더 짧아진다.

한편 일반적인 시스템에서는 위와 같이 프로세스의 CPU 버스트 시간이 균일하지 않고 각자 다른 CPU 버스트 및 I/O 버스트를 가지는 경우가 대부분이다. 이러한 경우에 라운드 로빈 스케줄링을 적용하면 CPU 버스트 시간이 짧은 프로세스는 자신의 CPU 버스트를 빨리 끝마치고, 반대로 CPU 버스트 시간이 긴 프로세스는 상대적으로 오래 기다리게 된다. 즉 프로세스의 CPU 사용량에 비례해 소요시간이 증가하게 되므로 매우 합리적이라 할 수 있다. 이에 비해 FCFS는 프로세스마다 소요되는 시간의 편차가 매우 크다. 특히 CPU 버스트가 긴 프로세스가 먼저 도착하는 경우에는 소요시간의 편차가 클 뿐 아니라 그 평균값도 극단적으로 증가하게 된다.

5) 멀티레벨 큐

멀티레벨 큐(multi-level queue)란 준비 큐를 여러 개로 분할해 관리하는 스케줄링 기법을 말한다. 즉 프로세스들이 CPU를 기다리기 위해 한 줄로 서는 것이 아니라 여러 줄로 서는 것이다. CPU는 하나밖에 없으므로 이 경우 어떤 줄에 서 있는 프로세스를 우선적으로 스케줄링할 것인가 하는 문제가 발생한다. 또한 프로세스가 도착했을 때 어느 줄에 세워야 할지 결정하는 메커니즘도 필요하다. 멀티레벨 큐는 일반적으로 성격이 다른 프로세스들을 별도로 관리하고, 프로세스의 성격에 맞는 스케줄링을 적용하기 위

<그림 6-4> 멀티레벨 큐의 모습

해 준비 큐를 별도로 두게 된다. 예를 들어 빠른 응답을 필요로 하는 대화형 작업(interactive job)과 그렇지 않은 작업을 별도의 큐에 줄 세우도록 하고, 대화형 작업이 기다리고 있다면 이들에게 우선적으로 CPU를 할당한 후 대화형 작업이 없을 때 나머지 작업에게 CPU를 할당하는 방식을 생각해볼 수 있다.

일반적으로 멀티레벨 큐에서 준비 큐는 대화형 작업을 담기 위한 전위 큐(foreground queue)와 계산 위주의 작업을 담기 위한 후위 큐(background queue)로 분할하여 운영된다. 전위 큐에서는 응답시간을 짧게 하기 위해 라운드 로빈 스케줄링을 사용하는 반면, 계산 위주의 작업을 위한 후위 큐에서는 응답시간이 큰 의미를 가지지 않기 때문에 FCFS 스케줄링 기법을 사용해 문맥교환 오버헤드를 줄이도록 한다.

멀티레벨 큐에서는 또 다른 스케줄링이 필요한데, 이는 큐 자체에 대한 스케줄링이다. 즉 여러 개의 준비 큐에 대해서 어느 큐에 먼저 CPU를 할당할 것인지 결정하는 스케줄링이 필요한 것이다. 큐에 대한 스케줄링으로 가장 쉽게 생각할 수 있는 방식은 고정 우선순위 방식(fixed priority scheduling)이다. 이 방식에서는 큐에 고정적인 우선순위를 부여해 우선순위가 높은 큐를 먼저 서비스하고 우선순위가 낮은 큐는 우선순위가 높은 큐가 비어 있을 때에만 서비스하게 된다. 즉 전위 큐와 후위 큐를 사용하는 방식에서는 전위 큐에 있는 프로세스에게 우선적으로 CPU가 할당되고, 전위 큐가 비어 있는 경우에만 후위 큐에 있는 프로세스에게 CPU가 할당될 수 있는 것이다.

고정 우선순위 방식 외에 타임 슬라이스(time slice) 방식을 사용할 수도 있다. 이 방식은 큐에 대한 기아 현상을 해소할 수 있는 방식으로, 각 큐에 CPU 시간을 적절한 비율로 할당한다. 예를 들어 전체 CPU 시간 중 전위 큐에는 80%, 후위 큐에는 20%를 할당해 스케줄링하는 방식을 사용할 수 있다.

6) 멀티레벨 피드백 큐

멀티레벨 피드백 큐(Multilevel Feedback Queue)는 CPU를 기다리는 프로세스를 여러 큐에 줄 세운다는 측면에서 멀티레벨 큐와 동일하나, 프로세스가 하나의 큐에서 다른 큐로 이동 가능하다는 점이 다르다. 멀티레벨 피드백 큐는 프로세스들의 다양한 성격을 반영해 구현할 수 있다. 예를 들면 우선순위 스케줄링에서 기아 현상을 해결하기 위해 등장했던 노화 기법을 멀티레벨 피드백 큐 방식으로 구현할 수 있다. 우선순위가 낮은 큐에서 오래 기다렸으면 우선순위가 높은 큐로 승격시키는 방식이 그것이다.

멀티레벨 피드백 큐를 정의하는 요소들로는 큐의 수, 각 큐의 스케줄링 알고리즘, 프로세스를 상위 큐로 승격시키는 기준, 프로세스를 하위 큐로 강등시키는 기준, 프로세스가 도착했을 때 들어갈 큐를 결정하는 기준 등이 있다. 멀티레벨 피드백 큐의 대표적인 방식은 〈그림 6-5〉와 같다.

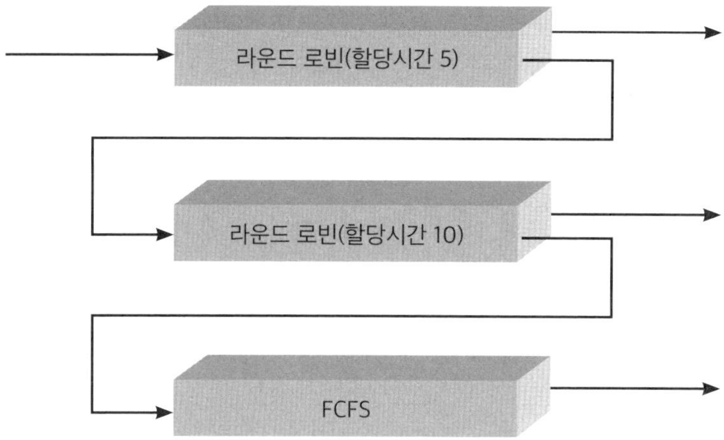

<그림 6-5> 멀티레벨 피드백 큐의 모습

그림에서 상위에 있는 큐일수록 우선순위가 높으며, 상위 2개의 큐는 각각 할당시간이 5와 10인 라운드 로빈 스케줄링을 사용한다. 세 번째 큐는 FCFS 스케줄링 기법을 사용한다. 프로세스가 준비 큐에 도착하면 우선순위가 가장 높은 큐에 줄을 선다. 그러면 CPU 사용시간이 짧은 대화형 프로세스들은 우선순위가 가장 높은 큐에서 빨리 서비스받고 작업을 완료할 수 있다.

그러나 CPU 버스트 시간이 긴 프로세스들은 5만큼의 시간 동안 CPU를 사용하고도 작업을 완료할 수 없기 때문에 할당시간이 10인 하위 큐로 내려가서 줄 서게 된다. 이후 하위 큐에서 본인 차례가 되어 할당시간 10을 추가로 사용하고도 작업이 완료되지 않으면, 이 프로세스는 CPU를 오래 사용하는 계산 위주의 프로세스로 간주되어 최하위 큐로 이동하게 되고 FCFS 스케줄링을 적용받게 된다. 큐에 대한 스케줄링 방식으로는 최상위 큐가 우선적으로 CPU를 배당받고, 상위 큐가 비었을 때에만 하위 큐에 있는 프로세스들이 CPU를 할당받을 수 있게 된다. 이러한 방식은 라운드 로빈 스케줄링을 한층 더 발전시켜, 프로세스의 CPU 작업시간을 다단계로 분류함으로써 작업시간이 짧은 프로세스일수록 더욱 빠른 서비스가 가능하도록 하고, 작업시간이 긴 프로세스에 대해서는 문맥교환 없이 CPU 작업에만 열중할 수 있는 FCFS 방식을 채택할 수 있게 한다.

7) 다중처리기 스케줄링

CPU가 여러 개인 시스템을 다중처리기 시스템(multi-processor system)이라고 부른다. 다중처리기 환경에서의 CPU 스케줄링은 CPU가 하나인 시스템에서보다 더욱 복잡한 문제가 된다. 이러한 환경에서는 프로세스를 준비큐에 한 줄로 세워서 각 CPU가 알아서 다음 프로세스를 꺼내어가도록 할 수 있다. 이와 같은 방식은 은행창구에서 번호표를 통해 순서를 정해놓고 한 고객에 대한 처리가 끝나면 다음 번호의 고객을 부르는 방식이나, 공항에서 체크인을 하기 위해 한 줄로 서는 것과 유사한 방식이다. 그러나 반드시 특정 CPU에서 수행되어야 하는 프로세스가 있는 경우에는 문제가 더욱 복잡해진다. 이는 헤어디자이너가 여러 명 있는 미용실에서 먼저 도착한 순서대로 헤어디자이너가 결정되어 서비스를 받는 것이 아니라, 특정 손님이 특정 헤어디자이너에게 서비스를 받겠다고 하는 경우와 유사하다. 이런 상황에서는 한 줄이 아니라 각 CPU별로 줄 세우기를 할 수도 있다.

한편 여러 줄로 줄 세우기를 하는 경우 일부 CPU에 작업이 편중되는 현상이 발생할 수 있다. 다중처리기 스케줄링(multiple-processor scheduling)에서는 이와 같은 현상을 방지하기 위해 각 CPU별 부하가 적절히 분산되도록 하는 부하균형(load balancing) 메커니즘을 필요로 한다. 다중처리기 스케줄링의 방식은 대칭형 다중처리(symmetric multi-processing)와 비대칭형 다중처리(asymmetric multiprocessing)로 나누어볼 수 있다. 대칭형 다중처리는 각 CPU가 각자 알아서 스케줄링을 결정하는 방식이고, 비대칭형 다중처리는 하나의 CPU가 다른 모든 CPU의 스케줄링 및 데이터 접근을 책임지고 나머지 CPU는 거기에 따라 움직이는 방식을 말한다.

8) 실시간 스케줄링

우리가 흔히 사용하는 시분할 시스템에서는 작업의 처리가 빠를수록 좋지만 특정 시간 이내에 처리하지 못했다고 해서 심각한 상황이 발생하는 것은 아니다. 즉 작업에 데드라인이 존재하지 않는다. 이와 달리 실시간 시스템(real-time system)에서는 각 작업마다 주어진 데드라인이 있어 정해진 데드라인 안에 반드시 작업을 처리해야 한다.

실시간 시스템은 경성 실시간 시스템(hard real-time system)과 연성 실시간 시스템(soft real-time system)으로 나누어볼 수 있다. 경성 실시간 시스템은 미사일 발사, 원자로 제어 등 시간을 정확히 지켜야 하는 시스템을 말한다. 이러한 시스템에서는 정해진 시간 안에 반드시 작업이 완료되도록 스케줄링해야 한다. 반면 연성 실시간 시스템은 데드라인이 존재하기는 하지만 데드라인을 지키지 못했다고 해서 위험한 상황이 발생하지는 않는다. 멀티미디어 스트리밍 시스템이 연성 실시간 시스템의 대표적인 예이다. VOD 방식으로 영화를 볼 경우 시간당 정해진 프레임 수만큼의 서비스가 이루어지지 않으면 화면이 중간에 끊기는 현상이 발생하는 것이 그 예이다. 그러나 데드라인이 지켜지지 않았다고 해서 시스템이 붕괴되거나 치명적인 결과를 초래하지는 않는다.

지금까지 우리가 살펴본 스케줄링 기법들은 모두 시분할 환경에서의 스케줄링 방식으로 데드라인의 개념이 존재하지 않았다. 반면 실시간 환경에서의 스케줄링(real-time scheduling)은 빠른 서비스도 중요하지만 데드라인을 지키는 서비스가 더욱 중요하다. 따라서 실시간 환경에서는 먼저 온 요청을 먼저 처리하기보다는 데드라인이 얼마 남지 않은 요청을 먼저 처리하는 EDF(Earlist Deadline First) 스케줄링을 널리 사용하게 된다. 연성 실시간 시스템처럼 일반 작업과 VOD 작업 등이 혼합된 환경에서는 VOD 등 데드라인이 존재하는 프로세스에게 일반 프로세스보다 높은 우선순위를 할당하는 방식도 사용되고 있다.

5. 스케줄링 알고리즘의 평가

스케줄링 알고리즘의 성능을 평가하는 방법으로는 큐잉모델(queueing model), 시뮬레이션(simulation), 구현 및 실측(implementation & measurement) 방식이 있다. 큐잉모델은 주로 이론가들이 수행하는 방식으로, 확률분포를 통해 프로세스들의 도착률과 CPU의 처리율을 입력값으로 주면 복잡한 수학적 계산을 통해 각종 성능지표(performance index)인 CPU의 처리량, 프로세스의 평균 대기시간 등을 구하게 된다. 구현 및 실측은 이론가와 정반대인 구현가들이 수행할 수 있는 방식으로, 운영체제 커널의 소스 코드 중 CPU 스케줄링을 수행하는 코드를 수정해서 커널을 컴파일한 후 시스템에 설치하는 과정을 필요로 한다. 그런 다음 동일한 프로그램을 원래 커널과 CPU 스케줄러를 수정한 커널에서 수행시켜보고 실행시간을 측정하여 알고리즘의 성능을 평가한다.

끝으로 시뮬레이션은 실제 시스템에 구현해 수행시켜보는 것이 아니라 가상으로 CPU 스케줄링 프로그램을 작성한 후 프로그램의 CPU 요청을 입력값으로 넣어 어떠한 결과가 나오는지를 확인하는 방법이다. 입력값은 가상으로 생성할 수도 있고 실제 시스템에서의 CPU 요청 내역을 추출해 사용할 수도 있다. 이때 실제 시스템에서 추출한 입력값을 트레이스(trace)라고 부른다. 트레이스는 몇 초에 어떤 프로세스가 도착하고, 각각 CPU 버스트 시간을 얼마로 하는지에 대한 정보를 시간 순서대로 적어놓은 파일을 말한다.

7장

메모리 관리

우리가 사는 집마다 고유의 주소가 있듯이 메모리 역시 주소를 통해 접근하는 저장장치이다. 이때의 주소(address)란 서로 다른 위치를 구분하기 위해 사용하는 일련의 숫자로 구성된다. 예를 들어 100채의 집이 있다면 각 집을 구분하기 위해 두 자리 십진수를 사용해서 00번지부터 99번지까지의 주소를 부여할 수 있다. 이를 일반화시키면 n자리 십진수로 표현할 수 있는 서로 다른 집의 수는 10^n채가 된다. 이때 컴퓨터는 이진수를 사용하므로 메모리 주소는 이진수로 매겨지게 된다. 우리가 흔히 사용하는 컴퓨터 시스템은 32비트 혹은 64비트의 주소 체계를 사용하고 있다. 32비트의 주소 체계를 사용할 경우 2^{32}가지의 서로 다른 메모리 위치를 구분할 수 있게 된다. 컴퓨터에서는 byte 단위로 메모리 주소를 부여하기 때문에 32비트 주소 체계를 사용하면 2^{32}바이트만큼의 메모리 공간에 서로 다른 주소를 할당할 수 있다.

한편 우리가 사용하는 집 주소는 전국 모든 주소지의 위치를 숫자로만 구분하지 않고 행정구역을 통해 '서울시 서대문구 이화여대길 52번지' 이런 식으로 계층적으로 나누어 관리한다. 컴퓨터상의 주소도 32비트를 그대로 사용하지 않고 효율적인 운영을 위해 연속된 일련의 영역을 행정구역처럼 묶어서 사용한다. 보통 4KB(=2^{12}byte) 단위로 묶어서 페이지(page)라는 하나의 행정구역을 만든다. 페이지 하나의 크기가 2^{12}바이트이므로 페이지 내에서 바이트별 위치 구분을 위해서는 12비트가 필요하다. 따라서 총 32비트의 주소 중 하위 12비트는 페이지 내에서의 주소를 나타내게 되는 것이다. 이는 행정구역을 표시하는 주소에서 '서울시 서대문구 이화여대길'의 이화여대길 내에서 건물 번호가 몇 번인지를 나타내는 것과 유사한 의미가 된다. 이 장에서는 이와 같이 메모리를 어떠한 행정구역으로 나누어 관리할 것인지 살펴보고, 프로그램이 물리적 메모리에 어떻게 올라가서 주소를 할당받게 되는지 살펴보도록 하겠다.

1. 주소 바인딩

앞에서 우리는 프로세스의 주소 공간(address space) 개념을 살펴보았다. 프로그램이 실행을 위해 메모리에 적재되면 그 프로세스를 위한 독자적인 주소 공간이 생성된다. 이 주소를 논리적 주소(logical address) 혹은 가상 주소(virtual address)라고 부른다. CPU는 이와 같이 프로세스마다 독립적으로 갖는 논리적 주소에 근거해 명령을 실행한다. 논리적 주소는 각 프로세스마다 독립적으로 할당되며 0번지부터 시작된다. 반면 물리적 주소(physical address)는 물리적 메모리에 실제로 올라가는 위치를 말한다. 보통 물리적 메모리의 낮은 주소 영역에는 운영체제가 올라가고, 높은 주소 영역에는 사용자 프로세스들이 올라간다.

앞서 언급했듯이 프로세스가 실행되기 위해서는 해당 프로그램이 물리적 메모리에 올라가 있어야 한다. 또한 CPU가 기계어 명령을 수행하기 위해 논리적 주소를 통해 메모리 참조를 하게 되면 해당 논리적 주소가 물리적 메모리의 어느 위치에 매핑되는지 확인해야 한다. 이렇게 프로세스의 논리적 주소를 물리적 메모리 주소로 연결시켜주는 작업을 주소 바인딩(address binding)이라고 한다.

주소 바인딩의 방식은 프로그램이 적재되는 물리적 메모리의 주소가 결정되는 시기에 따라 세 가지로 분류할 수 있다. 먼저 물리적 메모리 주소가 프로그램을 컴파일할 때 결정되는 주소 바인딩 방식을 컴파일 타임 바인딩(compile time binding)이라고 부른다. 이 바인딩 기법은 컴파일을 하는 시점에 해당 프로그램이 물리적 메모리의 몇 번지에 위치할 것인지를 결정한다. 프로그램이 절대주소로 적재된다는 뜻에서 이와 같은 주소 바인딩 방식을 절대코드(absolute code)를 생성하는 바인딩 방식이라고 말하기도 한다. 이와 같은 주소 바인딩 방식에서 프로그램이 올라가 있는 물리적 메모리의 위치를 변경하고 싶다면 컴파일을 다시 하는 수고가 필요하다. 따라서 컴파일 타임 바인딩 방식은 비현실적이고 현대의 시분할 컴퓨팅 환경에서는 잘 사용하지 않는 기법이다.

두 번째로 프로그램의 실행이 시작될 때에 물리적 메모리 주소가 결정되는 주소 바인딩 방식을 로드 타임 바인딩(load time binding)이라고 한다. 이 바인딩 방식에서는 로더(loader)의 책임하에 물리적 메모리 주소가 부여되며 프로그램이 종료될 때까지 물리적 메모리상의 위치가 고정된다. 로더란 사용자 프로그램을 메모리에 적재시키는 프로그램을 말한다. 로드 타임 바인딩은 컴파일러가 재배치 가능 코드(relocatable code)를 생성한 경우에 가능한 주소 바인딩 방식이다.

세 번째로 실행시간 바인딩(execution time binding 또는 run time binding) 방식은 프로그램이 실행을 시작한 후에도 그 프로그램이 위치한 물리적 메모리상의 주소가 변경될 수 있는 바인딩 방식이다. 이 방식에서는 CPU가 주소를 참조할 때마다 해당 데이터가 물리적 메모리의 어느 위치에 존재하는지, 주소 매핑 테이블(address mapping table)을 이용해 바인딩을 점검해야 한다. 또한 다른 방식들과 달리 실행시간 바인딩 방식이 가능하기 위해서는 기준 레지스터(base register)와 한계 레지스터(limit register)를 포함해 MMU(Memory Management Unit: 메모리 관리 유닛)라는 하드웨어적인 지원이 뒷받침되어야 한다. MMU는 논리적 주소를 물리적 주소로 매핑해주는 하드웨어 장치이다.

그럼 지금부터는 MMU를 사용해 가장 기본적인 방식으로 주소 변환을 수행하는 MMU 기법(MMU scheme)에 대해서 알아보도록 하겠다. CPU가 특정 프로세스의 논리적 주소를 참조하려고 할 때 MMU 기법은 그 주소값에 기준 레지스터의 값을 더해 물리적 주소값을 얻어낸다. 이때 기준 레지스터는 재배치 레지스터(relocation register)라고도 부르며 그 프로세스의 물리적 메모리 시작 주소를 가지고 있다. MMU 기법에서는 프로그램의 주소 공간이 물리적 메모리의 한 장소에 연속적으로 적재되는 것으로 가정한다. 따라서 그 프로그램이 적재되는 물리적 메모리상의 시작 주소만 알면 주소 변환을 쉽게 할 수 있다. MMU 기법에서 사용자 프로그램이나 CPU는 논

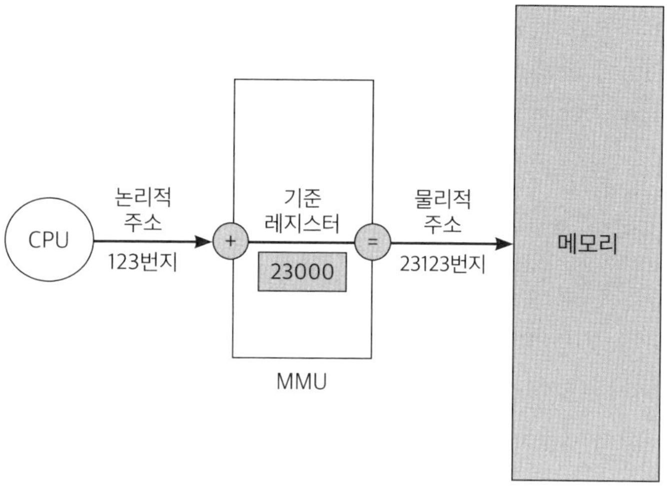

<그림 7-1> MMU 기법에 의한 주소 변환

리적 주소만을 다룰 뿐, 실제 물리적 주소는 알지 못하며 알아야 할 필요도 없다.

이제 MMU 기법의 기본 원리를 〈그림 7-1〉을 통해 살펴보도록 하겠다. 재배치 레지스터에는 현재 CPU에서 수행 중인 프로세스의 물리적 메모리 시작 주소가 저장되어 있다. CPU가 논리적 주소 123번지에 있는 내용을 요청할 경우 재배치 레지스터에 저장된 23000이라는 값에 이 주소를 더해 물리적 메모리 23123번지에 있는 내용을 참조하게 된다. 그러면 물리적 메모리 23123번지에서 CPU가 요청한 정보를 찾게 된다. 이 예에서 논리적 주소 123번지는 물리적 메모리의 시작 위치인 재배치 레지스터값으로부터 요청된 위치가 얼마나 떨어져 있는지를 나타내는 일종의 오프셋(offset) 개념으로 생각할 수 있다.

프로세스는 자기 자신만의 고유한 주소 공간을 가지고 있으므로 동일한 주소값이라 하더라도 각 프로세스마다 서로 다른 내용을 담고 있게 된다. 따라서 CPU가 논리적 주소 100번지를 참조한다고 했을 때 현재 CPU에서 수행되고 있는 프로세스가 무엇인지에 따라 이 100번지가 가리키는 내용은 상이해진다. MMU 기법에서는 문맥교환으로 CPU에서 수행 중인 프로세스가 바뀔 때마다 재배치 레지스터의 값을 그 프로세스에 해당되는 값으로 재설정함으로써 각 프로세스에 맞는, 서로 다른 100번지 위치에 접근하는 것을 지원한다. 이와 같은 방법으로 하나의 주소 체계를 가지는 물리적 메모리 내에 여러 프로세스가 올라와 있는 경우 프로세스별로 존재하는 논리적 주소를 어떻게 물리적 주소로 매핑할 수 있는지에 대한 답을 제시한다.

이 시점에서 한 가지 더 고려해야 할 사항이 있다. 우리가 흔히 사용하는 다중 프로그래밍 환경에서 물리적 메모리 안에는 여러 개의 프로세스가 동시에 올라가 있는 경우가 대부분이다. 따라서 위의 MMU 방식을 사용하여 주소 변환을 했을 경우 CPU가 요청한 논리적 주소값과 재배치 레지스터 안에 있는 값을 더한 결과가 해당 프로세스의 주소 공간을 벗어나는 경우가 발생할 수 있다. 이렇게 되면 메모리 보안(memory protection)이 이루어지지 않아 다른 사람이 수행 중인 프로그램 영역을 침범하거나 심지어 운영체제가 존재하는 메모리 영역을 변경해 시스템에 치명적인 결과를 초래할 수도 있다. 운영체제는 이러한 특수한 상황이 발생하는 것을 방지하기 위해 한계 레지스터(limit register)라는 또 하나의 레지스터를 사용한다. 한계 레지스터는 프로세스가 자신의 주소 공간을 넘어서는 메모리 참조를 하려고 하는지 체크하는 용도로 사용되며, 현재 CPU에서 수행 중인 프로세스의 논리적 주소의 최댓값, 즉 그 프로세스의 크기를 담고 있다. 따라서 CPU가 메모리 참조 요청을 했을 때 그 주소가 한계 레지스터값보다 큰지를 먼저 체크해 운영체제 및 다른 사용자 프로세스가 존재하는 물리적 메

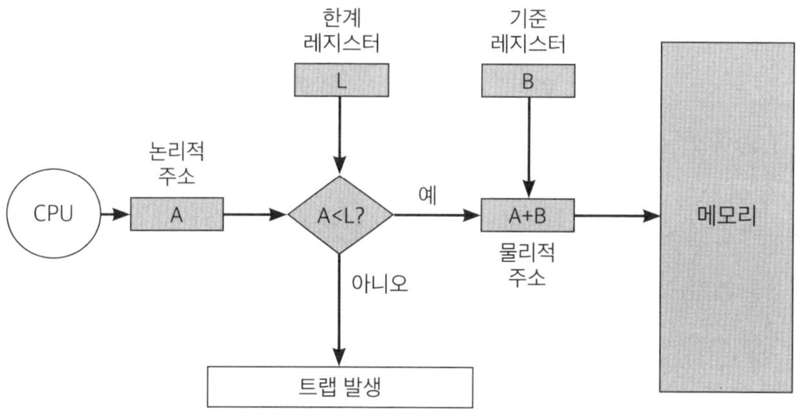

<그림 7-2> 기준 레지스터와 한계 레지스터에 의한 주소 변환

모리 영역에 대한 보안을 유지하게 된다. 메모리 보안을 달성하는 방법에 대해 구체적으로 살펴보면 다음과 같다.

먼저 CPU가 요청한 프로세스의 논리적 주소값이 한계 레지스터 내에 저장된 그 프로세스의 크기보다 작은지 확인한다. 작다면 논리적 주소값에 재배치 레지스터값을 더해 물리적 주소를 구한 다음 해당 물리적 메모리 위치에 접근하도록 허락한다. 반면 논리적 주소값이 한계 레지스터의 값보다 크다면 프로세스가 존재하는 물리적 메모리의 바깥 부분, 다시 말하면 다른 프로세스의 주소 영역에 접근하려는 시도이므로 트랩을 발생시켜 해당 프로세스를 강제종료시킨다.

2. 메모리 관리와 관련된 용어

이 절에서는 메모리 관리와 관련한 용어로서 동적로딩과 동적연결에 대해 먼저 살펴보고, 중첩 및 스와핑 기법에 대해서 차례대로 알아보겠다.

1) 동적로딩

동적로딩(dynamic loading)은 여러 프로그램이 동시에 메모리에 올라가서 수행되는 다중 프로그래밍(multi-programming) 환경에서 메모리 사용의 효율성을 높이기 위해 사용하는 기법 중 하나이다. 지금까지 우리는 프로세스를 실행시키기 위해 그 프로세스의 주소 공간 전체가 메모리에 적재되는 환경을 가정했다. 하지만 동적로딩에서는 프로세스가 시작될 때 그 프로세스의 주소 공간 전체를 메모리에 다 올려놓는 것이 아니라 메모리를 좀 더 효율적으로 사용하기 위해 해당 부분이 불릴 때 그 부분만을 메모리에 적재하는 방식을 사용한다. 즉 프로세스 내에서 실행에 필요한 부분이 실제로 불릴 때마다 메모리에 적재하는 것을 말한다.

실제로 프로그램의 코드 중 상당 부분은 오류 처리루틴과 같이 아주 특별한 경우에만 가끔씩 사용되는 방어용 코드이다. 따라서 프로세스의 주소 공간 전체를 물리적 메모리에 올리는 경우 자주 발생하지는 않지만 많은 메모리를 사용하는 이러한 오류 처리 코드가 메모리 공간의 상당 부분을 차지하게 되어 메모리의 낭비가 초래된다. 동적로딩 기법은 사용되지도 않을 많은 양의 코드가 메모리에 올라가는 것을 막아 메모리를 좀 더 효율적으로 사용할 수 있도록 한다. 즉 프로세스의 주소 공간 전체를 물리적 메모리에 올리는 기존의 방식에 비해 같은 크기의 물리적 메모리에 더 많은 프로그램을 적재할 수 있기 때문에 메모리 이용의 효율성이 향상된다. 동적로딩은 운영체제의 특별한 지원 없이 프로그램 자체에서 구현이 가능하며 운영체제가 라이브러리를 통해 지원할 수도 있다.

2) 동적연결

연결(linking)이란 프로그래머가 작성한 소스 코드를 컴파일하여 생성된 목적 파일(object file)과, 이미 컴파일된 라이브러리 파일(library file)들을 묶어 하나의 실행파일을 생성하는 과정을 말한다. 동적연결(dynamic linking)은 컴파일을 통해 생성된 목적 파일과 라이브러리 파일 사이의 연결을 프로그램의 실행 시점까지 지연시키는 기법이다. 동적연결과 대비되는 개념인 정적연결(static linking)에서는 프로그래머가 작성한 코드와 라이브러리 코드가 모두 합쳐져서 실행파일이 생성된다. 따라서 실행파일의 크기가 상대적으로 크며, 동일한 라이브러리를 각 프로세스가 개별적으로 메모리에 적재해야 하므로 물리적 메모리가 낭비되는 단점이 있다. 이는 비록 동일한 라이브러리 코드라 하더라도 각 프로세스의 주소 공간에 독자적으로 존재하는 코드이므로 별도의 적재가 필요하기 때문이다.

이에 비해 동적연결에서는 라이브러리가 실행 시점에 연결된다. 즉 실행파일에 라이브러리 코드가 포함되지 않으며, 프로그램이 실행되면서 라이브러리 함수를 호출할 때가 되어서야 라이브러리에 대한 연결이 이루어진다. 동적연결을 가능하게 하기 위해 실행파일의 라이브러리 호출 부분에 해당 라이브러리의 위치를 찾기 위한 스텁(stub)이라는 작은 코드를 둔다. 라이브러리 호출 시 스텁을 통해 해당 라이브러리가 메모리에 이미 존재하는지 살펴보고 그럴 경우 그 주소의 메모리 위치에서 직접 참조하며, 그렇지 않을 경우 디스크에서 동적 라이브러리 파일을 찾아 메모리로 적재한 후 수행하게 된다. 동적연결에서는 다수의 프로그램이 공통으로 사용하는 라이브러리를 메모리에 한 번만 적재하므로 메모리 사용의 효율성을 높일 수 있다. 이러한 동적연결 기법은 운영체제의 지원을 필요로 한다.

3) 중첩

중첩(overlays)이란 프로세스의 주소 공간을 분할해 실제 필요한 부분만을 메모리에 적재하는 기법을 말한다. 이러한 기법은 앞에서 살펴본 동적로딩과 개념적으로 유사하다. 하지만 동적로딩과 중첩을 사용하는 이유는 상이하다. 엄밀히 말하면 중첩은 초창기의 컴퓨터 시스템에서 물리적 메모리의 크기 제약으로 인해 하나의 프로세스조차도 메모리에 한꺼번에 올릴 수 없을 때, 프로세스의 주소 공간을 분할해서 당장 필요한 일부분을 메모리에 올려 실행하고 해당 부분에 대한 실행이 끝난 후에 나머지 부분을 올려 실행하는 기법을 뜻한다. 즉 프로그램의 크기가 물리적 메모리의 크기에 비해 작다면 주소 공간 전체를 한꺼번에 올릴 수 있지만 그렇지 않다면 분할해 메모리에 올리는 것이다. 반면 동적로딩에서는 다중 프로그래밍 환경에서 메모리의 이용률을 향상시키기 위해 프로세스의 주소 공간 중 당장 실행에 필요한 부분을 그때그때 메모리에 동적으로 올린다는 점에서 중첩과 다르다. 즉 동적로딩은 메모리에 더 많은 프로세스를 동시에 올려놓고 실행하기 위한 용도인 반면, 중첩은 단일 프로세스만을 메모리에 올려놓는 환경에서 메모리 용량보다 큰 프로세스를 실행하기 위한 어쩔 수 없는 선택이었다.

중첩은 운영체제의 지원 없이 프로그래머에 의해 구현되어야 했으며, 작은 공간의 메모리를 사용하던 초창기 시스템에서 프로그래머가 손수 구현했다 해서 수작업 중첩(manual overlays)이라고도 부른다. 하지만 이처럼 프로그래머가 직접 중첩을 구현하는 것은 상당히 복잡한 작업이다.

4) 스와핑

스와핑(swapping)이란 메모리에 올라온 프로세스의 주소 공간 전체를 디스크의 스왑 영역(swap area)에 일시적으로 내려놓는 것을 말한다. 이때 스왑 영역은 백킹스토어(backing store)라고도 부르며, 디스크 내에 파일 시스템과는 별도로 존재하는 일정 영역을 말한다. 파일 시스템은 전원이 나가더라도 그 내용이 유지되어야 하는 비휘발성 저장공간임에 비해 스왑 영역은 프로세스가 수행 중인 동안에만 디스크에 일시적으로 저장하는 공간이므로 저장 기간이 상대적으로 짧은 저장공간이라고 할 수 있다.

스왑 영역은 다수의 사용자 프로세스를 담을 수 있을 만큼 충분히 큰 저장공간이어야 하고 어느 정도의 접근 속도가 보장되어야 한다. 한 가지 주의할 점은 스와핑이라는 개념이 프로세스가 종료되어 그 주소 공간을 디스크로 내쫓는 것이 아니라, 특정한 이유로 수행 중인 프로세스의 주소 공간을 일시적으로 메모리에서 디스크로 내려놓는 것을 의미한다는 점이다. 특별히 스와핑에서 일어나는 작업의 방향에 따라 디스크에서 메모리로 올리는 작업을 스왑 인(swap in), 메모리에서 디스크로 내리는 작업을 스왑 아웃(swap out)이라고 부른다.

스와핑이 일어나는 과정은 다음과 같다. 일반적으로 스와핑은 스와퍼(swapper)라고 불리는 중기 스케줄러(medium-term scheduler)에 의해 스왑 아웃시킬 프로세스를 선정한다. 중기 스케줄러에 대해서는 5장의 내용을 참고하기 바란다. 스왑 아웃 대상으로 선정된 프로세스에 대해서는 현재 메모리에 올라가 있는 주소 공간의 내용을 통째로 디스크 스왑 영역에 스왑 아웃시키게 된다. 스와핑의 가장 중요한 역할은 메모리에 존재하는 프로세스의 수를 조절하는 것이다. 즉 스와핑을 통해 다중 프로그래밍의 정도(degree of multiprogramming)를 조절할 수 있다. 너무 많은 프로그램이 메모리에 동시에 올라오게 되면 프로세스당 할당되는 메모리의 양이 지나치게 적어져 시스템 전체의 성능이 크게 떨어진다. 스와핑은 이러한 문제를 해결하기 위해 몇몇 프로그램을 통째로 디스크의 스왑 영역으로 내쫓음으로써 메모리에 남아 있는 프로그램들에게 실행에 필요한 적절한 메모리 공간을 보장한다. 지금 메모리에 있는 프로그램이 충분히 실행되고 나면, 이제 이 프로그램을 메모리에서 내쫓고 그 자리에 스왑 아웃되었던 프로그램을 다시 올리게 되는 것이다.

앞에서 살펴본 컴파일 타임 바인딩 방식과 로드 타임 바인딩 방식에서는 스왑 아웃된 프로세스가 다시 스왑 인될 때에는 원래 존재하던 메모리 위치로 다시 올라가야 한다. 반면 실행시간 바인딩 기법에서는 추후 빈 메모리 영역 아무 곳에나 프로세스를 올릴 수 있다. 스와핑에서는 보통 디스크 내의 스왑 영역에 프로세스의 주소 공간이 순차적으로 저장되기 때문에, 스와핑에 소요되는 시간은 디스크의 탐색시간(seek time)이나 회전지연시간(rotational latency)보다는 디스크 섹터에서 실제 데이터를 읽고 쓰는 전송시간(transfer time)이 대부분을 차지한다.

스와핑에 대한 이해를 돕기 위해 〈그림 7-3〉의 예를 살펴보도록 하겠다. 현재 물리적 메모리에 워드프로세서 프로그램이 올라가 있다고 하자. 이때 사용자가 웹 브라우저 프로그램을 사용하고자 하는데 이를 실행하기 위한 메모리 공간이 충분하지 않을 경우, 운영체제는 메모리 내에 이미 존재하는 워드프로세서에 할당된 메모리 공간을 통째로 빼앗아 디스크의 스왑 영역으로 스왑 아웃시키고 그렇게 해서 생긴 여유 공간에 웹 브라우저 프로그램의 주소 공간을 스왑 인시킬 수 있게 된다.

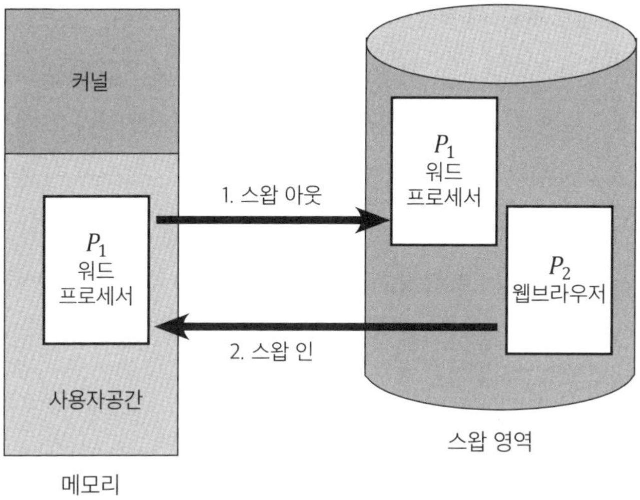

<그림 7-3> 스와핑의 예

3. 물리적 메모리의 할당 방식

물리적 메모리는 운영체제 상주 영역과 사용자 프로세스 영역으로 나뉘어 사용된다. 운영체제 상주 영역은 인터럽트 벡터와 함께 물리적 메모리의 낮은 주소 영역을 사용하며, 운영체제 커널이 이곳에 위치하게 된다. 한편 사용자 프로세스 영역은 물리적 메모리의 높은 주소 영역을 사용하며 여러 사용자 프로세스들이 이곳에 적재되어 실행된다. 여기에서는 사용자 프로세스 영역의 관리 방법에 대해 살펴보고자 한다.

사용자 프로세스 영역의 관리 방법은 프로세스를 메모리에 올리는 방식에 따라 연속할당(contiguous allocation) 방식과 불연속할당(noncontiguous allocation) 방식으로 나누어볼 수 있다. 연속할당 방식은 각각의 프로세스를 물리적 메모리의 연속적인 공간에 올리는 방식이다. 연속할당 방식에서는 물리적 메모리를 다수의 분할로 나누어 하나의 분할에 하나의 프로세스가 적재되도록 한다. 이때 분할을 관리하는 방식에 따라 고정분할(fixed partition allocation) 방식과 가변분할(variable partition allocation) 방식으로 다시 나누어볼 수 있다. 고정분할 방식은 물리적 메모리를 고정된 크기의 분할로 미리 나누어두는 방식이고, 가변분할 방식은 분할을 미리 나누어놓지 않은 채 프로그램이 실행되고 종료되는 순서에 따라 분할을 관리하는 방식이다.

불연속할당 방식은 하나의 프로세스를 물리적 메모리의 여러 영역에 분산해 적재하는 방식이다. 불연속할당에는 각 프로세스의 주소 공간을 동일한 크기의 페이지로 잘라서 메모리에 페이지 단위로 적재시키는 페이징(paging) 기법과 프로그램의 주소 공간을 코드, 데이터, 스택 등 의미 있는 단위인 세그먼트로 나누어 세그먼트 단위로 적재하는 세그먼테이션(segmentation) 기법, 세그먼트 하나를 다수의 페이지로 구성하는 페이지드 세그먼테이션(paged segmentation) 기법 등이 있다. 지금부터는 프로세스를 물리적 메모리에 할당하는 다양한 방법들에 대해 연속할당 방식과 불연속할당 방식의 순서로 자세히 살펴보도록 하겠다.

1) 연속할당 방식

연속할당 방식은 프로세스를 메모리에 올릴 때 그 주소 공간을 여러 개로 분할하지 않고 물리적 메모리의 한 곳에 연속적으로 적재하는 방식이다. 이 방식은 물리적 메모리를 고정된 크기의 분할로 미리 나누어 놓는지 그렇지 않은지에 따라 고정분할 방식과 가변분할 방식으로 나뉜다.

고정분할 방식

고정분할 방식은 물리적 메모리를 주어진 개수만큼의 영구적인 분할(partition)로 미리 나누어두고 각 분할에 하나의 프로세스를 적재해 실행시킬 수 있게 한다. 이때 분할의 크기는 모두 동일하게 할 수도 있고 서로 다르게 할 수도 있다. 하지만 두 방식 모두 하나의 분할에는 하나의 프로그램만을 적재할 수 있다. 따라서 고정분할 방식은 동시에 메모리에 올릴 수 있는 프로그램의 수가 고정되어 있으며 수행 가능한 프로그램의 최대 크기 또한 제한된다는 점에서 가변분할 방식에 비해 융통성이 떨어진다.

또한 고정분할 방식에서는 외부조각(external fragmentation)과 내부조각(internal fragmentation)이 발생할 수 있다. 외부조각이란 프로그램의 크기보다 분할의 크기가 작은 경우 해당 분할이 비어 있는데도 불구하고 프로그램을 적재하지 못하기 때문에 발생하는 메모리 공간을 의미한다. 즉 외부조각은 어떠한 프로그램에게도 배정되지 않은 빈 공간임에도 현재 상태에서 사용될 수 없는 작은 분할을 말한다. 외부조각은 특정 프로그램에 배당된 공간이 아니기 때문에 만약 이 외부조각의 크기보다 작은 크기의 프로그램이 도착한다면 그 프로그램을 외부조각에 적재시킬 수 있다. 반면 내부조각은 프로그램의 크기보다 분할의 크기가 큰 경우 해당 분할에 프로그램을 적재하고 남는 메모리 공간을 뜻한다. 즉 하나의 분할 내부에서 발생하는 사용되지 않는 메모리 조각을 말한다. 내부조각은 특정 프로그램에 이미 배당된 공간으로 볼 수 있으므로 내부조각에 수용할 수 있는 충분히 작은 크기의 프로그램이 있다 해도 공간을 활용할 수 없어 메모리가 낭비된다.

가변분할 방식

가변분할 방식은 고정분할 방식과 달리 메모리에 적재되는 프로그램의 크기에 따라 분할의 크기, 개수가 동적으로 변하는 방식을 말한다. 따라서 가변분할 방식은 프로그램의 크기를 고려해서 메모리를 할당하고 이를 기술적으로 관리할 수 있는 기법을 필요로 한다. 가변분할 방식에서 분할의 크기를 프로그램의 크기보다 일부러 크게 할당하지는 않기 때문에 내부조각은 발생하지 않는다. 하지만 이미 메모리에 존재하는 프로그램이 종료될 경우 중간에 빈 공간이 발생하게 되며, 이 공간이 새롭게 시작되는 프로그램의 크기보다 작을 경우 외부조각이 발생할 가능성이 있다.

가변분할 방식에서 주요하게 다루는 쟁점 중 하나는 주소 공간의 크기가 n인 프로세스를 메모리에 올릴 때 물리적 메모리 내 가용 공간 중 어떤 위치에 올릴 것인지 결정하는 문제이다. 이를 동적 메모리 할당 문제(dynamic storage-allocation problem)라고도 부른다. 이때 가용 공간이란 사용되지 않은 메모리 공간으로서 메모리 내의 여러 곳에 산발적으로 존재할 수 있다. 한편 연속할당 기법에서는 새로운 프로세스를 메모리에 올리기 위해 프로세스의 주소 공간 전체를 담을 수 있는 가용 공간을 찾아야 한다. 물리적 메모리 내에는 다양한 크기의 가용 공간들이 여러 곳에 흩어져 있으며, 이렇게 존재하는 가용 공간들을 좀 더 효율적으로 관리하기 위해 운영체제는 이미 사용 중인 메모리 공간과 사용하고 있지 않은 가용 공간에 대한 정보를 각각 유지하고 있다.

동적 메모리 할당 문제를 해결하는 대표적인 방법으로는 세 가지가 있다. 첫 번째 방법은 크기가 n 이상인 가용 공간 중 가장 먼저 찾아지는 곳에 프로세스를 할당하는 최초적합(first-fit) 방법이다. 이 방법은 메모리에 존재하는 가용 공간을 차례대로 살펴보면서 가용 공간이 프로그램 크기보다 작으면 건너뛰고, 그렇지 않은 가용 공간이 최초로 발견되면 그 공간에 프로그램을 올린다. 이 방법은 가용 공간을 모두 탐색하는 방법이 아니므로 시간적인 측면에서 효율적이다.

두 번째 방법은 크기가 n 이상인 가장 작은 가용 공간을 찾아 그곳에 새로운 프로그램을 할당하는 최적적합(best-fit) 방법이다. 이 방법은 가용 공간들의 리스트가 크기순으로 정렬되어 있지 않은 경우에 모든 가용 공간 리스트를 탐색해야 하므로 시간적 오버헤드가 발생하고 다수의 매우 작은 가용 공간들이 생성될 수 있다는 단점이 있지만 공간적인 측면에서 효율적이다.

끝으로 가용 공간 중에서 가장 크기가 큰 곳에 새로운 프로그램을 할당하는 최악적합(worst-fit) 방법이 있다. 이 방법은 최적적합 방법과 마찬가지로 모든 가용 공간 리스트를 탐색해야 하는 오버헤드가 발생한다. 또한 상대적으로 더 큰 프로그램을 담을 수 있는 가용 공간을 빨리 소진한다는 문제점이 있다.

이 세 가지 방법에 대해 실제 시스템에서 실험한 결과에 따르면 최초적합과 최적적합 방식이 최악적합 방식에 비해 속도와 공간 이용률 측면에서 효과적인 것으로 알려져 있다.

한편 가변분할 방식에서 발생하는 외부조각 문제를 해결하기 위한 방법으로 컴팩션(compaction)이라는 것이 있다. 컴팩션은 물리적 메모리 중에서 프로세스에 의해 사용 중인 메모리 영역을 한쪽으로 몰고 가용 공간들을 다른 한쪽으로 모아서 하나의 큰 가용 공간을 만드는 방법이다. 이와 같은 방법은 현재 수행 중인 프로세스의 메모리상의 위치를 상당 부분 이동시켜야 하므로 비용이 매우 많이 드는 작업이다. 따라서 중간에 일부 가용 공간이 발생하더라도 가급적 적은 수의 메모리 이동으로 효율적인 컴팩션을 수행하는 방법이 필요한데, 이는 이론적으로도 매우 복잡한 문제이다. 또한 컴팩션은 효율적인 메모리 공간의 사용을 위해 수행 중인 프로세스의 물리적 메모리 위치를 옮겨야 하므로 프로그램의 실행 도중에 프로세스의 주소가 동적으로 바뀔 수 있는 실행시간 바인딩 방식이 지원되는 환경에서만 수행될 수 있다.

2) 불연속할당 기법

불연속할당(noncontiguous allocation) 기법이란 하나의 프로세스가 물리적 메모리의 여러 위치에 분산되어 올라갈 수 있는 메모리 할당 기법을 말한다. 불연속할당 방식에는 하나의 프로그램을 분할하는 기준에 따라 동일한 크기로 나누어 메모리에 올리는 페이징 기법과, 크기는 일정하지 않지만 의미 단위로 나누어 메모리에 올리는 세그먼테이션(segmentation) 기법, 그리고 세그먼테이션을 기본으로 하되 이를 다시 동일 크기의 페이지로 나누어 메모리에 올리는 페이지드 세그먼테이션(paged segmentation) 기법 등이 있다. 다음 절부터는 이들 기법에 대해 차례대로 살펴보도록 하겠다.

4. 페이징 기법

페이징(paging) 기법이란 프로세스의 주소 공간을 동일한 크기의 페이지 단위로 나누어 물리적 메모리의 서로 다른 위치에 페이지들을 저장하는 방식을 말한다. 페이징 기법에서는 각 프로세스의 주소 공간 전체를 물리적 메모리에 한꺼번에 올릴 필요가 없으며, 일부는 백킹스토어에, 일부는 물리적 메모리에 혼재시키는 것이 가능하다. 페이징 기법에서는 물리적 메모리를 페이지와 동일한 크기의 프레임(frame)으로 미리 나누어둔다. 이는 메모리에 올리는 단위가 동일한 크기의 페이지 단위이므로, 메모리를 같은 크기로 미리 분할해두더라도 빈 프레임이 있으면 어떤 위치이든 사용될 수 있기 때문이다. 따라서 페이징 기법은 앞서 연속할당에서 발생했던 동적 메모리 할당 문제가 발생하지 않는다는 장점을 가진다.

페이징 기법에서는 주소 변환 절차가 연속할당 방식에 비해 다소 복잡하다. 이는 하나의 프로세스라 하더라도 페이지 단위로 물리적 메모리에 올리는 위치가 상이하므로, 논리적 주소를 물리적 주소로 변환하는 작업이

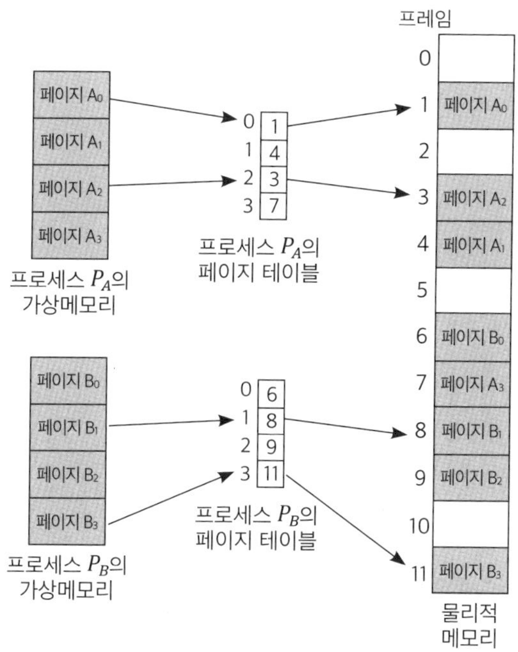

<그림 7-4> 페이징 기법

페이지 단위로 이루어져야 하기 때문이다. 즉 특정 프로세스의 몇 번째 페이지가 물리적 메모리의 몇 번째 프레임에 들어 있다는 페이지별 주소 변환 정보를 유지하고 있어야 한다. 따라서 페이징 기법에서는 모든 프로세스가 각각의 주소 변환을 위한 페이지 테이블(page table)을 가지며, 이 테이블은 프로세스가 가질 수 있는 페이지의 개수만큼 주소 변환 엔트리를 가지고 있게 된다.

페이징 기법에서는 프로세스의 주소 공간과 물리적 메모리가 모두 같은 크기의 페이지 단위로 나누어지기 때문에 빈 공간은 어느 곳이든 활용할 수 있다. 따라서 메모리상의 가용 공간의 크기가 작아서 빈 공간임에도 활용되지 못하는 외부조각 문제가 발생하지 않는다. 그러나 프로그램의 크기가 항상 페이지 크기의 배수가 된다는 보장이 없기 때문에 프로세스의 주소 공간 중 제일 마지막에 위치한 페이지에서는 내부조각이 발생할 가능성이 있다.

1) 주소 변환 기법

페이징 기법에서는 CPU가 사용하는 논리적 주소를 페이지 번호(p)와 페이지 오프셋(d)으로 나누어 주소 변환(address translation)에 사용한다. 페이지 번호는 각 페이지별 주소 변환 정보를 담고 있는 페이지 테이블 접근 시 인덱스(index)로 사용되고, 해당 인덱스의 항목(entry)에는 그 페이지의 물리적 메모리상의 기준 주소(base address), 즉 시작 위치가 저장된다. 따라서 특정 프로세스의 p번째 페이지가 위치한 물리적 메모리의 시작 위치를 알고 싶다면 해당 프로세스의 페이지 테이블에서 p번째 항목을 찾아보면 된다.

한편 페이지 오프셋은 하나의 페이지 내에서의 변위(displacement)를 알

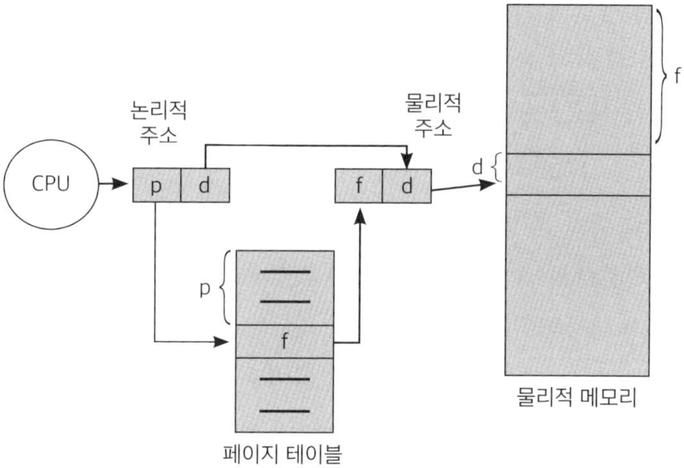

<그림 7-5> 페이지 테이블을 이용한 주소 변환

려준다. 따라서 기준 주소값에 변위를 더함으로써 요청된 논리적 주소에 대응하는 물리적 주소를 얻을 수 있다.

2) 페이지 테이블의 구현

페이지 테이블은 페이징 기법에서 주소 변환을 하기 위한 자료구조로, 물리적 메모리에 위치하게 된다. 현재 CPU에서 실행 중인 프로세스의 페이지 테이블에 접근하기 위해 운영체제는 2개의 레지스터를 사용하는데, 이들은 각각 페이지 테이블 기준 레지스터(page-table base register)와 페이지 테이블 길이 레지스터(page-table length register)로 불린다. 페이지 테이블 기준 레지스터는 메모리 내에서의 페이지 테이블의 시작 위치를 가리키며, 페이지 테이블 길이 레지스터는 페이지 테이블의 크기를 보관한다. 페이징 기법에서의 메모리 접근 연산은 주소 변환을 위해 페이지 테이블에 접근하는 것과, 변환된 주소에서 실제 데이터에 접근하는 것, 이렇게 두 번의 메모리 접근을 필요로 한다. 즉 메모리에 한 번 접근하기 위해서는 매번 메모리에 두 번 접근해야 하는 오버헤드가 뒤따르게 되는 것이다. 이와 같은 페이지 테이블 접근 오버헤드를 줄이고 메모리의 접근 속도를 향상시키기 위해 TLB(Translation Look-aside Buffer)라고 불리는 고속의 주소 변환용 하드웨어 캐시가 사용되기도 한다.

메모리에 비해 TLB로 사용되는 하드웨어는 가격이 비싸기 때문에 페이지 테이블의 모든 정보를 담을 수는 없으며, 빈번히 참조되는 페이지에 대한 주소 변환 정보만을 담게 된다. 따라서 요청되는 페이지에 대한 주소 변환 정보가 TLB 내에 존재할 수도 있고 그렇지 않을 수도 있다. 만약 요청된 페이지 번호가 TLB에 존재한다면 곧바로 대응하는 물리적 메모리의 프레임 번호를 얻을 수 있지만, TLB에 존재하지 않는 경우에는 메인 메모리에 있는 페이지 테이블로부터 프레임 번호를 알아내야 한다. 주소 변환 정보는 프로세스별로 다 다르기 때문에 문맥교환 시 이전 프로세스의 주소 변환 정보를 담고 있던 TLB 내용은 모두 지워버려야 한다.

한편 페이지 테이블과 TLB에 저장되어 있는 정보는 그 구조가 조금 다르다. 페이지 테이블에는 하나의 프로세스를 구성하는 모든 페이지에 대한 주소 변환 정보가 페이지 번호에 따라 순차적으로 들어 있기 때문에, 페이지 번호가 주어지면 테이블의 시작 위치에서 페이지 번호만큼 떨어진 항목에 곧바로 접근해 해당 페이지에 대응되는 프레임 번호를 얻을 수 있다. 반면 TLB를 사용한 주소 변환의 경우에는 프로세스의 모든 페이지에 대한 주소 변환 정보를 TLB가 가지고 있지 않기 때문에 페이지 번호와 이에 대응하는 프레임 번호가 쌍으로 저장되어야 한다. 또한 TLB를 통한 주소 변

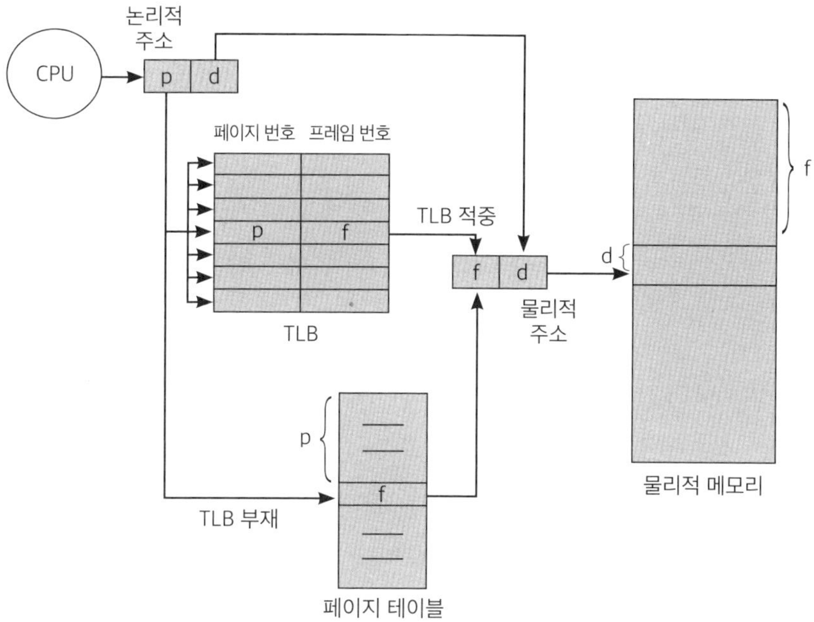

<그림 7-6> TLB에 의한 페이징 기법의 주소 변환

환을 위해서는 해당 페이지에 대한 주소 변환 정보가 TLB에 있는지 확인하기 위해 TLB의 모든 항목(entry)을 다 찾아봐야 하는 오버헤드가 발생한다. 이러한 오버헤드를 줄이기 위해 TLB의 구현에는 일반적으로 병렬탐색(parallel search)이 가능한 연관 레지스터(associative resister)를 사용한다. 병렬탐색 기능이란 TLB 내의 모든 항목을 동시에 탐색할 수 있는 기능을 말한다. 그렇게 되면 한 번의 TLB 접근시간에 TLB 내의 모든 항목을 한꺼번에 조사함으로써 주소 변환 정보가 TLB에 있는지 곧바로 확인할 수 있게 되는 것이다.

지금부터는연관 레지스터를 사용할 때 평균적인 메모리 접근시간(Effective Access Time: EAT)이 얼마나 걸리는지 살펴보도록 하자. 메모리에 접근하는 시간을 1이라 하고, 연관 레지스터에 접근하는 시간을 ε이라고 하면, ε은 1보다 충분히 작은 값이 될 것이다. 한편 요청된 페이지에 대한 주소 변환 정보가 연관 레지스터에 존재할 확률을 α라고 하면 평균적인 메모리 접근시간 EAT는 다음과 같다.

$$\begin{aligned} \text{EAT} &= (1+\varepsilon)\alpha + (2+\varepsilon)(1-\alpha) \\ &= 2+\varepsilon-\alpha \end{aligned}$$

위의 식에서 $(1+\varepsilon)\alpha$항은 요청된 페이지의 주소 변환 정보가 TLB에 존재하는 경우를 뜻한다. 이 경우 TLB로부터 직접 물리적 메모리 주소를 얻는 데 ε시간이 소요되고, 실제 원하는 데이터에 접근하기 위해 한 번의 메모리 접근이 필요하므로 $1+\varepsilon$의 시간이 소요된다. 여기에 TLB에서 찾아지는 비율인 α를 곱하면 첫 번째 항을 얻을 수 있다. 한편 두 번째 항인 $(2+\varepsilon)(1-\alpha)$는 요청된 페이지의 주소 변환 정보가 TLB에 존재하지 않는 경우를 뜻한다. 이 경우에는 요청된 페이지에 대한 주소 변환 정보가 TLB에 있는지 확인하는 시간 ε이 먼저 소요되고, 그런 다음 페이지 테이블에 접근하는 시간과 실제 원하는 데이터에 접근하는 시간 등 두 번의 메모리 접근이 필요하게 된다. 따라서 $2+\varepsilon$의 시간이 소요되며, 여기에 TLB에서 찾지 못하는 비율인 $1-\alpha$를 곱하여 두 번째 항인 $(2+\varepsilon)(1-\alpha)$가 얻어지게 된다. 결국 TLB가 사용되는 시스템에서의 평균 메모리 접근시간은 위의 식을 정리하면 $2+\varepsilon-\alpha$가 된다.

3) 계층적 페이징

현대의 컴퓨터는 주소 공간이 매우 큰 프로그램을 지원한다. 예를 들어

32비트 주소 체계를 사용하는 컴퓨터에서는 2^{32}byte(=4GB)의 주소 공간을 갖는 프로그램을 지원할 수 있다. 이러한 환경에서 페이지 크기가 4KB라면 4GB/4KB, 즉 1M개의 페이지 테이블 항목이 필요하게 된다. 컴퓨터 시스템에서는 2^{10}=K(Kilo), 2^{20}=M(Mega), 2^{30}=G(Giga)로 정의된다. 각 페이지 테이블 항목이 4byte씩을 필요로 한다면 한 프로세스당 페이지 테이블을 위해 1M×4byte=4MB 크기의 메모리 공간이 필요하게 된다. 그러면 수행 중인 프로세스의 수가 증가함에 따라 전체 메모리의 상당 부분이 주소 변환을 위한 페이지 테이블에 할애되어 실제로 사용 가능한 메모리 공간이 크게 줄어들게 된다. 한편 대부분의 프로그램은 4GB의 주소 공간 중 지극히 일부분만을 사용하므로 페이지 테이블을 위한 메모리의 사용은 심각한 공간 낭비라고 할 수 있다. 따라서 페이지 테이블에 사용되는 메모리 공간의 낭비를 줄이기 위해 2단계 페이징(two-level paging) 기법을 사용한다.

2단계 페이징 기법에서는 주소 변환을 위해 외부 페이지 테이블(outer page table)과 내부 페이지 테이블(inner page table)의 두 단계에 걸친 페이지 테이블을 사용한다. 사용되지 않는 주소 공간에 대해서는 외부 페이지 테이블의 항목을 NULL로 설정하며, 여기에 대응하는 내부 페이지 테이블을 생성하지 않는 것이다. 이러한 기법을 통해 1단계 페이징 기법에 비해서 메모리의 낭비를 크게 줄일 수 있다. 한편 2단계 페이징 기법을 사용할 경우에는 페이지 테이블을 위해 사용되는 메모리 공간을 줄여 공간적인 이득을 볼 수 있지만, 주소 변환을 위해 접근해야 하는 페이지 테이블의 수가 증가하므로 시간적인 손해가 뒤따르게 된다.

이제 2단계 페이징 기법에서의 주소 변환에 대해 좀 더 자세히 살펴보도록 하겠다. 2단계 페이징 기법에서는 프로세스의 논리적 주소를 두 종류의 페이지 번호(P_1, P_2)와 페이지 오프셋(d)으로 구분한다. 첫 번째 페이지 번호

(P_1)는 외부 페이지 테이블의 인덱스이고, 두 번째 페이지 번호(P_2)는 내부 페이지 테이블의 인덱스이다. 논리적 주소를 이와 같은 세 부분으로 나누어 ⟨P_1, P_2, d⟩의 형태로 표시하면, 먼저 외부 페이지 테이블로부터 P_1만큼 떨어진 위치에서 내부 페이지 테이블의 주소를 얻게 된다. 다음으로는 내부 페이지 테이블로부터 P_2만큼 떨어진 위치에서 요청된 페이지가 존재하는 프레임의 위치를 얻게 되고, 마지막으로 해당 프레임으로부터 d만큼 떨어진 곳에서 원하는 정보에 접근할 수 있게 된다.

32비트 주소 체계를 갖는 시스템에서 페이지 하나의 크기를 4KB라 하고 페이지 테이블 항목의 크기를 4byte라고 할 때, 32비트의 논리적 주소 중 페이지 번호와 페이지 오프셋을 위해 각각 몇 비트씩을 할당해야 하는지 생

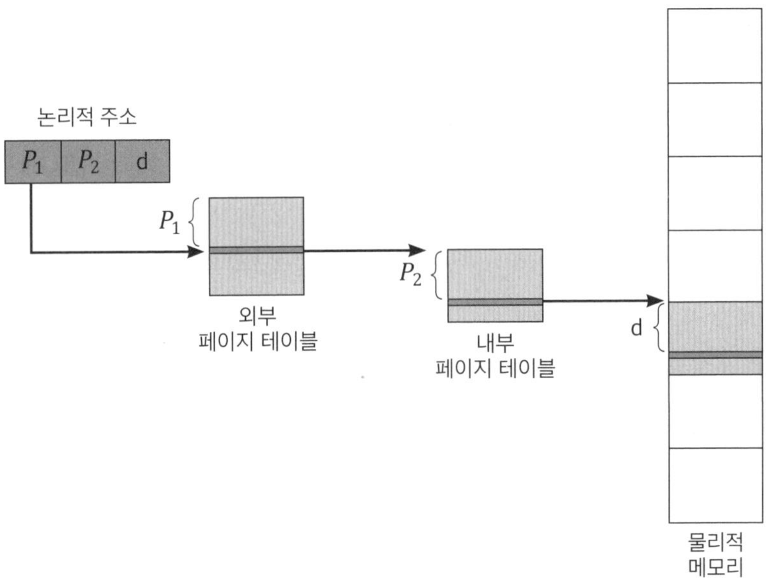

<그림 7-7> 2단계 페이징에서의 주소 변환

각해보자. 먼저 페이지의 크기가 4KB(=2^{12}byte)이므로 하나의 페이지 내에서의 바이트 오프셋을 결정하기 위해 12비트가 필요하다. 따라서 총 32비트 중에서 최하위 12비트가 오프셋 d로 사용된다. 이제 두 번째 페이지 번호인 P_2를 위해 몇 비트가 사용되는지 생각해보자. 이때 한 가지 알아두어야 할 점이 있다. 2단계 페이징 기법에서는 내부 페이지 테이블 자체를 하나의 프레임에 보관하게 된다는 점이다. 즉 4KB 페이지를 사용하는 이 예제의 경우 내부 페이지 테이블의 크기 역시 4KB가 된다. 페이지 테이블 항목의 크기가 4byte이므로 내부 페이지 테이블은 4KB/4byte, 즉 1K(=2^{10})개의 항목을 가지게 된다. 이들 2^{10}개의 항목을 구분하기 위해서는 10비트가 필요하다. 따라서 내부 페이지 테이블의 인덱스로 사용되는 P_2에 10비트가 할당되어야 한다. 끝으로 외부 페이지 테이블의 인덱스인 P_1에는 총 32비트 중 P_2와 d에 사용되는 10비트와 12비트를 제외한 10비트가 할당된다.

프로세스의 주소 공간이 커질수록 페이지 테이블의 크기도 커지므로 주소 변환을 위한 메모리 공간 낭비 역시 더 심각해지게 된다. 따라서 2단계를 넘어 3단계, 4단계에 이르는 다단계 페이지 테이블이 필요하게 된다. 다단계 페이지 테이블을 사용하면 페이지 테이블을 위해 사용되는 메모리 공간의 소모는 줄일 수 있지만 그만큼 메모리에 대한 접근 횟수가 많아지기 때문에 메모리 접근시간이 크게 늘어나는 문제가 발생할 수 있다.

이러한 메모리 접근에 의한 시간적인 오버헤드를 줄이기 위해서는 앞서 설명한 TLB를 사용하는 것이 효과적이다. TLB를 함께 사용하면 다단계 페이지 테이블로 인해 공간적인 이득을 얻을 수 있는 동시에, 메모리 접근시간도 그다지 늘어나지 않아 시간적인 효율성 또한 얻을 수 있게 된다. 예를 들어 4단계 페이지 테이블을 사용하는 경우 메모리 접근시간이 100ns이고, TLB 접근시간이 20ns이며, 요청된 페이지에 대한 주소 변환 정보가

TLB에 존재할 확률이 98%라고 하면 평균적인 메모리 접근시간(EAT)은 다음과 같다.

$$EAT = 0.98 \times 120 + 0.02 \times 520 = 128(ns)$$

4단계 페이지 테이블을 사용하는 경우 주소 변환을 위해 네 번의 메모리 접근이 필요하고, 실제 데이터를 접근하기 위해 한 번의 메모리 접근이 필요하다. 따라서 100ns가 소요되는 메모리 접근 연산을 한 번 수행하기 위해 총 다섯 번의 메모리 접근이 필요하게 되어 500ns가 소모된다. 하지만 위의 계산 결과에 의하면 TLB를 사용할 경우 128ns의 시간이 소요되므로, 페이지 테이블을 4단계로 구성해서 발생하는 시간 오버헤드는 그다지 크지 않음을 알 수 있다. 하지만 이에 비해 4단계 페이지 테이블 구성으로 인한 메모리 공간의 효율적인 사용 효과는 매우 클 것으로 기대할 수 있다.

4) 역페이지 테이블

지금까지 페이지 테이블 사용으로 인한 메모리 공간의 비효율적인 사용과, 이를 완화시켜 페이지 테이블을 공간 효율적으로 관리하는 계층적 페이징 기법에 대해 살펴보았다. 페이지 테이블로 인한 메모리 공간의 낭비가 심한 이유는 모든 프로세스의 모든 페이지에 대해 페이지 테이블 항목을 다 구성해야 하기 때문이다. 이 문제를 해결하기 위한 대안으로 역페이지 테이블(inverted page table) 기법이 사용될 수 있다. 역페이지 테이블 기법은 물리적 메모리의 페이지 프레임 하나당 페이지 테이블에 하나씩의 항목을 두는 방식이다. 다시 말하면 논리적 주소에 대해 페이지 테이블을 만

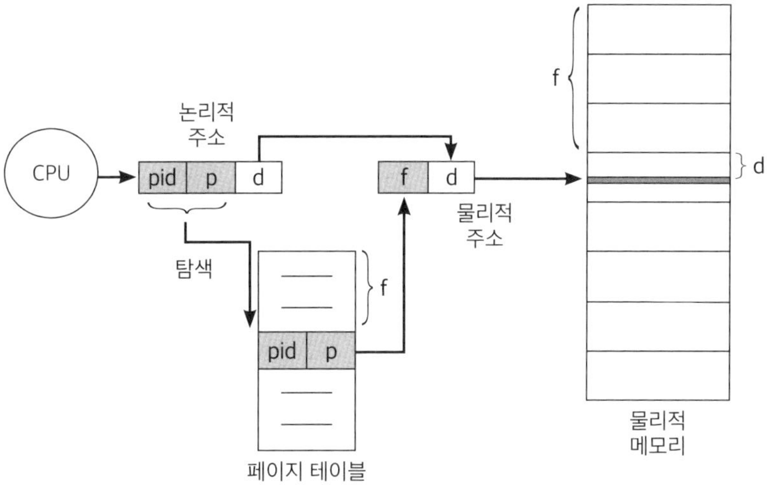

<그림 7-8> 역페이지 테이블을 이용한 주소 변환

드는 것이 아니라, 물리적 주소에 대해 페이지 테이블을 만드는 것이다. 즉 각 프로세스마다 페이지 테이블을 두지 않고, 시스템 전체(system-wide)에 페이지 테이블을 하나만 두는 방법을 말한다. 페이지 테이블의 각 항목은 어느 프로세스의 어느 페이지가 이 프레임에 저장되었는지의 정보를 보관하고 있다. 즉 페이지 테이블의 각 항목은 프로세스 번호(pid)와 그 프로세스 내의 논리적 페이지 번호(P)를 담고 있게 된다.

주소 변환 작업이 논리적 주소로부터 물리적 주소를 얻어내는 것임에 비해 역페이지 테이블은 물리적 주소로부터 논리적 주소를 얻기 수월한 구조로 되어 있다. 따라서 역페이지 테이블에서의 주소 변환은 다소 비효율적인 측면이 있다. 역페이지 테이블에 주소 변환 요청이 들어오면, 그 주소를 담은 페이지가 물리적 메모리에 존재하는지 여부를 판단하기 위해 페이지 테이블 전체를 다 탐색해야 하는 어려움이 있는 것이다. 이는 상당한 시간을 필요로 하기 때문에 역페이지 테이블은 일반적으로 메모리에 유지하는 대신 연관 레지스터(associative register)에 보관해 테이블 전체 항목에 대한 병렬탐색(parallel search)을 가능하게 함으로써 시간적 효율성을 꾀하게 된다.

5) 공유 페이지

공유 코드(shared code)는 메모리 공간의 효율적인 사용을 위해 여러 프로세스에 의해 공통으로 사용될 수 있도록 작성된 코드를 말한다. 공유 코드는 재진입 가능 코드(re-entrant code) 또는 순수 코드(pure code)라고도 불리며 읽기전용(read-only)의 특성을 가지고 있다. 공유 페이지(shared page)란 공유 코드를 담고 있는 페이지를 말한다. 공유 페이지는 여러 프로세스에 의해 공유되는 페이지이므로 물리적 메모리에 하나만 적재되어 메모리를 좀 더 효율적으로 사용할 수 있게 한다. 예를 들어 문서 편집기(editor) 프로그램을 공유 페이지를 사용해서 작성한 경우, 이 프로세스를 여러 개 수행시키더라도 공유 코드를 담은 페이지는 메모리에 하나만 올라가고 여러 프로세스가 코드를 공유해서 사용하게 된다. 공유 코드는 읽기전용의 성질을 가져야 할 뿐 아니라 모든 프로세스의 논리적 주소 공간에서 동일한 위치에 존재해야 하는 제약점이 있다. 즉 공유 페이지는 그 페이지를 공유하는 모든 프로세스의 주소 공간에서 동일한 페이지 번호를 가져야 한다.

공유 페이지와 대비되는 개념으로는 사유 페이지(private page)가 있는데, 이것은 프로세스들이 공유하지 않고 프로세스별로 독자적으로 사용하는 페이지를 말한다. 사유 페이지는 해당 프로세스의 논리적 주소 공간 중 어떠한 위치에 있어도 무방하다.

공유 페이지의 예를 〈그림 7-9〉를 통해서 살펴보도록 하겠다. 문서 편집

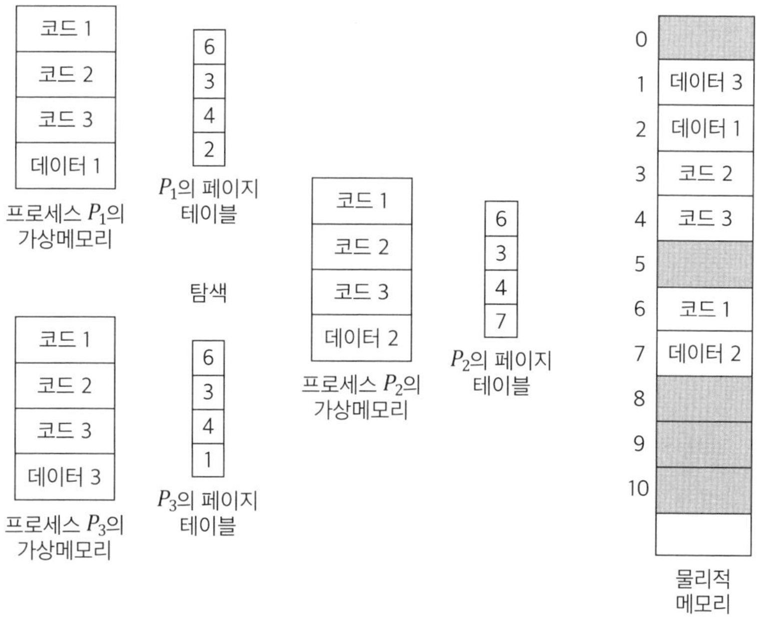

<그림 7-9> 공유 페이지의 예

기 프로그램의 코드가 코드 1, 코드 2, 코드 3의 세 페이지로 구성되고, 이 페이지들이 프로세스 P_1, P_2, P_3에 의해 공유된다면 코드 1, 코드 2, 코드 3 페이지는 세 프로세스의 주소 공간 내에서 동일한 위치에 존재해야 하며, 물리적 메모리에는 하나씩의 코드만이 올라가게 된다. 반면 사유 페이지인 데이터 1, 데이터 2, 데이터 3는 각 프로세스의 주소 공간 내의 어느 위치에 존재해도 상관없으며 프로세스마다 독립적으로 사용하게 된다.

6) 메모리 보호

페이지 테이블의 각 항목에는 주소 변환 정보뿐 아니라 메모리 보호를 위한 보호비트(protection bit)와 유효-무효 비트(valid-invalid bit)를 두고 있다. 보호비트는 각 페이지에 대한 접근 권한의 내용을 담고 있다. 한 프로세스의 주소 공간은 다른 프로세스에 의해 접근될 수 없으므로 '누구'에 해당하는 접근 권한을 설정할 필요는 없으며, 각 페이지에 대해 '어떠한' 접근을 허용하는지의 정보가 보호비트에 저장된다. 즉 보호비트는 각 페이지에 대해 읽기-쓰기/읽기전용 등의 접근 권한을 설정하는 데에 사용된다.

한편 유효-무효 비트는 해당 페이지의 내용이 유효한지에 대한 내용을 담고 있다. 유효-무효 비트가 '유효'로 세팅되어 있으면 해당 메모리 프레임에 그 페이지가 존재함을 뜻하며, 따라서 접근이 허용된다. 반면 '무효'로 세팅되어 있는 경우 프로세스가 그 주소 부분을 사용하지 않거나, 해당 페이지가 물리적 메모리에 올라와 있지 않고 백킹스토어에 존재해 해당 메모리 프레임에 유효한 접근 권한이 없다는 의미를 지닌다.

5. 세그먼테이션

앞서 프로세스의 주소 공간을 동일한 크기 단위로 나누어 물리적 메모리에 올리는 페이징 기법에 대해서 살펴보았다. 지금부터는 프로세스의 주소 공간을 의미 단위의 세그먼트(segment)로 나누어 물리적 메모리에 올리는 세그먼테이션(segmentation) 기법에 대해 살펴보도록 하겠다.

하나의 프로세스를 구성하는 주소 공간은 일반적으로 코드(code), 데이터(data), 스택(stack) 등의 의미 있는 단위들로 구성된다. 세그먼트는 이와 같이 주소 공간을 기능 단위 또는 의미 단위로 나눈 것을 뜻한다. 프로세스의 주소 공간 전체를 크게는 하나의 세그먼트로 볼 수도 있으며, 일반적으로는 코드, 데이터, 스택 등의 기능 단위로 세그먼트를 정의한다. 많게는 프로그램을 구성하는 함수 하나하나를 각각 세그먼트로 정의할 수도 있다. 한 가지 주의할 점은 세그먼트가 이와 같이 특정 크기 단위로 나눈 것이 아니라 의미를 가질 수 있는 논리적인 단위(logical unit)로 나눈 것이기 때문에 그 크기가 균일하지 않다는 점이다. 프로세스의 주소 공간이 통째로 메모리에 적재되는 것이 아니라 나누어져 각각 메모리에 적재된다는 면에서 세그먼테이션 기법은 페이징과 유사하다. 하지만 페이징 기법과는 달리 프로그램을 의미 단위의 세그먼트로 나누어 관리하므로, 크기가 균일하지 않은 세그먼트들을 메모리에 적재하는 부가적인 관리 오버헤드가 뒤따르게 된다.

세그먼테이션 기법에서는 논리적 주소가 〈세그먼트 번호, 오프셋〉으로 나뉘어 사용된다. 세그먼트 번호는 해당 논리적 주소가 프로세스 주소 공간 내에서 몇 번째 세그먼트에 속하는지를 나타내며, 오프셋은 그 세그먼트 내에서 얼마만큼 떨어져 있는지에 대한 정보를 나타낸다.

세그먼테이션 기법에서는 주소 변환을 위해 세그먼트 테이블을 사용한다. 이때 세그먼트 테이블의 각 항목은 기준점(base)과 한계점(limit)을 가지고 있다. 기준점은 물리적 메모리에서 그 세그먼트의 시작 위치를 나타내고, 한계점은 그 세그먼트의 길이를 나타낸다. 페이징 기법에서는 모든 페이지의 길이가 동일하므로, 페이지 테이블의 항목에 기준점이라 할 수 있는 페이지 프레임 위치만 유지하고 있으면 된다. 하지만 세그먼테이션 기법에서는 세그먼트의 길이가 균일하지 않으므로 세그먼트의 위치 정보뿐 아니라 길이 정보를 함께 보관하고 있는 것이다.

페이징 기법에서 주소 변환 시 페이지 테이블 기준 레지스터(PTBR)와 페이지 테이블 길이 레지스터(PTLR)의 도움을 받았듯이, 세그먼테이션 기법에서도 이들 두 레지스터를 각각 세그먼트 테이블 기준 레지스터(Segment-

Table Base Register: STBR)와 세그먼트 테이블 길이 레지스터(Segment-Table Length Register: STLR)로 사용하게 된다. 세그먼트 테이블 기준 레지스터는 현재 CPU에서 실행 중인 프로세스의 세그먼트 테이블이 메모리의 어느 위치에 있는지 그 시작 주소를 담고 있으며, 세그먼트 테이블 길이 레지스터는 그 프로세스의 주소 공간이 총 몇 개의 세그먼트로 구성되는지, 즉 세그먼트의 개수를 나타낸다.

세그먼테이션 기법에서는 논리적 주소를 물리적 주소로 변환하기 전에 두 가지 사항을 먼저 확인한다. 첫 번째는 요청된 세그먼트 번호가 STLR에 저장된 값보다 작은 값인가 하는 점이다. 만약 그렇지 않다면 이는 존재하지 않는 세그먼트에 대한 접근 시도이므로 예외상황을 발생시켜 메모리 접근을 봉쇄해야 할 것이다. 두 번째는 논리적 주소의 오프셋값이 그 세그먼트의 길이보다 작은 값인가 하는 점이다. 이는 세그먼트 테이블의 해

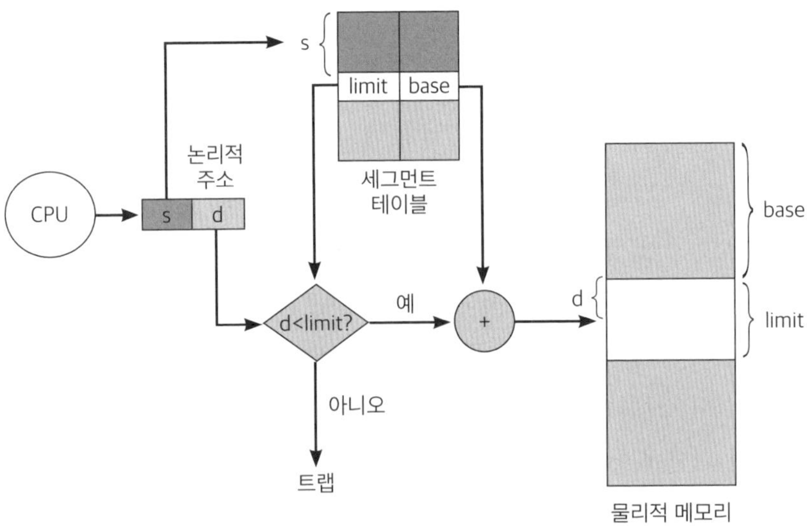

<그림 7-10> 세그먼테이션 기법에서의 주소 변환

당 항목에 있는 한계점과, 요청된 논리적 주소의 오프셋값을 비교해 확인하게 된다. 만약 세그먼트 길이를 넘어서는 오프셋 위치에 대한 접근 시도라면 역시 예외상황을 발생시켜 해당 메모리 위치에 대한 접근을 봉쇄하게 된다. 이 두 가지 사항을 모두 만족하는 경우에 한해서 유효한 메모리 접근 요청으로 판단해 주소 변환 작업이 이루어진다.

페이징 기법과 마찬가지로 세그먼테이션 기법에서도 세그먼트 테이블의 각 항목에 보호비트와 유효비트를 둔다. 보호비트는 각 세그먼트에 대해 읽기/쓰기/실행 등의 권한이 있는지를 나타내며, 유효비트는 각 세그먼트의 주소 변환 정보가 유효한지, 즉 해당 세그먼트가 현재 물리적 메모리에 적재되어 있는지를 나타낸다. 세그먼테이션 기법에서도 여러 프로세스가 특정 세그먼트를 공유해 사용하는 공유 세그먼트(shared segment) 개념을

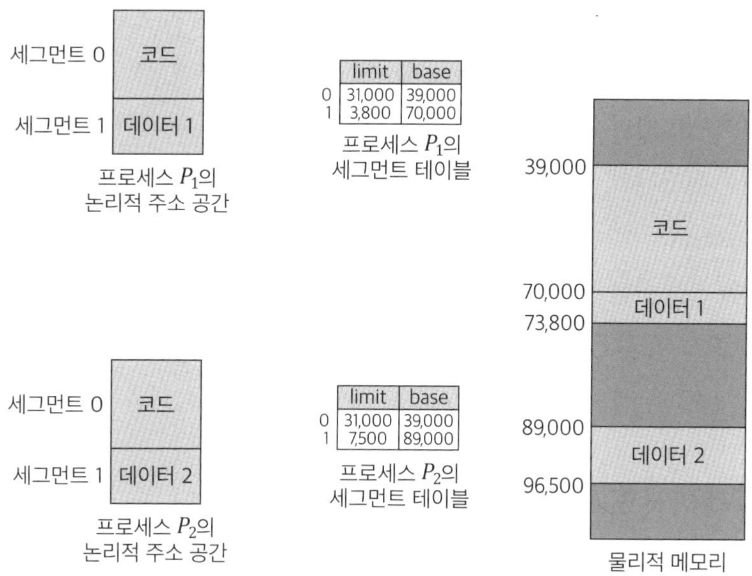

<그림 7-11> 공유 세그먼트의 예

지원한다. 공유 세그먼트는 이 세그먼트를 공유하는 모든 프로세스의 주소 공간에서 동일한 논리적 주소에 위치해야 한다.

세그먼트는 의미 단위로 나누어져 있기 때문에 공유와 보안의 측면에서 페이징 기법에 비해 훨씬 효과적이다. 주소 공간의 일부를 공유하거나 특정 주소 공간에 읽기전용 등의 접근 권한 제어를 하고자 할 경우, 이는 어떤 의미 단위로 이루어지지 단순히 크기 단위로 수행되지 않기 때문이다. 예를 들어 페이징 기법에서 동일한 크기로 주소 공간을 나누다 보면 공유하려는 코드와 사유 데이터 영역이 동일 페이지에 공존하는 경우가 발생할 수 있다. 세그먼테이션 기법에서는 이러한 현상이 발생하지 않으므로 공유나 보안처럼 의미 있는 단위에 대해 수행하는 업무에서는 페이징 기법보다 세그먼테이션 기법이 장점을 가진다.

한편 세그먼테이션 기법에서는 프로그램을 의미 단위로 나누기 때문에 세그먼트의 길이가 균일하지 않다. 따라서 물리적 메모리 관리에서 외부조각이 발생하게 되며, 세그먼트를 어느 가용 공간에 할당할 것인지 결정하는 문제가 발생한다. 이는 앞서 살펴본 연속할당 메모리 관리의 가변분할 방식에서의 문제와 동일한 범주의 문제라 할 수 있다. 세그먼트를 가용 공간에 할당하는 방식에는 해당 세그먼트 크기보다 크거나 같은 첫 번째 가용 공간에 할당하는 최초적합(first fit) 방식과, 세그먼트의 크기보다 크거나 같은 가용 공간 중 가장 작은 공간에 할당하는 최적적합(best fit) 방식이 있다.

6. 페이지드 세그먼테이션

페이징 기법과 세그먼테이션 기법은 각각 장단점을 가지고 있다. 따라서 이들 두 기법의 장점만을 취하는 주소 변환 기법으로 페이지드 세그먼테이션(paged segmentation) 기법을 생각해볼 수 있다. 이 기법은 세그먼테이션 기법과 마찬가지로 프로그램을 의미 단위의 세그먼트로 나눈다. 단 세그먼트가 임의의 길이를 가질 수 있는 것이 아니라 반드시 동일한 크기 페이지들의 집합으로 구성되어야 한다. 그리고 물리적 메모리에 적재하는 단위는 페이지 단위로 한다. 즉 페이지드 세그먼테이션 기법에서는 하나의 세그먼트 크기를 페이지 크기의 배수가 되도록 함으로써 세그먼테이션 기법에서 발생하는 외부조각의 문제점을 해결하며, 동시에 세그먼트 단위로 프로세스 간의 공유나 프로세스 내의 접근 권한 보호가 이루어지도록 함으로써 페이징 기법의 약점을 해소한다.

페이지드 세그먼테이션 기법에서는 주소 변환을 위해 외부의 세그먼트 테이블과 내부의 페이지 테이블, 이렇게 두 단계의 테이블을 이용한다. 하나의 세그먼트가 여러 개의 페이지로 구성되므로 각 세그먼트마다 페이지 테이블을 가지게 되는데, 이는 앞서 살펴본 2단계 페이지 테이블과 유사한 구조라 할 수 있다.

〈세그먼트 번호, 오프셋〉으로 구성된 논리적 주소를 물리적 주소로 변환하는 과정은 다음과 같다. 먼저 논리적 주소의 상위 비트인 세그먼트 번호를 통해 세그먼트 테이블의 해당 항목에 접근한다. 이 세그먼트 항목에는 세그먼트 길이와 그 세그먼트의 페이지 테이블 시작 주소가 들어 있다. 이때 세그먼트 길이를 넘어서는 메모리 접근 시도인지 여부를 체크하기 위해 먼저 세그먼트 길이값과, 논리적 주소 중 하위 비트인 오프셋값을 비교한다. 그래서 오프셋이 더 크다면 유효하지 않은 위치에 대한 접근 시도이므로 트랩을 발생시킨다. 그렇지 않을 경우에는 오프셋값을 다시 상위 · 하위 비트로 나누어 상위 비트는 그 세그먼트 내에서의 페이지 번호로 사용하고 하위 비트는 페이지 내에서의 변위로 사용하게 된다. 세그먼트 테이블의 항목을 통해 해당 세그먼트를 위한 페이지 테이블의 시작 위치를 얻었으므로, 그 위치에서 페이지 번호만큼 떨어진 페이지 테이블 항목으로부터 물리적 메모리의 페이지 프레임 위치를 얻게 된다. 이 위치에서 오프셋의 하위 비트값인 페이지 내 변위만큼 떨어진 곳이 바로 원하는 물리적 메모리 주소가 되는 것이다.

8장

가상메모리

프로그램이 CPU에서 실행되려면 실행에 당장 필요한 부분이 메모리에 올라와 있어야 한다. 한편 여러 프로그램이 동시에 수행되는 시분할 환경에서는 한정된 메모리 공간을 여러 프로그램이 조금씩 나누어서 사용한다. 따라서 운영체제는 어떤 프로그램에게 어느 정도의 메모리를 할당할 것인가 하는 문제에 당면하게 된다. 운영체제는 보통 모든 프로그램들에 공평하게 같은 크기의 메모리를 할당하기보다는 몇몇 프로그램들에게 집중적으로 메모리를 할당한 후, 시간이 흐르면 이들로부터 메모리를 회수해서 다른 프로그램들에게 다시 집중적으로 메모리를 할당하는 방식을 채택한다. 이와 같은 방식을 사용하는 이유는 프로세스의 빠른 수행을 위해 프로그램마다 최소한 확보해야 하는 메모리의 크기가 존재하기 때문이다. 이 장에서는 운영체제가 어떤 식으로 프로세스에게 메모리를 할당하는지 살펴본다.

프로그램이 실행되기 위해 그 프로세스의 주소 공간 전체가 메모리에 올라와 있어야 하는 것은 아니다. 따라서 운영체제는 CPU에서 당장 수행해야 할 부분만을 메모리에 올려놓고 그렇지 않은 부분은 디스크의 스왑 영역(swap area)에 내려놓았다가 다시 필요해지면 메모리에 올라가 있는 부분과 교체하는 방식을 사용한다. 이와 같이 메모리의 연장 공간으로 디스크의 스왑 영역이 사용될 수 있기 때문에 프로그램 입장에서는 물리적 메모리 크기에 대한 제약을 생각할 필요가 없어진다. 나아가 운영체제는 프로그램이 물리적 메모리를 고려할 필요 없이 자기 자신만이 메모리를 사용하는 것처럼 가정해 프로그램하는 것을 지원한다. 이렇게 되면 프로그램은 0번지부터 시작하는 자기 자신만의 메모리 주소 공간을 가정할 수 있는데, 이러한 메모리 공간을 가상메모리(virtual memory)라고 부른다. 즉 가상메모리는 프로세스마다 각각 0번지부터의 주소 공간을 가지게 되며, 이들 공간 중 일부는 물리적 메모리에 적재되고 일부는 디스크의 스왑 영역에 존재하게 된다.

프로세스의 주소 공간을 메모리로 적재하는 단위에 따라 가상메모리 기법은 요구 페이징(demand paging) 방식과 요구 세그먼테이션(demand segmentation) 방식으로 구현될 수 있다. 대부분의 경우에는 요구 페이징 방식을 사용하며, 요구 세그먼테이션 방식을 사용하는 경우는 대개 하나의 세그먼트를 여러 개의 페이지로 나누어 관리하는 페이지드 세그먼테이션 기법을 사용하는 경우이다. 즉 세부적인 구현에서는 요구 페이징 기법만이 사용된다고 할 수 있다. 따라서 지금부터는 요구 페이징 방식에 대해 자세히 살펴보도록 하겠다.

1. 요구 페이징

요구 페이징이란 프로그램 실행 시 프로세스를 구성하는 모든 페이지를 한꺼번에 메모리에 올리는 것이 아니라 당장 사용될 페이지만을 올리는 방식을 말한다. 따라서 요구 페이징 기법에서는 특정 페이지에 대해 CPU의 요청이 들어온 후에야 해당 페이지를 메모리에 적재한다. 다음과 같은 상황을 통해 요구 페이징의 개념을 좀 더 쉽게 이해할 수 있다. 2박 3일 동안 콘도에 여행을 왔는데, 숙소에는 빈 냉장고가 구비되어 있으며 여행 기간 중 외식은 없다고 가정하자. 여행객들은 여행 기간 식재료를 냉장고에 보관할 것이다. 이때 2박 3일간 필요한 모든 식재료를 한 번에 구입해서 냉장고에 넣어둘 수도 있고, 매 끼니마다 필요한 분량만큼 재료를 구입해서 보관할 수도 있다. 전자의 경우 모든 재료를 한꺼번에 보관해야 하므로 용량이 큰 냉장고가 필요하다. 반면 후자의 경우에는 매 끼니마다 재료를 구입해서 식사를 하기 때문에 냉장고는 한 끼 식사에 필요한 재료를 저장할 만큼의 용량만 있으면 된다. 후자의 방식이 컴퓨터 시스템에서는 요구 페이징 기법에 해당한다. 냉장고는 물리적 메모리에 해당하며, 식재료는 프로세스를 구성하는 페이지와 같다. 냉장고에 식재료를 보관하는 행위는 요청된 페이지를 메모리에 적재하는 것을 의미하고, 여행 중 필요한 식재료를 한꺼번에 보관하는 것은 전체 프로세스를 메모리에 적재해서 실행하는 방식과 같다.

요구 페이징 기법에서는 당장 실행에 필요한 페이지만을 메모리에 적재하기 때문에 메모리 사용량이 감소하고, 프로세스 전체를 메모리에 올리는 데 소요되는 입출력 오버헤드도 줄어든다. 이는 사용되지 않을 주소 영역에 대한 입출력까지 수행하던 기존 방식에 비해 응답시간을 단축시킬 수 있으며, 시스템이 더 많은 프로세스를 수용할 수 있게 해준다. 또한 요구 페이징 기법의 주된 효용은 프로그램이 물리적 메모리의 용량 제약을 벗어날 수 있도록 한다는 점이다. 프로그램을 구성하는 페이지 중 일부만을 메모리에 적재하게 되므로 물리적 메모리의 용량보다 큰 프로그램도 실행할 수 있게 되기 때문이다.

가상메모리 기법에서는 프로세스가 실행되는 동안 일부 페이지만 메모리에 올라와 있고 나머지 페이지는 디스크의 스왑 영역에 존재한다. 이러한 시스템에서는 특정 프로세스를 구성하는 페이지 중에서 어떤 페이지가 메모리에 존재하고 어떤 페이지가 메모리에 존재하지 않는지 구별하기 위한 방안이 필요하다. 요구 페이징에서는 유효-무효 비트(valid-invalid bit)를 두어 각 페이지가 메모리에 존재하는지 표시하게 된다. 이 비트는 각 프로세스를 구성하는 모든 페이지에 대해 존재해야 하므로 페이지 테이블의 각 항목별로 저장된다.

프로세스가 실행되기 전에는 모든 페이지의 유효-무효 비트가 무효값으로 초기화되어 있지만, 특정 페이지가 참조되어 메모리에 적재되는 경우 해당 페이지의 유효-무효 비트는 유효값으로 바뀌게 된다. 그리고 메모리에 적재되어 있던 페이지가 디스크의 스왑 영역으로 쫓겨날 때에는 유효-무효 비트가 다시 무효값을 가지게 된다. 유효-무효 비트의 값이 무효인 경우는 페이지가 현재 메모리에 없는 경우를 의미할 수도 있지만 경우에 따라서는 그 페이지가 속한 주소 영역을 프로세스가 사용하지 않는 경우도 있다. CPU가 참조하려는 페이지가 현재 메모리에 올라와 있지 않아 유효-

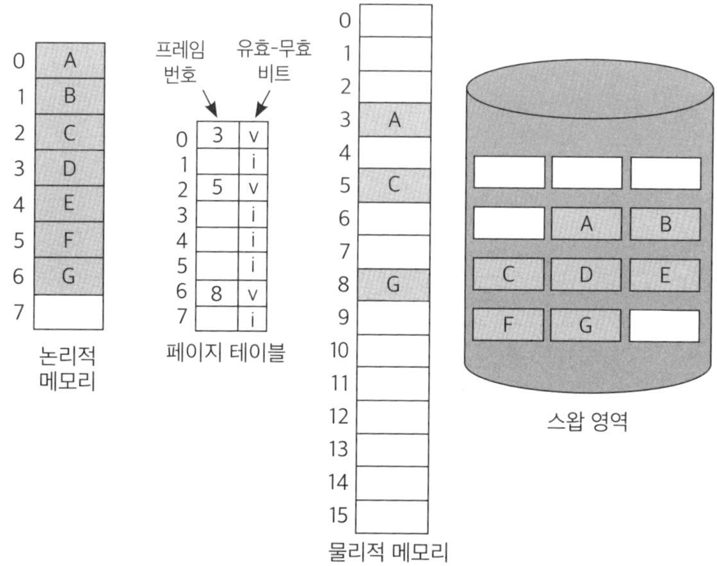

<그림 8-1> 페이지 테이블에서 유효-무효 비트의 의미

무효 비트가 무효로 세팅되어 있는 경우를 우리는 '페이지 부재(page fault)'가 일어났다고 말한다.

1) 요구 페이징의 페이지 부재 처리

CPU가 무효 페이지에 접근하면 주소 변환을 담당하는 하드웨어인 MMU가 페이지 부재 트랩(page fault trap)을 발생시키게 된다. 그러면 CPU의 제어권이 커널모드로 전환되고, 운영체제의 페이지 부재 처리루틴(page fault handler)이 호출되어 다음과 같은 순서로 페이지 부재를 처리한다. 즉 부재 상태의 페이지를 메모리에 적재하기에 앞서 운영체제는 해당 페이지에 대한 접근이 적법한지를 먼저 체크하게 된다. 사용되지 않는 주소 영

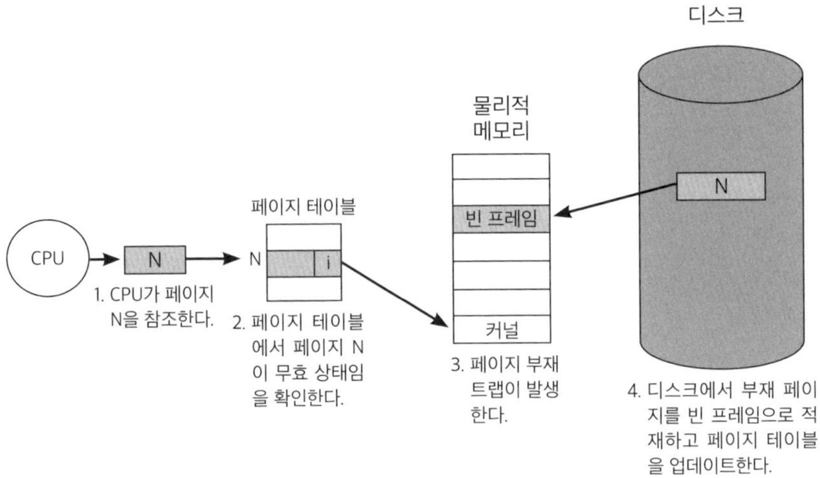

<그림 8-2> 페이지 부재를 처리하는 과정

역에 속한 페이지에 접근하려 했거나 해당 페이지에 대한 접근 권한 위반(protection violation)을 했을 경우에는 해당 프로세스를 종료시킨다. 접근 권한 위반의 예를 들면 읽기전용인 페이지에 대해 쓰기 접근 시도를 하는 것을 들 수 있다.

해당 페이지에 대한 접근이 적법한 것으로 판명된 경우 물리적 메모리에서 비어 있는 프레임(free frame)을 할당받아 그 공간에 해당 페이지를 읽어온다. 만약 비어 있는 프레임이 없다면 기존에 메모리에 올라와 있는 페이지 중 하나를 디스크로 쫓아낸다. 이와 같은 행위를 스왑 아웃(swap out)시킨다고 한다. 한편 요청된 페이지를 디스크로부터 메모리로 적재하기까지는 오랜 시간이 소요된다. 따라서 페이지 부재를 발생시킨 프로세스는 CPU를 빼앗기고 봉쇄 상태가 된다. 이때 현재까지 수행되던 CPU 레지스터 상태 및 프로그램 카운터값을 프로세스 제어블록에 저장해둠으로써 나

중에 이 프로세스가 다시 CPU를 할당받았을 때 정확히 같은 상태에서 다음 명령을 수행할 수 있도록 한다. 디스크 입출력이 완료되어 인터럽트가 발생하면 페이지 테이블에서 해당 페이지의 유효-무효 비트를 유효로 설정하고, 봉쇄되었던 프로세스를 준비 큐로 이동시킨다. 이 프로세스가 다시 CPU를 할당받으면 프로세스 제어블록에 저장해두었던 값을 복원시켜 이전에 중단되었던 명령(instruction)부터 실행을 재개한다.

2) 요구 페이징의 성능

요구 페이징 기법의 성능에 가장 큰 영향을 미치는 요소는 페이지 부재의 발생 빈도이다. 페이지 부재가 일어나면 요청된 페이지를 디스크로부터 메모리로 읽어오는 막대한 오버헤드가 발생하기 때문이다. 즉 페이지 부재가 적게 발생할수록 요구 페이징의 성능은 향상될 수 있다. 요구 페이징의 성능은 다음과 같이 요청한 페이지를 참조하는 데 걸리는 유효 접근시간으로 측정한다.

- 유효 접근시간(effective access time)
  = $(1 - P) \times$ 메모리 접근시간
  + $P \times$ (페이지 부재 발생 처리 오버헤드
  　　+ 메모리에 빈 프레임이 없는 경우 스왑 아웃 오버헤드
  　　+ 요청된 페이지의 스왑 인 오버헤드
  　　+ 프로세스의 재시작 오버헤드)

- 페이지 부재 발생비율(page fault rate)　　$0 \le P \le 1$

  $P = 0$: 페이지 부재가 한 번도 일어나지 않은 경우

  $P = 1$: 모든 참조 요청에서 페이지 부재가 발생한 경우

위의 식에서 $(1 - P)$는 페이지 부재가 일어나지 않는 비율을 의미하며, 이 경우에는 이미 페이지가 메모리에 적재되어 있는 것이므로 메모리에 접근하는 시간만이 소요된다. 반면 페이지 부재가 일어나면 많은 오버헤드가 필요하게 된다. 먼저 메모리에 올라와 있는 페이지 중 하나의 페이지를 선택해 디스크로 스왑 아웃시킨 후 스왑 영역에서 요청된 페이지를 메모리로 읽어와야 한다. 페이지를 다 읽어왔으면 인터럽트를 통해 프로세스가 실행을 재개할 수 있는 상태로 바꾸어주고 자신의 차례가 되면 문맥교환을 통해 다시 CPU를 얻을 수 있게 된다. 이러한 과정에는 디스크 입출력과 각종 오버헤드가 포함되어 시간이 오래 걸린다. 유효 접근시간이 짧을수록 요구 페이징 기법의 성능은 향상되는 것이다.

2. 페이지 교체

페이지 부재가 발생하면 요청된 페이지를 디스크에서 메모리로 읽어와야 한다. 이때 물리적 메모리에 빈 프레임이 존재하지 않을 수 있다. 이 경우에는 앞서 설명한 바와 같이 메모리에 올라와 있는 페이지 중 하나를 디스크로 쫓아내 메모리에 빈 공간을 확보하는 작업이 필요하다. 이것을 페이지 교체(page replacement)라고 한다. 페이지 교체를 할 때에 어떠한 프레임에 있는 페이지를 쫓아낼 것인지 결정하는 알고리즘을 교체 알고리즘

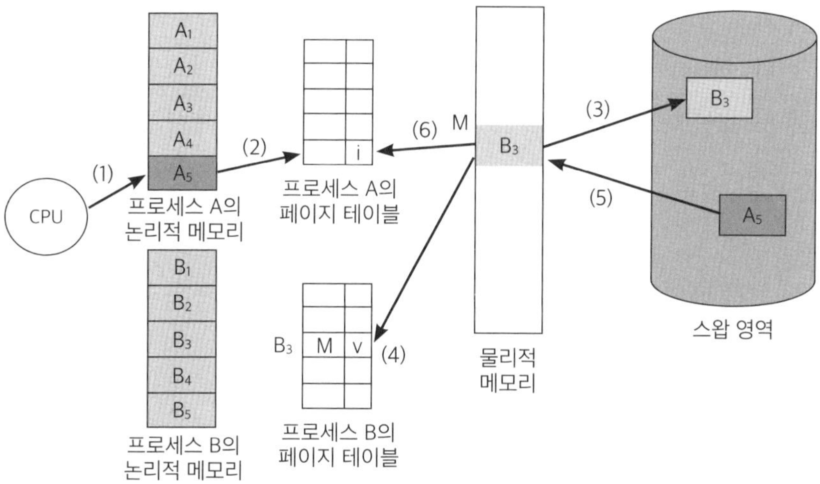

(1) CPU가 프로세스 A의 페이지 A_5를 참조한다.
(2) 프로세스 A의 페이지 테이블에서 A_5가 무효 상태임을 확인한다.
(3) 교체 알고리즘이 프레임 M에 있는 페이지 B_3를 교체 대상으로 선정하여 스왑 아웃시킨다.
(4) B_3의 페이지 테이블 항목을 무효화시킨다.
(5) A_5를 프레임 M에 적재한다.
(6) A_5의 페이지 테이블 항목에 프레임 번호 M을 표시하고 유효(valid) 상태로 바꾼다.

<그림 8-3> 페이지 교체의 예

(replacement algorithm)이라고 하는데, 이 알고리즘의 목표는 페이지 부재율을 최소화하는 것이다. 그러므로 가까운 미래에 참조될 가능성이 가장 적은 페이지를 선택해서 내쫓는 것이 성능을 향상시킬 수 있는 방안이다. 페이지 교체 알고리즘의 성능은 주어진 페이지 참조열(page reference string)에 대해 페이지 부재율을 계산함으로써 평가할 수 있다. 페이지 참조열의 예를 들면 다음과 같다.

1, 2, 3, 4, 1, 2, 5, 1, 2, 3, 4, 5

페이지 참조열은 참조되는 페이지들의 번호를 시간 순서에 따라 나열한 것이다. 해당 번호의 페이지가 메모리에 이미 올라와 있으면 메모리에서 적중(hit)되었다고 하고, 메모리에 없는 경우에는 페이지 부재가 발생했다고 말한다.

1) 최적 페이지 교체

페이지 부재율을 최소화하기 위해서는 페이지 교체 시 물리적 메모리에 존재하는 페이지 중 가장 먼 미래에 참조될 페이지를 쫓아내면 된다. 이러한 최적의 알고리즘을 빌레디의 최적 알고리즘(Belady's optimal algorithm) 또는 MIN, OPT 등의 이름으로 부른다.

〈그림 8-4〉는 페이지 참조열이 1, 2, 3, 4, 1, 2, 5, 1, 2, 3, 4, 5이고, 물리적 메모리의 페이지 프레임이 4개일 때 이 알고리즘이 동작하는 방식을 나타낸 것이다. 초기에는 메모리가 비어 있기 때문에 처음 4회까지의 페이지 참조 시에는 페이지 부재가 불가피하게 발생한다. 그리고 5회와 6회에 참

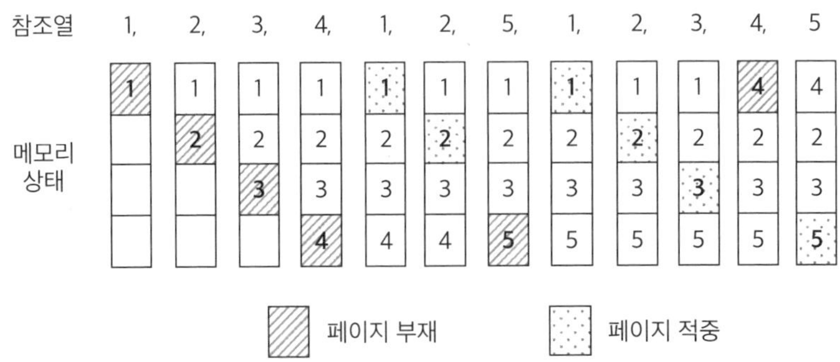

<그림 8-4> 최적 페이지 교체 알고리즘을 사용한 페이지 교체

조되는 페이지는 이미 메모리에 올라와 있는 페이지이기 때문에 페이지 부재를 발생시키지 않는다. 다음으로 페이지 5를 참조하려 할 때에는 페이지 부재가 발생하므로 요청된 페이지를 디스크에서 메모리로 가져오는 작업이 필요하다. 메모리에 빈 공간이 없으므로 현재 메모리에 올라와 있는 페이지 중 하나를 선정해서 요청된 페이지와 교체하게 되는데, 이때 빌레디의 최적 알고리즘은 가장 먼 미래에 참조될 페이지를 선정하게 된다. 페이지 1, 2, 3, 4 중에서 가장 먼 미래에 참조되는 페이지가 4번 페이지이므로 이 알고리즘은 페이지 4를 내쫓고 그 자리에 페이지 5를 적재한다. 이 예에서는 12회의 페이지 참조가 일어나는 동안 총 6회의 페이지 부재가 발생한다.

이 알고리즘은 미래에 어떤 페이지가 어떠한 순서로 참조될지 미리 알고 있다는 전제하에 알고리즘을 운영하므로 실제 시스템에서 온라인으로 사용할 수 있는 알고리즘은 아니다. 따라서 이러한 알고리즘을 우리는 오프라인 알고리즘이라고 부른다. 빌레디의 오프라인 최적 알고리즘은 어떠한 알고리즘을 사용하는 경우보다도 가장 적은 페이지 부재율을 보장하므로 다른 알고리즘의 성능에 대한 상한선(upper bound)을 제공한다. 따라서 어떤 시스템에서 새로운 교체 알고리즘을 설계했는데 그 성능이 빌레디의 최적 알고리즘과 유사했다고 한다면, 이는 더 이상 그 시스템을 위한 교체 알고리즘의 연구가 필요하지 않음을 시사한다.

2) 선입선출 알고리즘

선입선출(First In First Out: FIFO) 알고리즘은 페이지 교체 시 물리적 메모리에 가장 먼저 올라온 페이지를 우선적으로 내쫓는다. 페이지의 향후 참조 가능성을 고려하지 않고, 물리적 메모리에 들어온 순서대로 내쫓을 대

<그림 8-5> FIFO 알고리즘에 의한 페이지 교체

상을 선정하기 때문에 비효율적인 상황이 발생할 수 있다. 예를 들어 가장 먼저 물리적 메모리에 들어온 페이지가 계속해서 많은 참조가 이루어진다 하더라도 FIFO 알고리즘은 이 페이지를 내쫓게 되는 것이다. 〈그림 8-5〉는 메모리 프레임이 3개일 때와 4개일 때 FIFO 알고리즘이 운영되는 예를 나타낸 것이다.

이 그림의 예제를 보면 페이지 프레임이 3개인 경우 9번의 페이지 부재가 발생했으나, 페이지 프레임이 4개인 경우에 오히려 페이지 부재가 10번으로 증가했다. 물리적 메모리의 공간이 늘어났음에도 오히려 성능은 더 나빠진 것이다. 위의 경우와 같이 FIFO 알고리즘에서 메모리를 증가시켰음에도 불구하고 페이지 부재가 오히려 늘어나는 상황을 우리는 FIFO의 이상 현상(FIFO anomaly)이라고 부른다. 바로 다음에 소개될 LRU 알고리즘에서는 이와 같은 이상 현상이 발생하지 않는다.

3) LRU 알고리즘

페이지 교체 알고리즘의 성능 향상을 위해서는 향후 사용될 가능성이 낮은 페이지를 우선적으로 메모리에서 쫓아내는 것이 바람직하다. 한편 메모리 페이지의 참조 성향 중 중요한 한 가지 성질로 시간지역성(temporal locality)이라는 것이 있다. 이 성질은 최근에 참조된 페이지가 가까운 미래에 다시 참조될 가능성이 높은 성질을 말한다. LRU(Least Recently Used) 알고리즘은 이와 같은 성질을 활용해서 페이지 교체 시 가장 오래전에 참조가 이루어진 페이지를 쫓아낸다. 달리 설명하면 마지막 참조 시점이 가장 오래된 페이지를 교체하게 되는 것이다.

〈그림 8-6〉은 물리적 메모리의 페이지 프레임이 4개일 때 페이지 참조열 1, 2, 3, 4, 1, 2, 5, 1, 2, 3, 4, 5에 대해 LRU 알고리즘을 적용하는 경우의 메모리 상태 변화를 보여준다. 총 12번의 페이지 참조가 일어나는 동안 LRU 알고리즘은 8회의 페이지 부재를 발생시킨다. 초기에는 페이지 프레임이 모두 비어 있으므로 네 번의 페이지 부재가 일어나 페이지 1, 2, 3, 4가 빈

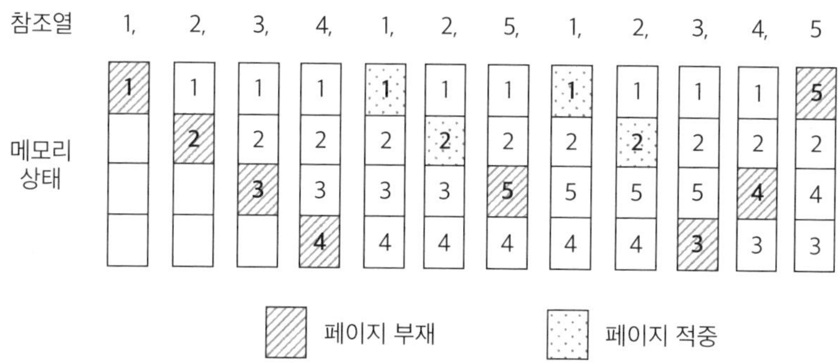

<그림 8-6> LRU 알고리즘을 적용한 경우의 페이지 교체

프레임을 채우게 된다. 그 후 페이지 1, 2는 메모리에 이미 존재하므로 적중이 일어나고, 페이지 5가 참조될 때 페이지 부재가 발생한다. 이때 페이지 5는 페이지 3과 교체되는데, 이는 페이지 3이 가장 오래전에 참조된 페이지이기 때문이다.

4) LFU 알고리즘

LFU(Least Frequently Used) 알고리즘은 페이지의 참조 횟수로 교체시킬 페이지를 결정한다. 즉 물리적 메모리 내에 존재하는 페이지 중에서 과거에 참조 횟수(reference count)가 가장 적었던 페이지를 쫓아내고 그 자리에 새로 참조될 페이지를 적재한다. 최저 참조 횟수를 가진 페이지가 여러 개 존재하는 경우에는 임의로 하나를 선정해 그 페이지를 쫓아낸다. 성능 향상을 위해서는 최저 참조 횟수를 가진 페이지들 중에서 상대적으로 더 오래전에 참조된 페이지를 쫓아내도록 구현하는 것이 효율적이다.

LFU 알고리즘은 페이지의 참조 횟수를 계산하는 방식에 따라 Incache-LFU와 Perfect-LFU의 서로 다른 방식으로 구현할 수 있다. Incache-LFU는 페이지가 물리적 메모리에 올라온 후부터의 참조 횟수를 카운트하는 방식이다. 따라서 페이지가 메모리에서 쫓겨났다가 다시 들어온 경우 참조 횟수는 1부터 새롭게 시작된다. 이에 비해 Perfect-LFU는 메모리에 올라와 있는지의 여부와 상관없이 그 페이지의 과거 총 참조 횟수를 카운트한다. 따라서 Perfect-LFU를 사용하는 경우 어떤 페이지가 4번 참조된 후 메모리에서 쫓겨났다가 다시 들어온 경우 이 페이지의 참조 횟수는 기존의 참조 횟수인 4번이 누적되어 총 5번이 되는 것이다. Perfect-LFU는 페이지의 참조 횟수를 정확히 반영할 수 있다는 장점이 있지만, 메모리에서 쫓겨난 페이지의 참조 기록까지 모두 보관하고 있어야 하므로 그 오버헤드가 상대적으로 더 크다고 할 수 있다.

이와 같은 LFU 알고리즘은 LRU 알고리즘보다 오랜 시간 동안의 참조 기록을 반영할 수 있다는 장점이 있다. LRU는 직전에 참조된 시점만을 반영하지만 LFU는 참조 횟수를 통해 장기적인 시간 규모에서의 참조 성향을 고려하기 때문이다. 하지만 LFU는 시간에 따른 페이지 참조의 변화를 반영하지 못하고, LRU보다 구현이 복잡하다는 단점이 있다.

〈그림 8-7〉은 LRU 알고리즘과 LFU 알고리즘이 페이지 교체를 수행하면서 발생할 수 있는 장단점을 극단적인 예를 통해 보여준다. 페이지의 참조열이 1, 1, 1, 1, 2, 2, 3, 3, 2, 4, 5라고 하고 페이지 프레임의 수가 4개라고 하자. 현재 시각에 5번 페이지가 참조되었다고 할 때 교체 알고리즘은 메모리 내에 존재하는 1, 2, 3, 4번 페이지 중에 어떤 것을 쫓아낼지 결정해야 한다. 이때 LRU 알고리즘은 1번 페이지를 교체 대상으로 선정한다. 이는 1번 페이지가 가장 오래전에 참조되었기 때문이다. 한편 1번 페이지는 마지

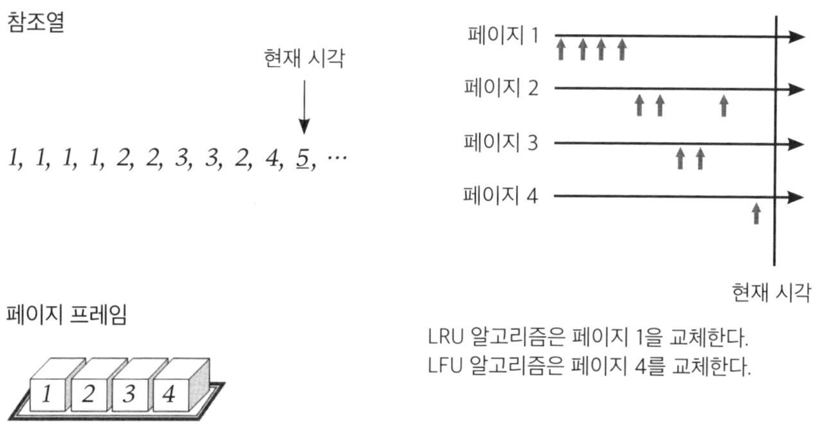

<그림 8-7> LRU 알고리즘과 LFU 알고리즘의 비교

막 참조 시점이 다른 페이지들에 비해 오래되기는 했지만 참조 횟수가 가장 많았다. 하지만 LRU 알고리즘은 이러한 사실을 인지하지 못한다. 이에 비해 LFU 알고리즘은 4번 페이지를 교체 대상으로 선정한다. 이는 4번 페이지가 참조 횟수가 가장 적었기 때문이다. 그러나 4번 페이지는 가장 최근에 참조된 페이지로 지금부터 인기를 얻기 시작하는 페이지일 수 있다. LFU 알고리즘은 이러한 사실을 인지하지 못한다.

5) 클럭 알고리즘

앞서 설명한 LRU와 LFU 알고리즘은 페이지의 참조 시각 및 참조 횟수를 소프트웨어적으로 유지하고 비교해야 하므로 알고리즘의 운영에 시간적인 오버헤드가 발생한다. 클럭 알고리즘(clock algorithm)은 하드웨어적인 지원을 통해 이와 같은 알고리즘의 운영 오버헤드를 줄인 방식이다. 클럭 알고리즘은 LRU를 근사(approximation)시킨 알고리즘으로 NUR(Not Used Recently) 또는 NRU(Not Recently Used) 알고리즘으로도 불린다. LRU 알고리즘이 가장 오래전에 참조된 페이지를 교체하는 것에 비해 클럭 알고리즘은 오랫동안 참조되지 않은 페이지 중 하나를 교체한다. 즉 최근에 참조되지 않은 페이지를 교체 대상으로 선정한다는 측면에서 LRU와 유사하지만 교체되는 페이지의 참조 시점이 가장 오래되었다는 것을 보장하지는 못한다는 점에서 LRU를 근사시킨 알고리즘으로 볼 수 있다. 하지만 이 알고리즘은 하드웨어적인 지원으로 동작하기 때문에 LRU에 비해 페이지의 관리가 훨씬 빠르고 효율적으로 이루어진다. 따라서 대부분의 시스템에서 페이지 교체 알고리즘으로 클럭 알고리즘을 채택한다.

클럭 알고리즘은 교체할 페이지를 선정하기 위해 페이지 프레임들의 참

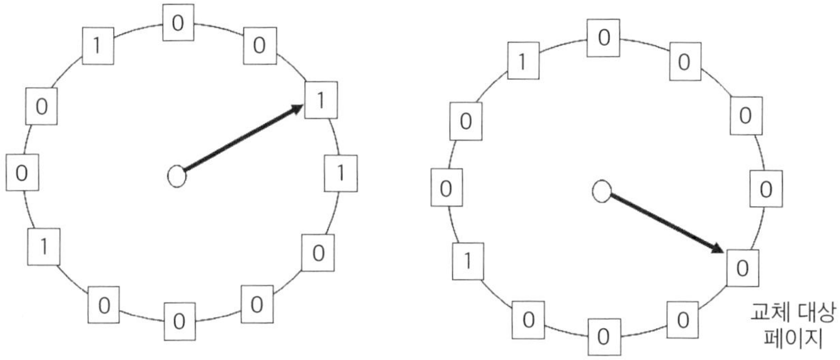

<그림 8-8> 클럭 알고리즘

조비트(reference bit)를 순차적으로 조사한다. 참조비트는 각 프레임마다 하나씩 존재하며 그 프레임 내의 페이지가 참조될 때 하드웨어에 의해 1로 자동 세팅된다. 여기서 클럭 알고리즘은 참조비트가 1인 페이지는 0으로 바꾼 후 그냥 지나가고 참조비트가 0인 페이지는 교체한다. 모든 페이지 프레임을 다 조사한 경우 첫 번째 페이지 프레임부터 조사 작업을 반복한다. 이 방식은 간단히 말해 시곗바늘이 한 바퀴 도는 동안 다시 참조되지 않은 페이지를 교체하는 것이다.

〈그림 8-8〉은 클럭 알고리즘의 동작 원리를 보여준다. 교체 대상 페이지를 찾기 위해 클럭 알고리즘은 메모리에 현재 올라와 있는 페이지의 참조비트 정보를 시계방향으로 따라가며 조사한다. 시곗바늘이 가리키는 페이지의 참조비트가 1인 경우 클럭 알고리즘은 참조비트를 0으로 바꾼 후 시곗바늘을 한 칸 진행시키고 참조비트가 0인 페이지를 찾으면 그 페이지를 교체한다. 한편 참조비트는 그 페이지가 참조될 때 1로 자동 세팅되므로 시곗바늘이 한 바퀴 돌아오는 동안에 다시 참조되지 않을 경우 그 페이지는 교체되는 것이다. 이는 참조비트가 1인 페이지는 0으로 바꾼 후 교체하

지 않고 그냥 지나가게 되는데, 이렇게 시곗바늘이 한 바퀴를 돌아왔을 때 여전히 참조비트가 0이라면 그 시간 동안 다시 참조되지 않았다는 뜻이기 때문이다. 자주 사용되는 페이지라면 시곗바늘이 한 바퀴 도는 동안 참조비트가 1로 세팅되어 교체되지 않으므로 이 알고리즘은 최근에 참조가 일어나지 않은 페이지를 교체하는 알고리즘이라 할 수 있다. 적어도 시곗바늘이 한 바퀴를 도는 데 소요되는 시간만큼 페이지를 메모리에 유지시켜둠으로써 페이지 부재율을 줄이도록 설계되었기 때문에 이 알고리즘을 2차 기회 알고리즘(second chance algorithm)이라고도 부른다.

3. 페이지 프레임의 할당

프로세스 여러 개가 동시에 수행되는 상황에서는 각 프로세스에 얼마만큼의 메모리 공간을 할당할 것인지 결정해야 한다. 이를 위해서는 프로세스마다 페이지 프레임을 균등하게 할당하는 것도 하나의 방법이지만 시스템의 성능 향상을 위해서는 좀 더 효율적인 메모리 할당 방법이 필요하다. 기본적인 할당 알고리즘(allocation algorithm)은 다음 세 가지로 나누어볼 수 있다. 첫 번째 방법은 모든 프로세스에게 페이지 프레임을 균일하게 할당하는 균등할당(equal allocation) 방식이다. 두 번째 방법은 프로세스의 크기에 비례해 페이지 프레임을 할당하는 비례할당(proportional allocation) 방식이다. 이 방식은 프로세스의 크기가 모두 균일하지 않다는 점에 착안한 방식으로 프로세스의 크기를 고려한 균등할당 방식으로 볼 수 있다. 세 번째 방식은 프로세스의 우선순위에 따라 페이지 프레임을 다르게 할당하는 우선순위 할당(priority allocation) 방식이다. 이 방식은 프로세스 중 당장 CPU

에서 실행될 프로세스와 그렇지 않은 프로세스를 구분하여 전자 쪽에 더 많은 페이지 프레임을 할당하는 방식을 말한다.

한편 이와 같은 할당 알고리즘만으로는 프로세스의 페이지 참조 특성을 제대로 반영하지 못할 우려가 있다. 예를 들어 현재 수행 중인 프로세스의 수가 지나치게 많을 경우 프로세스당 할당되는 메모리 양이 과도하게 적어질 수 있기 때문이다. CPU에서 명령을 실행할 때에는 일반적으로 여러 페이지를 동시에 참조하게 된다. 이는 명령을 실행할 때 프로세스의 주소 공간 중 코드, 데이터, 스택 등 각기 다른 영역을 참조하기 때문이다. 따라서 프로세스를 정상적으로 수행하기 위해서는 적어도 일정 수준 이상의 페이지 프레임을 각 프로세스에 할당해야 한다. 또한 반복문(loop)을 실행 중인 프로세스의 경우 반복문을 구성하는 페이지들을 한꺼번에 메모리에 올려놓는 것이 유리하다. 반복문을 구성하는 페이지의 수보다 적은 양의 프레임을 할당한다면 매 반복(iteration)마다 적어도 한 번 이상의 페이지 부재가 발생해 결과적으로 시스템의 성능이 현저히 떨어지게 되기 때문이다. 또한 프로세스에게 최소한으로 필요한 메모리의 양은 시간에 따라 다를 수 있다. 이와 같은 종합적인 상황을 고려해서 각 프로세스에 할당되는 페이지 프레임의 수를 결정할 필요가 있으며, 경우에 따라서는 일부 프로세스에게 메모리를 할당하지 않는 방식으로 나머지 프로세스들에게 최소한의 메모리 요구량을 충족시킬 수 있어야 한다.

4. 전역교체와 지역교체

교체할 페이지를 선정할 때, 교체 대상이 될 프레임의 범위를 어떻게 정할지에 따라 교체 방법을 전역교체(global replacement)와 지역교체(local replacement)로 구분할 수 있다. 전역교체 방법은 모든 페이지 프레임이 교체 대상이 될 수 있는 방법이다. 이에 비해 지역교체 방법은 현재 수행 중인 프로세스에게 할당된 프레임 내에서만 교체 대상을 선정할 수 있는 방법이다. 지역교체 방법은 프로세스마다 페이지 프레임을 미리 할당하는 것을 전제로 한다. 반면 전역교체 방법은 프로세스마다 메모리를 할당하는 것이 아니라 전체 메모리를 각 프로세스가 공유해서 사용하고 교체 알고리즘에 근거해서 할당되는 메모리 양이 가변적으로 변하는 방법이다. 예를 들어 LRU 알고리즘으로 전역교체를 한다면 물리적 메모리 전체에 올라와 있는 페이지 중 가장 오래전에 참조된 페이지를 교체한다. 그 페이지가 어떤 프로세스에 속한 것인지는 고려하지 않는다. 즉 페이지 교체 시 다른 프로세스에 할당된 프레임을 빼앗아올 수 있는 방식인 것이다. 이는 프로세스별 프레임 할당량을 조절하는 또 다른 방법이 될 수 있다. 전체 시스템 차원에서 더 자주 참조되는 페이지가 메모리에 올라가기 때문에 프로세스의 프레임 할당량이 스스로 조절될 수 있는 것이다. LRU, LFU, 클럭 등의 알고리즘을 물리적 메모리 내에 존재하는 전체 페이지 프레임들을 대상으로 적용하는 경우가 이러한 전역교체 방법이 된다. 다음 절에서 소개할 워킹셋 알고리즘과 PFF 알고리즘도 전역교체 방법으로 사용될 수 있는 방법들이다.

한편 지역교체 방법에서는 해당 프로세스에게 할당된 프레임 내에서만 페이지를 교체할 수 있다. 프로세스별로 페이지 프레임을 할당하고, 교체할 페이지도 그 프로세스에게 할당된 프레임 내에서 선정하게 되는 것이다. LRU, LFU 등의 알고리즘을 프로세스별로 독자적으로 운영할 때에는 지역교체 방법이 된다.

5. 스레싱

앞서 설명한 대로 프로세스가 원활하게 수행되기 위해서는 일정 수준 이상의 페이지 프레임을 할당받아야 한다. 이와 같은 최소한의 페이지 프레임을 할당받지 못할 경우 성능상의 심각한 문제가 발생할 수 있다. 집중적으로 참조되는 페이지들의 집합을 메모리에 한꺼번에 적재하지 못하면 페이지 부재율(page fault rate)이 크게 상승해 CPU 이용률(CPU utilization)이 급격히 떨어질 수 있기 때문이다. 이와 같은 현상을 스레싱(thrashing)이라고 부른다.

스레싱이 발생하는 시나리오에 대해 좀 더 자세히 살펴보도록 하자. 운영체제는 CPU의 이용률이 낮을 경우 메모리에 올라와 있는 프로세스의 수가 적기 때문이라고 판단하게 된다. 준비 큐에 프로세스가 단 하나라도 있으면 CPU는 그 프로세스를 실행하므로 쉬지 않고 일하게 된다. 그런데 CPU 이용률이 낮다는 것은 준비 큐가 비는 경우가 발생한다는 뜻이다. 이는 메모리에 올라와 있는 프로세스의 수가 너무 적어 이들 프로세스가 모두 I/O 작업을 함으로써 준비 큐가 비는 경우가 발생했다는 뜻이다. 따라서 CPU 이용률이 낮으면 운영체제는 메모리에 올라가는 프로세스의 수를 늘리게 된다. 우리는 메모리에 동시에 올라가 있는 프로세스의 수를 다중 프로그래밍의 정도(Multi-Programming Degree: MPD)라고 부른다. 요약하자면, CPU 이용률이 낮을 경우 운영체제는 MPD를 높이게 된다. 그런데 MPD가 과도하게 높아지면 각 프로세스에게 할당되는 메모리의 양이 지나치게 감소하게 된다. 그렇게 되면 각 프로세스는 그들이 원활하게 수행되기 위해 필요한 최소한의 페이지 프레임도 할당받지 못하는 상태가 되어 페이지 부재가 빈번히 발생하게 된다. 페이지 부재가 발생하면 디스크 I/O 작업을 수반하므로 문맥교환을 통해 다른 프로세스에게 CPU가 이양된다. 이때 다른 프로세스 역시 할당받은 메모리 양이 지나치게 적으면 페이지 부재가 발생할 수밖에 없다. 그러면 또 다른 프로세스에게 CPU가 할당된다. 결국에는 준비 큐에 있는 모든 프로세스에게 CPU가 한 차례씩 할당되었는데도 모든 프로세스가 다 페이지 부재를 발생시켜 시스템은 페이지 부재를 처리하느라 매우 분주해지고 CPU의 이용률은 급격히 떨어지게 된다. 이 상황에서 운영체제는 메모리에 올라와 있는 프로세스의 수가 적어 이러한 현상이 발생했다고 판단하고, MPD를 높이기 위해 또 다른 프로세스를 메모리에 추가하게 된다. 이로 인해 프로세스당 할당된 프레임의 수가 더욱 감소하고 페이지 부재는 더욱 빈번히 발생하게 된다. 이 경우 프로세스들은 서로의 페이지를 교체하며 스왑 인과 스왑 아웃을 지속적으로 발생시키고, CPU는 대부분의 시간에 일을 하지 않게 된다. 이러한 상황을 스레싱이라고 부르게 되는 것이다.

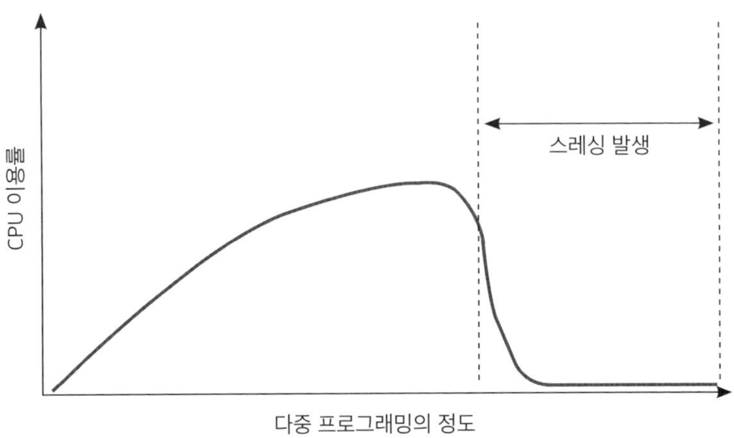

<그림 8-9> 스레싱이 발생하는 경우

〈그림 8-9〉는 MPD와 CPU 이용률의 상관관계를 보여준다. 메모리 내에 존재하는 프로세스의 수를 증가시키면 CPU 이용률은 이에 비례해서 증가하게 된다. 그러나 어느 한계치를 넘어서면 CPU 이용률이 급격히 떨어지는 것을 알 수 있다. 스레싱이 발생했기 때문이다. 따라서 스레싱이 발생하지 않도록 하면서 CPU 이용률을 최대한 높일 수 있도록 MPD를 조절하는 것이 중요하다. MPD를 적절히 조절해 CPU 이용률을 높이는 동시에 스레싱 발생을 방지하는 방법에는 워킹셋 알고리즘(working-set algorithm)과 페이지 부재 빈도 알고리즘(page-fault frequency scheme)이 있다.

1) 워킹셋 알고리즘

프로세스는 일정 시간 동안 특정 주소 영역을 집중적으로 참조하는 경향이 있다. 이렇게 집중적으로 참조되는 페이지들의 집합을 지역성 집합(locality set)이라고 한다. 워킹셋(working-set) 알고리즘은 이러한 지역성 집합이 메모리에 동시에 올라갈 수 있도록 보장하는 메모리 관리 알고리즘을 뜻한다. 워킹셋 알고리즘에서는 프로세스가 일정 시간 동안 원활히 수행되기 위해 한꺼번에 메모리에 올라와 있어야 하는 페이지들의 집합을 워킹셋(working-set)이라고 정의하고, 프로세스의 워킹셋을 구성하는 페이지들이 한꺼번에 메모리에 올라갈 수 있는 경우에만 그 프로세스에게 메모리를 할당한다. 만약 그렇지 않을 경우에는 프로세스에게 할당된 페이지 프레임들을 모두 반납시킨 후 그 프로세스의 주소 공간 전체를 디스크로 스왑 아웃시킨다. 이와 같은 방법을 통해 워킹셋 알고리즘은 MPD를 조절하고 스레싱을 방지하게 된다.

이제 워킹셋 알고리즘이 워킹셋을 어떻게 구하는지 알아보도록 하자. 한꺼번에 메모리에 올라가야 할 페이지들의 집합을 결정하기 위해 워킹셋 알고리즘은 워킹셋 윈도우(working-set window)를 사용한다. 윈도우의 크기가 Δ인 경우, 워킹셋 알고리즘은 시각 t_i에서의 워킹셋 WS(t_i)을 시간 간격 [t_i-Δ, t_i] 사이에 참조된 서로 다른 페이지들의 집합으로 정의한다. t_i 시점에 워킹셋에 포함된 페이지들은 메모리에 유지되고 그렇지 않은 페이지들은 메모리에서 쫓겨나게 된다. 이는 달리 표현하면 페이지가 참조된 시점부터 Δ시간 동안은 메모리에 유지하고, 그 시점이 지나면 메모리에서 지워버리게 되는 것이다.

워킹셋 알고리즘은 메모리에 올라와 있는 프로세스들의 워킹셋 크기의 합이 프레임의 수보다 클 경우 일부 프로세스를 스왑 아웃시켜서 남은 프로세스의 워킹셋이 메모리에 모두 올라가는 것을 보장한다. 이는 MPD를 줄이는 효과를 발생시킨다. 반면 프로세스들의 워킹셋을 모두 할당한 후에도 프레임이 남을 경우, 스왑 아웃되었던 프로세스를 다시 메모리에 올려서 워킹셋을 할당함으로써 MPD를 증가시킨다. 이러한 방식으로 워킹셋 알고리즘은 CPU 이용률을 높게 유지하면서 MPD를 적절히 조절해 스레싱을 방지한다.

윈도우 Δ의 크기가 너무 작으면 지역성 집합을 모두 수용하지 못할 우려가 있고, 반대로 윈도우 Δ의 크기가 너무 크면 여러 규모의 지역성 집합을 수용할 수 있는 반면 MPD가 감소해 CPU 이용률이 낮아질 우려가 있다. 따라서 워킹셋 알고리즘에서 시스템의 성능을 향상시키기 위해서는 프로세스들의 지역성 집합을 효과적으로 탐지할 수 있는 윈도우 크기 Δ를 결정하는 것이 중요하다.

워킹셋 알고리즘에서 워킹셋의 크기는 시간이 흐름에 따라 변한다. 〈그림 8-10〉은 윈도우 Δ의 크기가 10인 경우 워킹셋 알고리즘이 운영되는 예

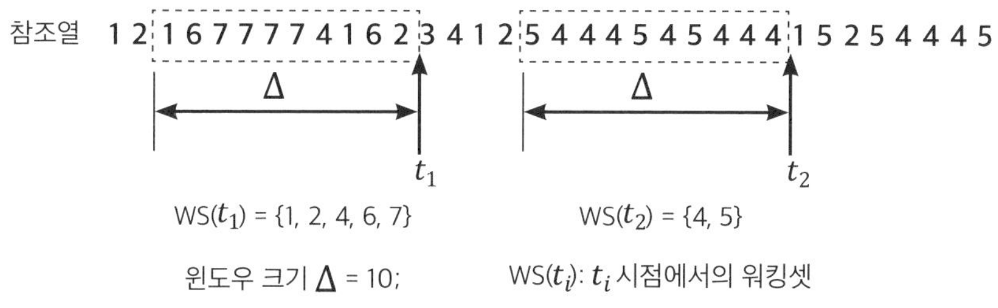

<그림 8-10> 워킹셋 알고리즘의 예

를 보여준다. 그림에서 시각이 t_1일 때 이 프로세스의 워킹셋이 5개의 페이지로 구성되는 반면, 시각이 t_2일 때에는 워킹셋이 2개의 페이지로 구성된다. 워킹셋 알고리즘은 이처럼 프로세스가 메모리를 많이 필요로 할 때에는 많이 할당하고 적게 필요로 할 때에는 적게 할당하는 일종의 동적인 프레임 할당 기능까지 수행한다고 할 수 있다.

2) 페이지 부재 빈도 알고리즘

페이지 부재 빈도(Page Fault Frequency: PFF) 알고리즘은 프로세스의 페이지 부재율을 주기적으로 조사하고 이 값에 근거해서 각 프로세스에 할당할 메모리 양을 동적으로 조절한다. 어떤 프로세스의 페이지 부재율이 시스템에서 미리 정해놓은 상한값(upper bound)을 넘게 되면 이 프로세스에 할당된 프레임의 수가 부족하다고 판단하여 이 프로세스에게 프레임을 추가로 더 할당한다. 이때 추가로 할당할 빈 프레임이 없다면 일부 프로세스를 스왑 아웃시켜 메모리에 올라가 있는 프로세스의 수를 조절한다. 반면 프로세스의 페이지 부재율이 하한값(lower bound) 이하로 떨어지면 이 프로세스에게 필요 이상으로 많은 프레임이 할당된 것으로 간주해 할당된 프레임

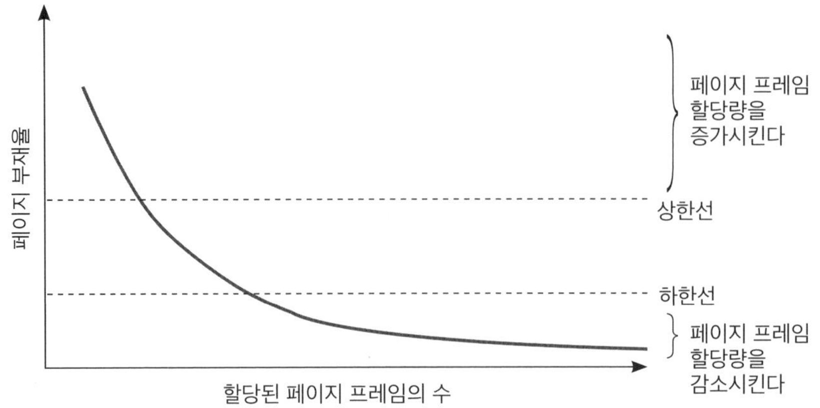

<그림 8-11> 페이지 부재 빈도 알고리즘

의 수를 줄인다. 이런 방식으로 메모리 내에 존재하는 모든 프로세스에 필요한 프레임을 다 할당한 후에도 프레임이 남는 경우 스왑 아웃되었던 프로세스에게 프레임을 할당함으로써 MPD를 높인다. 페이지 부재 빈도 알고리즘에서는 이러한 원리로 MPD를 조절하면서 CPU 이용률을 높이는 동시에 스레싱을 방지한다.

9장

디스크 관리

디스크(disk)는 컴퓨터 시스템의 대표적인 2차 저장장치이다. 메모리는 휘발성(volatile) 저장장치이므로 전원이 나가면 그 내용이 모두 사라진다. 따라서 컴퓨터에서 수행한 작업의 결과를 영구히 보관하기 위해서는 디스크와 같은 2차 저장장치를 이용해야 한다. 이 장에서는 이와 같은 디스크의 효율적인 관리를 위해 사용되는 디스크 스케줄링 기법과 저전력 디스크 관리 기법들에 대해 살펴본다. 또한 생활 속에서 흔히 볼 수 있는 엘리베이터 스케줄링 문제를 통해 디스크 관리 기법의 원리를 좀 더 쉽게 이해하는 기회도 가져보도록 한다.

1. 디스크의 구조

디스크 외부에서는 디스크를 일정한 크기의 저장공간들로 이루어진 1차원 배열처럼 취급하게 된다. 이 일정한 크기의 저장공간을 논리블록(logical block)이라고 하며, 디스크에 데이터가 저장될 때에는 논리블록 단위로 저장되고, 디스크 외부로 입출력이 일어날 때에도 논리블록 단위로 전송된다. 논리블록에 저장된 데이터를 접근하기 위해서는 배열을 접근하는 것처럼 해당 블록의 인덱스 번호를 디스크에 전달해야 한다. 그러면 디스크 컨트롤러는 해당 논리블록이 저장된 물리적 위치를 찾아 요청된 데이터에 대한 입출력 작업을 수행하게 된다. 이때 각 논리블록이 저장되는 디스크 내의 물리적인 위치를 섹터(sector)라고 부른다. 즉 논리블록 하나가 섹터 하

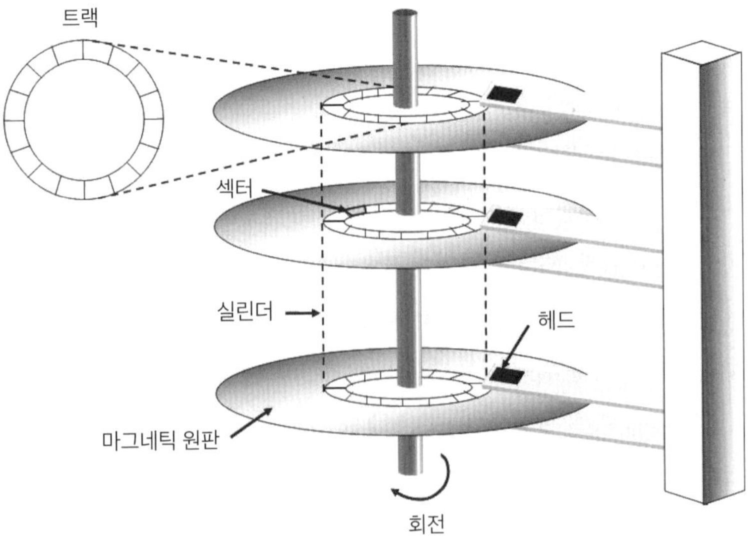

<그림 9-1> 디스크의 물리적 구조

나와 1 대 1로 매핑되어 저장되는 것이다.

디스크의 물리적인 구조는 마그네틱의 원판으로 구성된다. 하나의 디스크 내에 원판의 수는 하나일 수도 있고 여러 개일 수도 있다. 각각의 원판은 트랙(track)으로 구성되고 각 트랙은 섹터로 나뉘며, 섹터에 최소한의 단위 정보가 저장된다. 여러 개의 원판에서 상대적 위치가 동일한 트랙들의 집합을 우리는 실린더(cylinder)라고 부른다. 섹터 0은 최외곽 실린더의 첫 번째 트랙에 있는 첫 번째 섹터이다. 디스크에 데이터를 읽고 쓰기 위해서는 암(arm)이 해당 섹터가 위치한 실린더로 이동한 후 원판이 회전하여 디스크 헤드가 저장된 섹터 위치에 도달해야 한다.

2. 디스크 스케줄링

디스크에 대한 접근시간(access time)은 탐색시간(seek time)과 회전지연시간(rotational latency), 전송시간(transfer time)으로 구분된다. 탐색시간은 디스크 헤드를 해당 실린더 위치로 이동시키는 데 걸리는 시간이다. 즉 접근하려는 데이터가 원판의 안쪽에 있는지 바깥쪽에 있는지에 따라 헤드를 움직이는 데 걸리는 시간이 탐색시간인 것이다. 회전지연시간은 디스크가 회전해서 읽고 쓰려는 섹터가 헤드 위치에 도달하기까지 걸리는 시간이다. 전송시간은 해당 섹터가 헤드 위치에 도달한 후 데이터를 실제로 섹터에 읽고 쓰는 데 소요되는 시간을 뜻한다.

디스크 입출력의 효율을 높이기 위해서는 디스크 입출력에 소요되는 접근시간을 최소화해야 한다. 접근시간을 최소화하기 위해서는 탐색시간, 회전지연시간, 전송시간을 줄여야 하는데, 회전지연시간과 전송시간은 상대적인 수치가 작을 뿐 아니라 운영체제 입장에서 통제하기 힘든 부분이다. 따라서 운영체제는 탐색시간을 줄이기 위해 헤드의 움직임을 최소화하는 스케줄링 작업을 한다. 디스크 스케줄링(disk scheduling)이란 효율적인 디스크 입출력을 위해 여러 섹터들에 대한 입출력 요청이 들어왔을 때 이들을 어떠한 순서로 처리할 것인지 결정하는 메커니즘을 말한다. 디스크 스케줄링의 가장 중요한 목표는 디스크 헤드의 이동거리를 줄이는 것이다. 디스크 스케줄링 기법은 우리가 일상생활에서 널리 사용하는 엘리베이터의 스케줄링 문제와 매우 유사하다. 따라서 지금부터 살펴볼 디스크 스케줄링 알고리즘들을 엘리베이터 스케줄링과 비교해서 생각하면 이해가 한결 수월할 것이다.

1) FCFS 스케줄링

FCFS(First Come First Served) 스케줄링은 디스크에 먼저 들어온 요청을 먼저 처리하는 방식을 말한다. 예를 들어 다음과 같은 실린더 위치에 입출력 요청이 순서대로 들어왔다고 가정해보자. 이 디스크는 200개의 실린더를 가지고 있으며, 실린더 0은 디스크 원판의 가장 안쪽 실린더이고 199는 가장 바깥쪽 실린더라고 하자.

99 184 36 123 15 125 66 68

현재 디스크 헤드가 54번 실린더에 있을 경우 헤드는 54에서 출발해 99, 184, 36, 123과 같이 요청이 들어온 순서대로 이동하게 된다. 따라서 총 헤드가 이동한 거리를 계산하면 644가 된다.

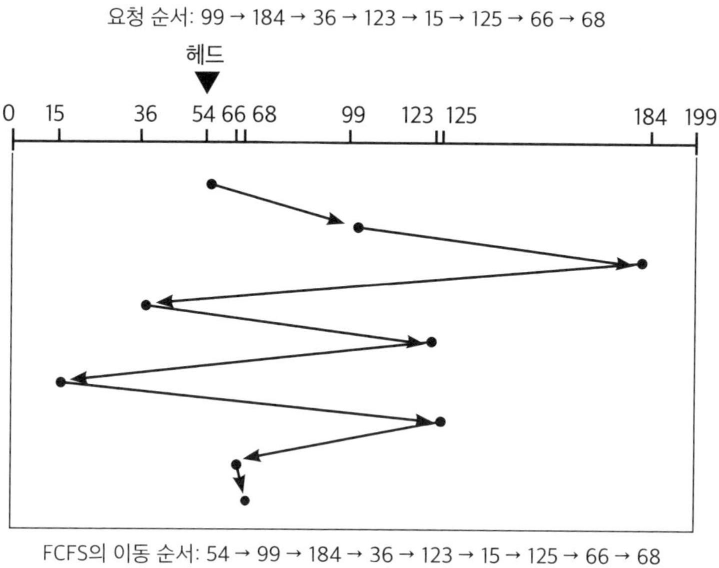

<그림 9-2> FCFS 스케줄링의 예

은행창구나 매표소에서 고객들이 선착순으로 서비스를 받는 것을 생각할 때 이 스케줄링은 합리적인 것처럼 보이기도 하지만 그 효율성은 매우 떨어진다. 그 이유는 디스크 스케줄링의 경우 은행창구나 매표소처럼 고정된 장소에서 서비스가 이루어지는 것이 아니라 디스크 헤드가 움직이면서 서비스를 하기 때문이다. 즉 앞선 문제들과 달리 디스크 스케줄링의 성능 향상을 위해서는 헤드의 이동을 줄이기 위한 메커니즘이 필요하다. 이는 우체부가 같은 지역으로 가는 우편물들을 그룹화해 배달하지 않고 우편물이 도착한 순서대로 매번 배달하는 상황에 견주어 생각하면 이해가 수월할 것이다. FCFS 스케줄링이 적용되는 디스크에서 최악의 경우 입출력 요청이 디스크의 한쪽 끝과 반대쪽 끝에 번갈아 도착한다면 헤드는 디스크를 계속 왕복하며 일을 처리해야 하므로 탐색시간이 매우 비효율적으로 늘어

나는 결과를 초래한다.

2) SSTF 스케줄링

SSTF(Shortest Seek Time First) 스케줄링은 헤드의 현재 위치로부터 가장 가까운 위치에 있는 요청을 제일 먼저 처리하는 알고리즘이다. FCFS에서 예로 들었던 일련의 요청에 대해 SSTF 방식을 적용해보자. 99, 184, 36, 123, 15, 125, 66, 68번 실린더 위치에 요청들이 순서대로 들어왔을 때 SSTF는 현재 헤드 위치인 54번 실린더에서 가장 가까운 66번 실린더의 요청을 가장 먼저 처리한다. 그 후 66번에서 가장 가까운 68번, 그다음에는 68에서 가장 가까운 36번, 이런 순서로 이동하며 요청을 처리하게 된다. 이

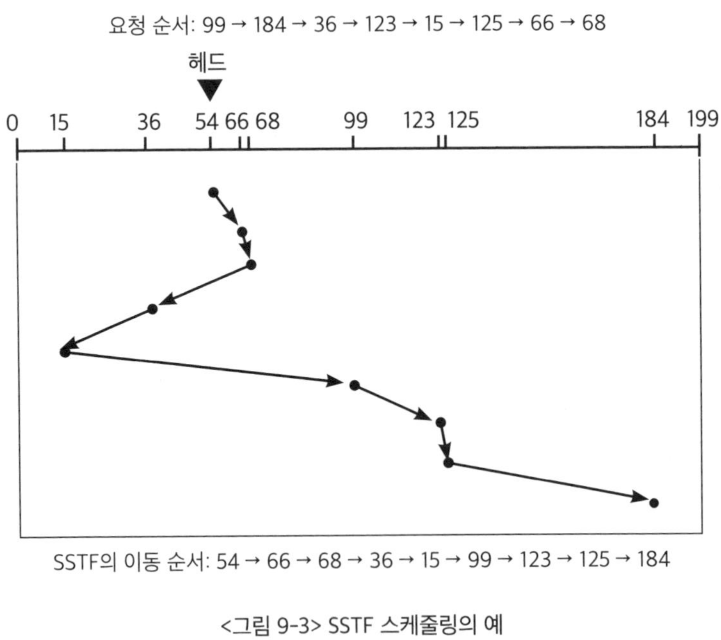

<그림 9-3> SSTF 스케줄링의 예

경우 헤드의 총 이동거리는 236이 된다.

이처럼 SSTF는 헤드의 이동거리를 줄여 디스크 입출력의 효율성을 증가시키지만, 자칫 기아 현상(starvation)을 발생시킬 수 있다. 현재의 헤드 위치로부터 가까운 곳에서 지속적인 요청이 들어올 경우 헤드 위치에서 멀리 떨어진 곳의 요청은 무한히 기다려야 하는 문제가 발생할 수 있기 때문이다. 또한 FCFS와 비교해볼 때 헤드의 이동거리를 많이 줄일 수 있긴 하지만 그렇다고 SSTF가 헤드의 이동거리 측면에서 가장 우수한 알고리즘은 아니다.

3) SCAN 알고리즘

SCAN 알고리즘은 헤드가 디스크 원판의 안쪽 끝과 바깥쪽 끝을 오가며, 그 경로에 존재하는 모든 요청을 처리한다. 즉 디스크의 어떠한 위치에 요청이 들어오는가와 상관없이 헤드는 정해진 방향으로 이동하면서 길목에 있는 요청들을 처리하며 지나가는 것이다. 이는 버스가 일정 경로에 따라 움직이며 정류장에서 기다리고 있는 사람들을 태우는 것과 유사한 방식이다. SCAN 알고리즘이 한 방향으로 이동하여 디스크의 한쪽 끝에 도달하면 방향을 바꾸어 다른 쪽 끝을 향해 이동하면서 그 경로에 있는 모든 요청을 처리한다. SCAN 알고리즘의 이동경로는 〈그림 9-4〉와 같이 나타낼 수 있다.

앞선 예제에서처럼 현재의 헤드 위치가 54번 실린더이고, 디스크 헤드가 0번 실린더 방향으로 이동하고 있다고 가정할 때 SCAN 알고리즘이 동작하는 방식을 살펴보자. SCAN 알고리즘은 우선 0번 실린더까지 이동하면서 가는 길목에 존재하는 36번과 15번 실린더 위치에 들어온 요청을 처리

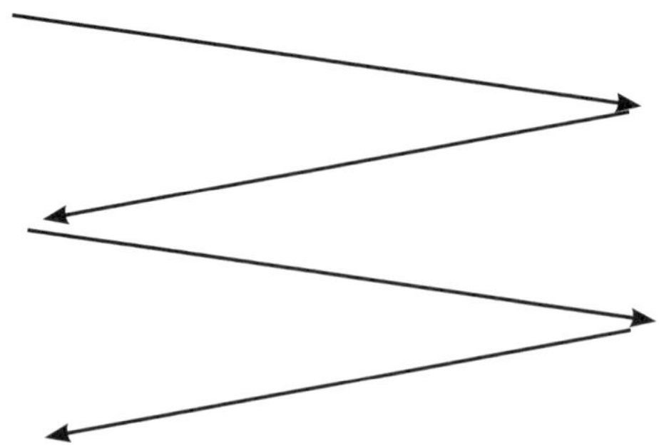

<그림 9-4> SCAN 알고리즘에서 디스크 헤드의 요청 처리 경로

하게 된다. 그리고 0번 실린더에 도착한 후에는 이동 방향을 바꾸어 199번 실린더를 향해 이동하면서 가는 길목에 존재하는 모든 요청들을 차례로 처리한다. 따라서 SCAN 알고리즘을 사용할 경우 헤드의 총 이동거리는 238이 된다.

SCAN 알고리즘은 우리가 일상생활에서 흔히 볼 수 있는 엘리베이터에서 사용하는 스케줄링 알고리즘과 유사하다. 따라서 SCAN 알고리즘을 엘리베이터 스케줄링 알고리즘(elevator scheduling algorithm)이라고도 부른다. 엘리베이터는 먼저 호출 버튼을 누른 층에 먼저 가는 FCFS나 현재 위치에서 가까운 층으로만 운행하는 SSTF 방식을 사용하지 않는다. 대신 한 방향으로 이동하면서 진행 경로에 같은 방향으로 가는 승객이 있으면 모두 태운다. 그리고 그 방향으로 요청이 더 이상 없으면 방향을 바꾸어서 역시 운행 방향으로 가는 승객을 태워서 간다. SCAN 알고리즘에서는 FCFS처럼 불필요한 헤드의 이동이 발생하거나 SSTF처럼 일부 지역이 지나치게 오래 기다리는 현상이 발생하지 않는다. 즉 효율성과 형평성을 모두 만족하는 알고리즘이라 할 수 있다. SCAN 알고리즘은 한쪽 끝에서 다른 쪽 끝으로

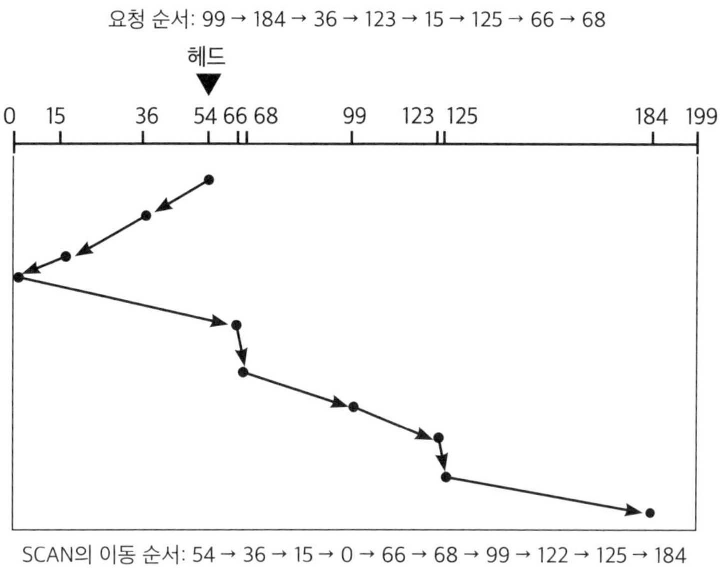

<그림 9-5> SCAN 스케줄링의 예

한 번만 이동하면 현재 큐에 들어온 모든 요청을 처리할 수 있으므로 이동거리 측면에서 매우 효율적이다. 또한 헤드가 전체 실린더를 한 번 스캔하는 시간이면 기다리던 모든 요청이 처리되므로 일부 요청이 지나치게 오래 기다리는 현상도 발생하지 않는다.

하지만 SCAN 알고리즘에서 모든 실린더 위치의 기다리는 시간이 공평한 것은 아니다. 제일 안쪽이나 제일 바깥쪽 위치보다는 가운데 위치가 기다리는 평균시간이 더 짧기 때문이다. 헤드가 가운데 위치를 지나가는 주기는 양 끝을 지나가는 주기의 절반에 불과하다. 예를 들어 0번에서 199번까지 200개의 실린더를 가진 디스크의 경우 헤드가 가장자리인 0번 실린더나 199번 실린더를 지금 막 지나가고 나서 해당 지점에 요청이 들어왔다면 반대쪽 끝까지 헤드가 갔다 와야 서비스를 받을 수 있으므로 헤드의 이동거리 400이 지난 후에야 서비스가 가능하다. 반면 100번 실린더를 헤드가 지금 막 지나가고 나서 그 지점에 요청이 들어왔다면 헤드가 가장자리까지 갔다가 다시 돌아오는 거리는 200에 불과하다. SCAN 알고리즘의 위치에 따른 탐색시간의 편차를 보완하기 위해 다음에 소개될 C-SCAN 알고리즘이 제안되었다.

4) C-SCAN 알고리즘

C-SCAN(Circular-SCAN) 알고리즘은 SCAN처럼 헤드가 한쪽 끝에서 다른 쪽 끝으로 이동하며 가는 길목에 있는 모든 요청을 처리한다. 그러나 SCAN과 달리 헤드가 다른 쪽 끝에 도달해 방향을 바꾼 후에는 요청을 처리하지 않고 곧바로 출발점으로 다시 이동만 한다. 이 방식은 각 실린더 위치에 대해 SCAN보다 좀 더 균일한 탐색시간을 제공한다. 즉 SCAN보다 헤드의 이동거리는 조금 길어지지만 탐색시간의 편차를 줄일 수 있다는 것이 C-SCAN의 장점이라 할 수 있다. 앞의 예제에 대해 C-SCAN 알고리즘을 적용할 경우 헤드의 총 이동거리는 〈그림 9-7〉과 같이 380이 된다.

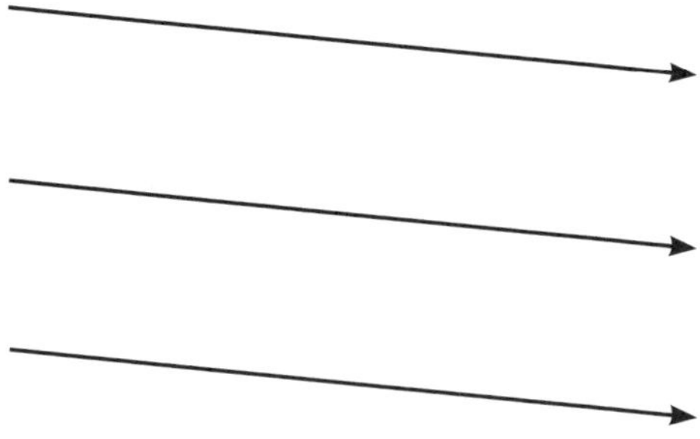

<그림 9-6> C-SCAN 알고리즘에서 디스크 헤드의 요청 처리 경로

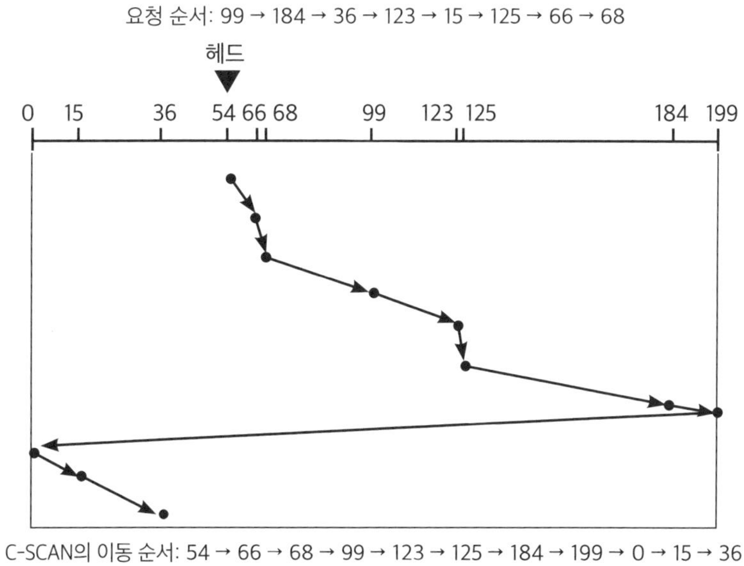

<그림 9-7> C-SCAN 스케줄링의 예

5) LOOK과 C-LOOK 알고리즘

SCAN 알고리즘에서는 요청의 존재 여부와 관계없이 헤드가 무조건 디스크의 한쪽 끝에서 다른 쪽 끝으로 이동한다. 이에 반해 LOOK 알고리즘은 헤드가 한쪽 방향으로 이동하다가 그 방향에 더 이상 대기 중인 요청이 없으면 헤드의 이동 방향을 즉시 반대로 바꾸는 스케줄링 방식이다. 헤드가 진행하는 방향에 요청이 있는지를 살핀 후 이동하기 때문에 LOOK이라고 부르는 것이다. 한편 C-LOOK 알고리즘은 전방에 요청이 없을 때 방향을 바꾼다는 측면에서는 LOOK과 유사하며, 한쪽 방향으로 이동할 때에만 요청을 처리한다는 점에서 C-SCAN과 유사하다.

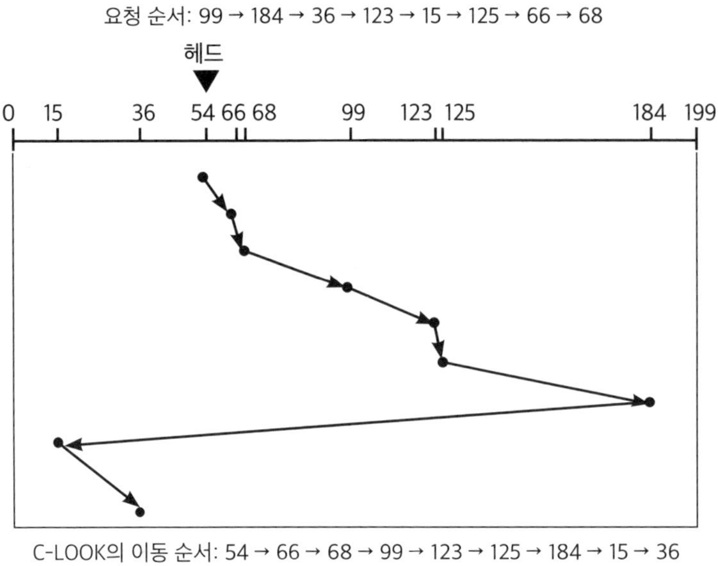

<그림 9-8> C-LOOK 스케줄링의 예

앞선 예제를 C-LOOK 알고리즘에 적용해봤을 때 헤드의 이동경로는 〈그림 9-8〉과 같다. C-SCAN과의 차이점은 헤드가 184번 실린더까지 이동한 후 전방에 더 이상의 요청이 없으므로 199번까지 가는 대신 곧바로 방향을 바꾼다는 점이다. 또한 헤드가 반드시 0번까지 이동하는 것이 아니라 요청이 존재하는 가장 낮은 실린더 번호까지만 이동해 서비스를 시작하므로 이 예제의 경우 15번 실린더에서 다시 방향을 바꾸게 된다.

지금까지 살펴본 디스크 스케줄링 기법들 중 SCAN, C-SCAN 및 이들을 좀 더 개선한 LOOK, C-LOOK 등의 스케줄링 알고리즘이 디스크 입출력이 많은 시스템에서 FCFS나 SSTF에 비해 더 효율적인 것으로 알려져 있다.

3. 다중 디스크 환경에서의 스케줄링

포털사이트 등 수많은 동시 사용자를 서비스하는 서버에서는 다수의 디스크를 함께 사용한다. 동일한 정보를 여러 디스크에 중복 저장함으로써 인기 있는 데이터를 여러 디스크로부터 동시에 서비스할 수 있고, 일부 디스크에 오류가 발생해도 지속적인 서비스가 가능하며, 정보의 유실을 방지할 수 있기 때문이다. 이처럼 다중 디스크를 사용하면 시스템의 성능과 신뢰성을 동시에 향상시킬 수 있다.

이러한 환경에서는 같은 데이터가 저장되어 있는 여러 개의 디스크 중 어느 디스크에서 요청을 처리할지 결정하는 스케줄링 문제가 발생한다. 앞서 설명한 스케줄링 기법이 하나의 디스크 내에서 입출력 요청의 처리 순서를 결정하는 것이라면, 다중 디스크에서의 스케줄링은 작업을 수행할 디스크를 결정하는 문제까지 포함한다. 이러한 시스템에서는 스케줄링의 목표에 따라 요청을 처리할 디스크를 결정하는 기준이 달라진다. 예를 들어 탐색시간(seek time)을 줄이는 것이 목표라면 여러 디스크 중에서 헤드의 현재 위치가 요청한 데이터와 가장 가까운 디스크를 선택하는 방법을 사용할 수 있다. 좀 더 거시적인 관점에서는 각 디스크 간의 부하균형(load balancing)을 이루도록 스케줄링하는 것이 중요하다. 다중 디스크 환경에서의 스케줄링은 많은 요청을 동시에 처리할 수 있는 확장성 있는 서비스가 목표이므로 일부 디스크가 과부하 상태에 이르지 않고 모든 디스크에 요청이 골고루 분배되도록 스케줄링해야 하기 때문이다.

최근에는 전력 소모를 줄이는 것이 디스크 관리의 또 다른 중요한 목표로 인식되고 있다. 전력 절감 측면에서는 모든 디스크에 요청을 골고루 분산시키기보다는 일부 디스크에 요청을 집중시키고 나머지 디스크는 회

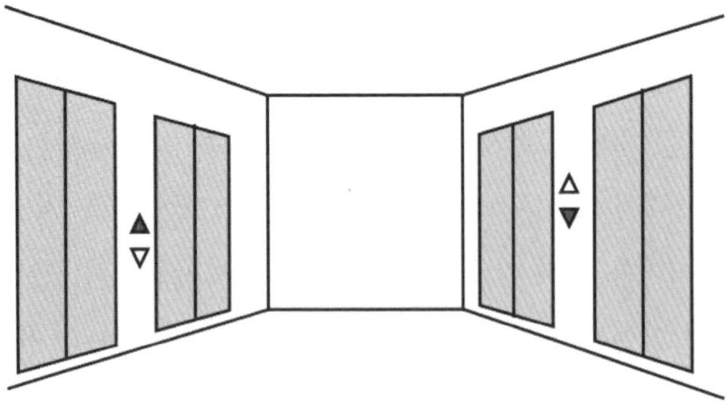

<그림 9-9> 그룹 엘리베이터 시스템

전을 정지시키는 것이 더 효과적이다. 물론 일부 디스크만으로 요청을 충분히 처리할 수 있을 정도로 요청이 빈번하지 않은 상황에 한해서 성립하는 이야기이다. 이는 엘리베이터 스케줄링의 경우에도 마찬가지이다. 최근 아파트를 비롯한 건축물들이 고층화되는 경향을 띠면서 20층에서 50층에 이르는 초고층 빌딩의 건설이 보편화되고 있다. 이에 따라 그룹 엘리베이터 시스템의 도입이 점차 늘어나는 추세이다. 그룹 엘리베이터 시스템이란 이웃한 여러 대의 엘리베이터가 독립적으로 운영되는 것이 아니라 동일한 제어 시스템에 의해 공동으로 운영되는, 일련의 엘리베이터 그룹을 말한다. 이와 같은 그룹 엘리베이터 시스템의 가장 큰 목표는 다수의 승객이 오래 기다리지 않고 빠른 서비스를 받을 수 있도록 하는 시스템의 확장성(scalability)에 있다. 이를 위해 그룹 엘리베이터 시스템은 여러 엘리베이터 기기 간의 부하균형을 이루도록 스케줄링하고 있다.

한편 전력 절감 측면에서는 엘리베이터 기기 간의 부하균형을 고려하는 기법보다는, 사용자가 적을 경우 일부 엘리베이터 기기에 부하를 집중시켜 잔여 기기들을 휴면 상태에 이를 수 있게 하는 부하편향 기법을 고려할 필요가 있다. 여러 대의 엘리베이터를 동시에 운행하는 것보다 사용자가 많지 않을 경우 한 대의 엘리베이터만 운행하는 것이 전력 절감 측면에서 더 효과적이기 때문이다(Lee & Bahn, 2005).

4. 디스크의 저전력 관리

1) 비활성화 기법

디스크의 상태는 전력 소모를 기준으로 크게 네 가지 상태인 활동(active) 상태, 공회전(idle) 상태, 준비(standby) 상태, 휴면(sleep) 상태로 나누어볼 수 있다(Choi, Won, & Nam, 2002).

활동 상태는 현재 헤드가 데이터를 읽거나 쓰고 있는 상태이며, 공회전 상태는 디스크가 회전 중이지만 데이터를 읽거나 쓰지는 않는 상태이다. 준비 상태는 디스크가 회전하지 않지만 인터페이스가 활성화된 상태이고, 휴면 상태는 디스크가 회전하지 않고 인터페이스도 비활성화된 상태이다. 편의상 디스크가 회전 중인 활동 상태와 공회전 상태를 활성 상태라고 부르고, 디스크가 정지한 준비 상태와 휴면 상태를 비활성 상태라고 부르기로 하겠다. 디스크가 회전하고 있는 활성 상태보다는 정지하고 있는 비활성 상태에서 전력 소모가 적으므로 요청이 없을 경우 디스크를 정지시키는 것이 전력 절감 측면에서 효과적이다.

그러나 〈그림 9-10〉에서 보는 것처럼 각 상태로 전환할 때는 부가적인 전력 및 시간이 소모된다. 예를 들어 비활성 상태에서 데이터를 읽고 쓰려면 활성 상태일 때보다 1~3초의 부가적인 시간과 1~2배의 부가적인 전력

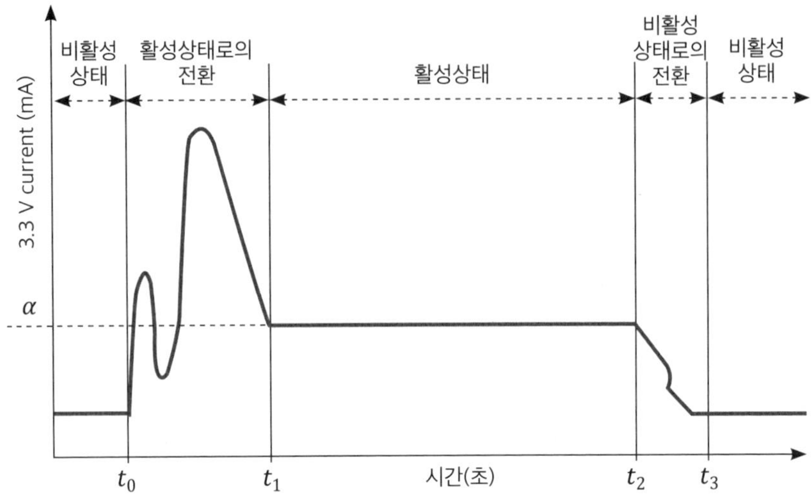

<그림 9-10> 디스크의 상태 변화에 드는 전력 및 시간

소모가 뒤따른다. 따라서 후속 요청까지의 시간 간격이 일정 시간(break-even time) 이상일 경우에만 디스크의 회전을 정지시키는 것이 전력 소모를 절감하는 데 효과적이다. 이는 장치를 비활성화할 시점을 결정하기 위해 미래의 요청이 도착하는 시점과 간격을 정확히 예측하는 것이 중요함을 뜻한다.

디스크를 비활성화하는 시점을 결정하는 방법으로는 시간기반(timeout based) 기법과 예측기반(prediction based) 기법, 확률기반(stochastic based) 기법이 있다. 시간기반 기법에서는 일정 시간 동안 디스크가 공회전 상태이면 장치를 정지시켰다가, 다시 요청이 왔을 때 디스크를 활성화한다(Golding, Bosch, Staelin, Sullivan, & Wilkes, 1995). 예측기반 기법에서는 과거 요청을 관찰하여 다음 공회전 구간의 길이를 예측한 후 디스크를 비활성화할 시점을 결정한다(Hwang & Allen, 2000). 확률기반 기법에서는 디바이스의 상태변경 시간 간격을 구하기 위해 확률분포를 통해 요청을 모델링하고 마르코프 체인(Markov chain) 등과 같은 통계적 모델을 이용한다(Paleologo, Benini, Bogliolo, & De Micheli, 1998; Simunic, Beniani, & De Micheli, 1999).

2) 회전속도 조절 기법

디스크의 전력 소모를 줄이기 위한 방법으로 최근에는 디스크의 회전속도(Rotations Per Minute: RPM)를 가변적으로 조절하는 기법이 제안되었다. 디바이스 수준에서 이와 같은 기능이 지원됨에 따라 운영체제에서는 전력 소모를 최소화하기 위해 디스크의 회전속도를 관리하는 지능형 전력 관리 기법에 대한 연구가 이루어지고 있다. 운영체제는 시스템 자원과 부하를 포괄적으로 볼 수 있기 때문에 하드웨어 혼자서 전력 관리를 하는 것에 비해 더 많은 전력 절감 효과를 얻을 수 있다(Swaminathan & Chakrabarty, 2003). 최근에는 워크로드의 특성을 활용해 회전속도를 조절하려는 시도가 이루어지고 있다(Liu, Shenoy, & Gong, 2004). 멀티미디어 환경에서는 시간에 따른 순차적인 데이터 접근이 이루어지므로 주기성과 규칙성이 있어 미래의 참조에 대한 예측이 비교적 정확하게 이루어질 수 있다. 멀티미디어 환경에서 저전력을 위한 디스크 스케줄링을 하여 23%까지 전력 소모를 줄인 연구도 있다(Choi, Won, & Nam, 2002). 또한 전력 소모를 최소화하기 위해 실시간 응용프로그램의 재생률(bit rate)과 버퍼 크기에 따라 디스크의 회전속도를 조절해서 전력 소모를 최소화하는 기법도 제안된 바 있다((Liu, Shenoy, & Gong, 2004; Rao, Vrudhula, & Krishnan, 2004).

3) 디스크의 데이터 배치 기법

디스크의 용량은 매년 빠른 속도로 증가하고 있으나 디스크의 접근 속도는 기계적 메커니즘으로 인해 그다지 큰 발전이 없는 실정이다. 미시간대학교의 신강근 교수 팀은 대부분의 컴퓨터 시스템에서 디스크의 53% 이상이 빈 공간인 상태로 남아 있다는 점에 착안해, 디스크 내에 데이터의 복제본(replica)을 많이 만들어 헤드 위치에서 가까운 복제본에 접근하도록 함으로써 빠른 응답시간과 전력 소모량 절감을 얻는 FS2 파일 시스템(free space file system)을 제안했다(Huang, Hung, & Shin, 2005). 복제본이 있는 경우 쓰기연산에서 일관성(consistency) 문제가 발생할 수 있으나, FS2에서는 헤드의 위치에서 가까운 복제본에 데이터를 쓰고 나머지 복제본들에 대해서는 주소 테이블에 무효화(invalidation) 연산만을 수행해 쓰기연산의 효율성까지 높였다.

4) 버퍼캐싱 및 사전인출 기법

미래에 요청될 데이터를 미리 알거나 어느 정도 예측할 수 있다면 디스크가 활성 상태일 때 헤드 위치로부터 가까운 데이터를 사전인출(prefetching)함으로써 향후 디스크의 비활성화 가능성을 높여 전력 소모를 줄일 수 있다. 또한 데드라인을 꼭 지켜야 하는 긴급한 요청이 아닌 경우, 디스크의 활성 상태 여부에 따라 요청을 최대한 지연시키는 방식으로 전력 소모를 줄일 수 있다. 이 둘을 통합하여, 디스크가 저전력 모드일 때는 입출력 처리를 최대한 지연시켰다가 디스크가 정상 전력 모드로 돌아왔을 때 사전인출을 공격적으로 함으로써 디스크의 상태 변화 횟수를 최소화하는 방법이 연구된 바 있다(Athanasios & Michael, 2002; Papathanasiou & Scott, 2004).

5) 쓰기전략을 통한 저전력 디스크 기법

저장장치의 데이터에 대한 쓰기전략(write strategy)을 통해 전력 소모를 줄이는 기법도 제안되고 있다. 대상 디스크가 비활성 상태일 때에는 디스크 쓰기를 하지 않고 기다렸다가, 디스크가 활성 상태로 돌아왔을 때 쓰는 방식(write-back with eager updates)으로 전력 소모를 줄이는 방안이 연구되었다(Qingbo et al., 2004). 이와 유사하게, 대상 디스크가 활성 상태가 아니면 일단 블록들을 로그 디스크에 썼다가 디스크가 활성 상태로 돌아왔을 때 디스크에 쓰기연산을 수행하는 방식(write-through with deferred update)도 제안된 바 있다(Qingbo et al., 2004).

10장

웹캐싱 기법

오늘날 인터넷을 통한 정보의 유통은 상상할 수 없을 정도로 빠르고 광범위하게 이루어지고 있다. 인터넷에 존재하는 정보의 양은 하루가 다르게 기하급수적으로 늘어나고 있으며, 그 결과 이제는 지구상에 존재하는 모든 정보를 인터넷 어딘가에서는 찾을 수 있다고 생각할 정도에 이르게 되었다. 이 장에서는 이와 같이 기하급수적으로 늘어나는 인터넷 정보에 신속히 접근할 수 있게 하는 주요 기술 중 하나인 웹캐싱(Web caching) 기법에 대해 살펴보도록 하겠다.

1. 웹캐싱

캐싱(caching) 기법은 저장장치 계층 간의 속도 차이를 완충시켜주기 위해 컴퓨터 구조, 운영체제, 데이터베이스 등의 분야에서 각각 캐시 메모리, 페이징 기법, 버퍼링 기법 등으로 널리 연구되어왔다. 한편 1990년대 중반부터는 웹의 보편화와 컨텐츠 전송 네트워크(Contents Delivery Network: CDN) 서비스의 활성화로 인해 단일 시스템 내에서 속도 차가 있는 저장장치 간에 이루어지는 캐싱 기법뿐 아니라 원격지의 객체를 캐싱하는 기법의 중요성이 커지고 있다. 특히 웹의 인기가 높아감에 따라 네트워크의 병목현상과 그로 인한 웹서비스의 오랜 지연시간 문제 등이 점점 더 심각해져가는 추세이며, 이를 완화시키기 위해 다양한 각도에서의 웹캐싱 기법에 관한 연구가 활발히 이루어졌다.

웹캐싱이란 웹 사용자에 의해 빈번히 요청되는 데이터를 사용자와 지리적으로 가까운 웹캐시 서버에 보관해 빠른 서비스를 가능하게 하는 기법을 말한다. 이와 같은 웹캐싱 기법은 웹서버 또는 웹 사용자 차원에서의 캐싱뿐 아니라 웹캐싱만을 전담하는 프락시서버에 의해 광범위하게 이루어지고 있다. 프락시서버는 통상적으로 일개 그룹의 웹 사용자에 대한 서비스 지연시간을 줄이기 위해 사용되며, 궁극적으로는 네트워크의 대역폭 절약과 함께 웹서버의 부하를 줄이는 역할도 담당하게 된다. 이와 반대로 웹서버 쪽에는 역방향 프락시캐시(reverse proxy cache)가 사용되는데, 이는 일개 그룹에 속한 웹서버의 객체들을 캐싱하여 서버의 부하를 직접적으로 줄이는 역할을 하며, 궁극적으로 웹 사용자의 지연시간을 줄이는 역할을 하게 된다.

캐싱 시스템의 성능에 있어서 중요한 역할을 하는 부분 중 하나가 캐시

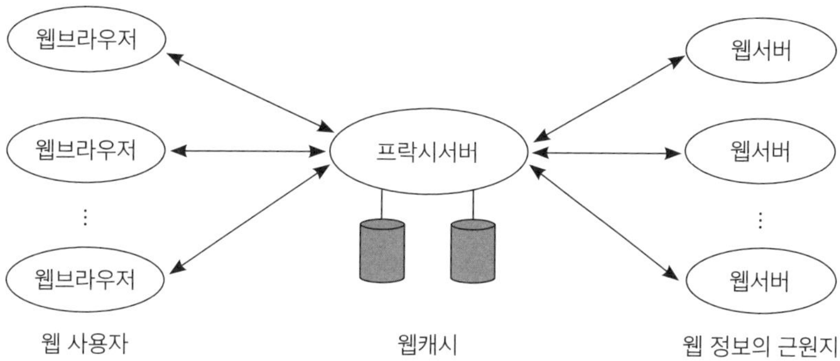

<그림 10-1> 프락시서버를 이용하는 웹캐싱 환경

교체 알고리즘(cache replacement algorithm)이다. 캐시 교체 알고리즘은 한정된 캐시 공간을 가지고 사용자들의 지속적인 요청을 처리하기 위해 어떠한 객체를 캐시에 보관하고 어떠한 객체를 캐시에서 삭제할지 온라인으로 결정한다. 이러한 교체 알고리즘은 버퍼캐싱과 페이징 등 전통적인 캐싱 시스템에서 LRU(Least Recently Used) 알고리즘 등으로 폭넓게 연구되어왔다. 하지만 웹캐시는 기존의 캐싱 시스템과 다른 여러 가지 독자적인 특성이 있어 이러한 특성을 반영하는 새로운 교체 알고리즘에 대한 활발한 연구가 이루어져왔다. 다음 절에서는 이러한 교체 알고리즘에 대해 살펴보도록 하겠다.

캐시에 보관된 웹 객체는 근원지 서버에서 변경될 수 있으므로 캐싱 시스템은 통상적으로 일관성 유지(consistency policy) 기법을 필요로 한다. 일관성 유지 기법은 사용자가 요청한 웹 객체가 캐싱되어 있는 경우 이 객체가 근원지 서버에 있는 객체와 동일한지를 확인해서 사용자에게 최신의 정보를 전달하기 위해 필요하다. 하지만 전통적인 컴퓨터 시스템이 캐시 일관성을 유지하지 못하면 시스템 전체에 치명적인 문제점을 발생시킬 수 있는 것과 달리, 웹캐시에서는 일관성 유지 여부가 큰 문제점을 야기하지는 않는 경우가 대부분이며 일관성의 불일치에 대한 의미가 전통적인 시스템에서와 차이가 있다. 따라서 웹캐시에 적절한 일관성 유지 기법이 필요하며, 이에 대해서는 3절에서 살펴보도록 하겠다. 웹캐싱의 효과를 극대화하기 위해서는 웹캐시 간의 공유 및 협력 기법이 필요한데, 4절에서는 이러한 웹캐시들 간의 공유 및 협력 기법에 대해 간단히 살펴보고, 이어서 5절에서는 웹캐시에서의 사전인출(prefetching) 기법에 대해, 6절에서는 동적 웹 콘텐츠(dynamic contents) 캐싱 기법에 대해 간단히 살펴보겠다.

2. 웹캐시의 교체 알고리즘

캐싱 기법의 성능은 캐시 교체 알고리즘에 의해 크게 좌우된다. 캐시 교체 알고리즘은 미래의 참조를 미리 알지 못하는 상태에서 한정된 캐시 공간에 보관하고 있을 객체와 삭제할 객체를 동적으로 결정하는 온라인 알고리즘이다. 이러한 알고리즘은 가상메모리의 페이지 교체 알고리즘과 버퍼캐싱 등에서 광범위하게 연구되어왔다. 하지만 전통적인 캐싱 환경에서와 달리 웹캐싱에서는 캐싱 대상이 되는 객체들의 크기와 인출 비용이 균일하지 않기 때문에 효율적인 교체 알고리즘의 설계에 어려움이 따른다. 예를 들어 페이징 기법에서는 동일한 크기의 페이지를 캐싱의 대상으로 하며, 캐시부재(cache miss) 시 페이지를 디스크에서 메모리로 읽어오기 때문에 그 비용이 균일하다. 반면 웹캐싱에서는 객체를 가지고 있는 근원지 서버의 위치 및 특성에 따라 객체를 캐시로 읽어오는 비용이 다르며, 하나의 URL에 대응하는 파일 단위로 캐싱이 이루어지기 때문에 캐싱 단위의 크기

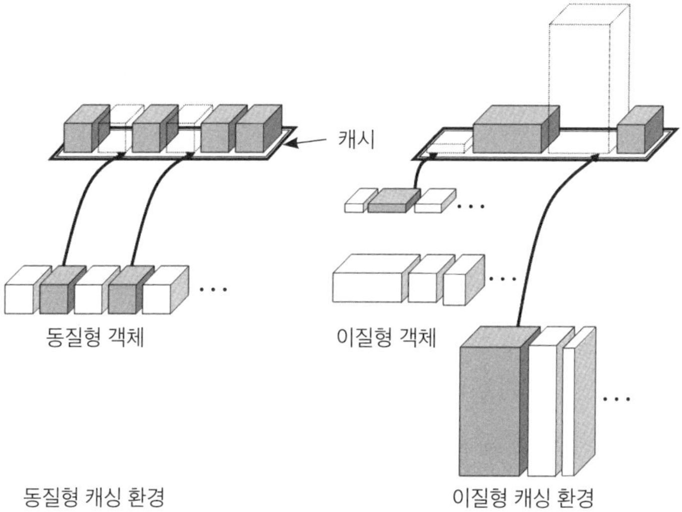

<그림 10-2> 전통적인 시스템에서의 동질형 캐싱과 웹 시스템에서의 이질형 캐싱 환경

가 균일하지 않다. 따라서 효율적인 캐시 교체 알고리즘은 이와 같은 객체의 이질성을 고려할 수 있어야 한다.

1) 교체 알고리즘의 성능 척도

객체의 크기와 인출 비용이 균일한 전통적인 캐싱 환경에서는 사용자가 요청한 객체가 캐시에 존재하는 경우 그 효용이 모두 동일하므로 캐시 교체 알고리즘의 목표는 참조 가능성이 높은 객체를 캐시에 보관해 식 (1)의 캐시적중률(Hit Rate: HR)을 높이는 것으로 충분했다. 캐시적중률이란 사용자의 총 요청 중 캐시에서 적중되어 서비스된 요청의 비율을 나타낸다. 하지만 웹캐싱에서는 객체들의 크기와 인출 비용이 균일하지 않기 때문에 객체들의 참조 가능성과 이질성을 함께 고려해서 객체들의 가치를 평가하는 것이 바람직하다. 식 (4)는 이와 같은 관점에서 캐싱의 목표를 비용절감률(Cost-Savings Ratio: CSR)로 정형화시킨 것이다. 이때 객체의 크기와 인출 비용이 모두 균일하다면 비용절감률은 캐시적중률과 동일한 의미를 가지게 된다.

식 (4)에서 객체의 비용 c_i는 다양한 환경에서의 캐싱 목표에 따라 다르게 정의할 수 있다. c_i를 객체의 크기로 정의하면 비용절감률은 식 (2)의 바이트적중률(Byte Hit Rate: BHR)과 동일한 의미가 되고, 객체의 인출 지연시간으로 정의하면 이는 식 (3)의 지연감소율(Delay Savings Ratio: DSR)과 동일한 의미가 된다. 바이트적중률은 사용자에 의해 요청된 총 바이트(데이터의 양) 중에서 캐시에 이미 존재해 근원지 서버에서 받아올 필요가 없는 바이트 수의 비율을 나타내주는 척도이다. 그리고 지연감소율은 캐시가 없을 경우의 총 사용자 지연시간 중 캐시가 있음으로 인해 줄어드는 지연시간의 비율을 나타낸다.

(1) 캐시적중률 = $\sum h_i / \sum r_i$

(2) 바이트적중률 = $\sum (s_i \cdot h_i) / (s_i \cdot r_i)$

(3) 지연감소율 = $\sum (d_i \cdot h_i) / (d_i \cdot r_i)$

(4) 비용절감률 = $\sum (c_i \cdot h_i) / (c_i \cdot r_i)$

- h_i : 객체 i의 캐시적중 횟수
- r_i : 객체 i의 총 참조 횟수
- s_i : 객체 i의 크기
- d_i : 객체 i의 근원지 서버로부터의 인출 지연시간
- c_i : 객체 i의 인출 비용

2) 참조 가능성의 예측

캐시 교체 알고리즘은 미래의 참조를 미리 알지 못 하는 상태에서 미래에 참조될 가능성이 높은 객체를 선별해 한정된 캐시 공간에 보관하는 것이므로 그 효율성은 궁극적으로 미래의 참조 가능성을 얼마나 잘 예측하는가에 좌우된다고 할 수 있다. 참조 가능성 차원에서 캐시 내의 객체를 평가하는 가장 일반적인 방법이 과거 참조 기록에 의한 방법이다. 이는 전통적인 캐싱 기법에서 널리 연구되어온 LRU(Least Recently Used), LFU(Least Frequently Used) 등의 알고리즘처럼 캐싱된 객체의 최근 참조 성향(recency)과 참조 빈도(frequency)에 근거해 미래의 참조 성향을 예측하는 방법을 말한다.

이제 전통적인 교체 알고리즘들이 과거의 참조 기록을 어떻게 활용하는지 구체적인 예를 통해 살펴보고, 웹캐시의 교체 알고리즘들은 이들 중 어떤 방법을 채택하는지 알아보도록 하겠다. 〈그림 10-3〉의 (a)에서 과거 참조 기록을 바탕으로 객체 A와 B를 평가한다고 하자. LRU 알고리즘은 객체 B가 좀 더 최근(t_1)에 참조되었기 때문에 B에 더 높은 가치를 부여한다. 하지만 이 방법은 가장 최근의 참조 기록만을 활용하기 때문에 자주 참조되는 객체와 그렇지 않은 객체를 구분할 수 없다는 단점이 있다. 〈그림 10-3〉의 (b)에서 A의 가치가 더 높게 평가된다는 사실은 이러한 LRU 알고리즘의 문제점을 단적으로 보여준다. 한편 LFU 알고리즘은 참조 횟수가 가장 적은 객체를 캐시에서 삭제한다. 〈그림 10-3〉의 (a)에서 LFU 알고리즘은 객체 A의 참조 횟수가 B보다 더 많기 때문에 A에 더 높은 가치를 부여한다. 이 방법의 문제점은 최근에 전혀 참조되지 않았더라도 오래전에 많이 참조된 객체에 높은 가치를 부여해 새로 참조되기 시작한 객체를 캐시

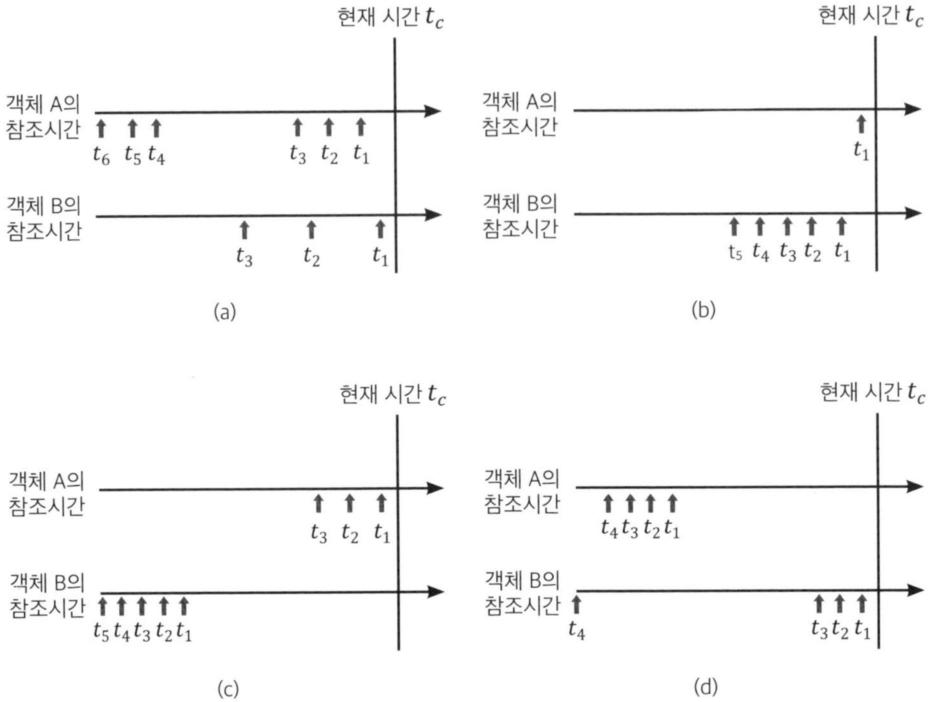

<그림 10-3> 과거 참조 기록에 의한 객체의 가치평가

에서 쫓아낼 우려가 있다는 점이다. 〈그림 10-3〉의 (c)에서 B의 가치가 더 높게 평가된다는 사실은 이러한 LFU 알고리즘의 문제점을 보여주고 있다. LRU-K 알고리즘은 최근 K번째 참조된 시각에 의거해 가치를 평가한다(O'Neil, O'Neil, & Weikum, 1993). K=3이라 할 때 〈그림 10-3〉의 (a)에서 객체 A의 t_3가 현재 시각에 더 가깝기 때문에 이 방법에 의하면 A의 가치를 더 높게 평가하게 된다. 하지만 이 방법은 K번째 참조 시각만을 고려하고 최근 K-1번 참조된 시점들은 무시된다는 단점이 있다. 〈그림 10-3〉의 (d)에서 K=4인 경우 A의 t_4가 현재 시각에 더 가깝기 때문에 A의 가치가 더 높

게 평가된다는 사실은 이러한 방법의 문제점을 보여주는 극단적인 예이다. LRFU(Least Recently Frequently Used)는 이러한 방법의 문제점을 해결하기 위해 각각의 참조 시점을 그 최근성에 근거해 고려한다(Lee et al., 2001). 즉 이 방법은 과거 시점에서의 각각의 참조가 현재 객체의 참조 가능성을 예측하는 데 기여하게 되며, 최근의 참조일수록 기여도를 더 높게 계산한다.

LRFU가 객체의 참조 가능성 $p(i)$를 계산하는 방식에 대해 좀 더 자세히 살펴보자. LRFU는 $p(i)$를 계산할 때 객체 i에 대한 모든 과거 참조 시점과 참조 횟수를 다 이용한다. 과거 시점에서의 각각의 참조가 객체의 가치를 높이는 데 기여하는 바를 각 시점의 최근성에 근거해 계산하고 이를 더하는 것이다. 예를 들어 〈그림 10-4〉에서 객체 i의 현재 시각 t_c에서의 $p(i)$값은 세 번의 참조에 의한 기여도를 각각 더해서 계산하게 된다. 그림에서 함수 $F(x)$는 x시간 이전의 참조에 의한 가치 기여도를 나타내는 함수이다. 최근의 참조가 객체의 가치를 높이는 데 더 큰 역할을 할 수 있도록 하기 위해 $F(x)$는 일반적으로 감소함수로 정의된다. 현재 시각이 t_c이고, 객체 i가 캐시에 들어온 후 n번 참조되었으며, 각각의 참조 시각이 $t_1, t_2, \cdots, t_n$이라고

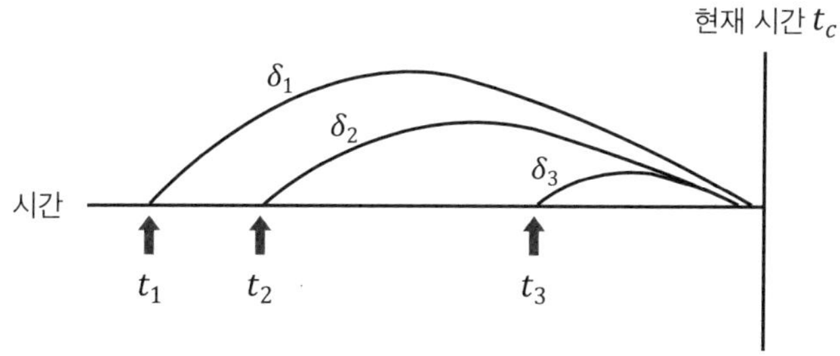

$$p(i) = F(\delta_1) + F(\delta_2) + F(\delta_3)$$
$$\delta_1 = t_c - t_1,\quad \delta_2 = t_c - t_2,\quad \delta_3 = t_c - t_3$$

<그림 10-4> LRFU 알고리즘의 참조 가능성 평가

하면 $p(i)$의 정의는 다음 식과 같다.

$$p(i) = \sum_{k=1}^{n} F(t_c - t_k)$$

각각의 참조에 의한 가치를 평가하는 함수인 $F(x)$는 감소함수인 $F(x) = (1/2)^{\lambda x}(0 \leq \lambda \leq 1)$로 정의된다. 이때 $\lambda = 1$인 경우 LRFU 알고리즘은 LRU 알고리즘과 같은 방식으로 동작하게 된다. 이는 가장 최근의 참조 한 번에 의한 $F(x)$값이 그 이전에 이루어진 무수히 많은 참조에 의한 $F(x)$값의 합보다 크기 때문이다. 이는 곧 직전 참조 시점만을 고려하는 LRU 알고리즘과 의미가 같아지는 것이다. 반면 $\lambda = 0$인 경우 $F(x) = 1$이 되어 $p(i)$는 객체 i의 과거 참조 횟수를 뜻하게 되고, LRFU 알고리즘은 LFU 알고리즘과 동일한 방식으로 동작하게 된다. λ값이 0과 1 사이인 경우 LRFU 알고리즘은 LRU 알고리즘과 LFU 알고리즘의 성질을 모두 가지는 알고리즘이 된다.

지금까지 소개된 알고리즘들이 참조 가능성을 어떻게 예측하는지 간단히 정리해보면, LRU는 최근 참조 성향만을 고려하고, LFU는 참조 횟수만을 고려하며, LRU-K와 LRFU는 이 두 가지를 함께 고려한다는 점을 알 수 있다. 이와 같이 최근 참조 성향이나 참조 횟수에 근거해 객체의 참조 가능성을 평가하는 방법은 최근에 참조된 객체가 다시 참조될 가능성이 높다는 점과, 참조 횟수가 많은 객체일수록 또다시 참조될 가능성이 높다는 점의 두 가지 사실을 기본적으로 가정한다. 전자를 시간지역성(temporal locality)이라 부르고, 후자를 객체의 인기도(popularity)라 하여 이 두 가지 개념은 컴퓨터 프로그램의 참조 성향(program reference behavior)을 모델링하는 데 널리 사용되는 요소이다.

이제 웹캐시의 교체 알고리즘들이 이러한 요소를 어떻게 반영하는지 살펴보겠다. 시간지역성의 관점에서 대부분의 웹캐싱 알고리즘들은 객체의 직전 참조 시각을 활용한다. 반면 LNC-R 알고리즘은 과거 K번째 참조 시각을 이용한다(Shim, Scheuermann, & Vingralek, 1999). 이는 버퍼캐싱 기법인 LRU-K 알고리즘을 이질형 객체를 위한 캐싱 기법에 맞게 활용한 것으로 볼 수 있다(O'Neil, O'Neil, & Weikum, 1993). 참조 인기도 측면에서는 일부 알고리즘의 경우 객체의 참조 횟수를 이용하고, 또 다른 부류의 알고리즘들은 여기에 노화 기법을 추가해 캐시오염(cache pollution)을 방지한다. 노화 기법이란 오래전에 이루어진 참조에 대해서는 참조 횟수를 계산할 때 가중치를 줄여나가는 방법을 말한다. 이러한 방법을 통해 오래전에 참조 횟수가 많았다는 이유로 최근에 전혀 참조가 이루어지지 않는 객체들이 캐시 내에 유지되어 성능 저하를 초래하는 캐시오염 현상을 방지할 수 있는 것이다.

이후의 알고리즘들은 시간지역성과 참조 인기도를 모두 고려해서 객체의 참조 가능성을 예측한다. LRV 알고리즘과 MIX 알고리즘은 직전 참조 시각과 객체의 참조 횟수를 동시에 고려해서 웹 객체의 참조 가능성을 예측한다(Niclausse, Liu, & Nain, 1998; Rizzo & Vicisano, 2000). LNC-R 알고리즘이 사용하는 과거 K번째 참조 시각도 시간지역성과 참조 인기도를 결합시키는 또 다른 방법으로 볼 수 있다. 최근의 일부 알고리즘에서는 시간지역성에 기반한 GD-SIZE 알고리즘에 참조 인기도를 결합시키는 방법을 강구하고 있다(Arlitt, Cherkasova, Dilley, Friedrich, & Jin, 1999). LUV 알고리즘은 버퍼캐싱에서 연구된 LRFU 알고리즘을 웹캐시의 특성에 맞게 일반화시킨 방법으로(Lee et al., 2001), 여기서는 객체의 참조 가능성을 예측하기 위해 과거의 모든 참조 기록을 이용한다(Bahn, Noh, Min, & Koh, 2002).

3) 객체의 이질성에 대한 고려

페이징 시스템과 같은 전통적인 캐싱 환경에서는 사용자가 요청한 객체가 캐시에 존재하는 경우 그 효용이 모두 동일하므로, 캐시 교체 알고리즘은 참조 가능성이 높은 객체를 캐시에 보관하는 것으로 충분하다. 하지만 웹캐싱에서처럼 캐싱의 단위 객체들이 이질적인 환경에서는 참조 가능성 이외에 객체의 크기와 인출 비용을 고려한 합리적인 가치평가를 해야 한다. 즉 객체를 캐시에 보관하고 있을지 여부를 결정하는 가치평가 기준은, 객체의 참조 가능성에 의한 가치와 캐시에서 적중될 경우 실제로 절약할 수 있는 비용을 동시에 고려해야 한다는 것이다. 한편 이와 같은 비용에 대한 고려는 최적화하고자 하는 성능 척도와 밀접한 관련이 있다. 캐시적중률을 높이기 위해서 교체 알고리즘은 크기가 작은 객체에 높은 가치를 부여하는 것이 좋다. 이는 한정된 캐시 공간에 많은 객체를 보관해 캐시적중률을 높일 수 있기 때문이다. SIZE와 LRU-MIN이 이와 같은 알고리즘에 속한다(Williams, Abrams, Standridge, Abhulla, & Fox, 1996). 하지만 많은 알고리즘들은 캐시적중률이 아닌 비용절감률을 높이고자 한다. 이와 같은 알고리즘들은 크게 두 부류로 나누어볼 수 있다.

그 첫 번째 부류는 웹 객체의 참조 가능성에 대한 예측치와 그 객체의 단위 크기당 비용을 곱해 객체의 전체적인 가치를 평가하는 방법이다. 이와 같은 방법은 비용절감률에 대한 기여도 측면에서 정규화된 가치평가가 가능하다는 장점이 있다. LNC-R(Shim, Scheuermann, & Vingralek, 1999), SW-LFU(Kelly, Chan, Jasmin, & MacKie-Mason, 1999), SLRU(Aggarwal, Wolf, & Yu, 1999), LRV(Rizzo & Vicisano, 2000), LUV(Bahn, Noh, Min, & Koh, 2002) 등의 알고리즘이 이 부류에 속한다.

두 번째 부류는 GD-SIZE 계열의 알고리즘이다. 이 알고리즘 역시 객체의 크기와 비용을 고려하지만 첫 번째 부류의 알고리즘과 달리 객체의 참조 가능성과 이질성을 정규화된 방법으로 고려하지 않는다. GD-SIZE에서는 시간이 흐름에 따라 참조되지 않은 객체의 가치를 감소시키는 노화 메커니즘을, 객체의 인출 비용에 관계없이 모든 객체들에 대해 동일한 값으로 적용시킨다(Cao & Irani, 1997). 이는 첫 번째 부류 알고리즘에서의 노화 메커니즘이 객체의 비용에 비례하는 감소치를 적용하는 것과 차이가 있다.

4) 알고리즘의 시간 복잡도

캐시 교체 알고리즘이 실제 시스템에 유효하게 사용되기 위해서는 시간 복잡도 측면에서 현실성이 있어야 한다. 이는 캐싱 알고리즘이 온라인 알고리즘으로서 빈 공간이 필요할 때마다 즉시 삭제할 객체를 선별해야 해서 시간적인 제약 조건이 따르게 되기 때문이다. 프락시캐시의 경우 통상적으로 캐시 내에 수십만 개에서 수백만 개의 객체가 존재하며, 삭제 대상을 찾기 위해 매번 이들을 다 조사하는 시간 복잡도 $O(n)$의 방법은 캐싱 시스템에 너무나 부담이 크다. 이때 $O(n)$의 의미는 캐시 내에 있는 객체의 수가 n개라고 할 때 어떤 객체를 캐시에서 삭제할지 결정하기 위해 n에 비례하는 비교나 연산이 필요하다는 의미이다. 일반적으로 캐시 내에 있는 객체의 수 n개에 대해 시간 복잡도 측면에서는 캐시 운영에 드는 시간이 $O(\log n)$를 넘지 않는 것이 바람직하다. 전통적인 캐싱 환경에서의 교체 알고리즘들은 이러한 조건을 쉽게 만족하지만, 이를 객체의 크기와 인출 비용이 이질적인 웹 환경에 맞게 확장할 경우 복잡도가 높아져 캐시 운영을 위한 온라인 알고리즘으로 사용하기 어려운 경우가 많다.

시간 복잡도의 측면에서 각 알고리즘을 살펴보면, 제일 먼저 LRU 알고리즘의 경우 가장 최근에 참조된 시각을 기준으로 객체들의 가치를 일렬로 세워놓고 새롭게 참조된 객체만 가치가 가장 높은 위치로 옮겨주면 되므로 리스트 자료구조를 통해 $O(1)$의 시간 복잡도에 구현이 가능하다. $O(1)$의 의미는 캐시 내에 존재하는 객체의 수 n이 커지더라도 이에 관계없이 캐시에서 이루어지는 비교나 연산이 상수 번이면 충분하다는 의미이다. LRU를 제외한 나머지 알고리즘들은 새롭게 참조된 객체라 하더라도 가장 가치가 높아지는 것은 아니므로, 새롭게 참조된 객체의 가치에 맞는 위치를 찾아주는 연산이 필요하다. 이와 같은 연산을 쉽게 하기 위해 대부분의 알고리즘들은 힙(heap) 자료구조를 이용해 $O(\log n)$의 시간 복잡도에 각종 캐시 연산을 구현하게 된다. 그러나 최근 참조 시각을 이용하는 알고리즘에서는 객체의 가치가 시간이 지남에 따라 다르게 평가되기 때문에 참조되지 않은 객체들 간에도 가치의 대소관계가 변할 수 있다. 이와 같은 경우 힙을 이용한 구현이 불가능하기 때문에 매 순간 객체들의 가치평가를 새롭게 해주어야 하므로 $O(n)$의 시간 복잡도가 필요하게 된다. LNC-R(Shim, Scheuermann, & Vingralek, 1999), MIX(Niclausse, Liu, & Nain, 1998), LRV(Rizzo & Vicisano, 2000), SLRU(Aggarwal, Wolf, & Yu, 1999), LRU-MIN(Williams, Abrams, Standridge, Abhulla, & Fox, 1996) 등이 이러한 특성을 가지고 있다. 따라서 이들 알고리즘은 근사적인 구현 방법을 사용해 알고리즘의 시간 복잡도를 낮추게 된다. LNC-R 알고리즘의 경우 힙을 사용하고 주기적인 업데이트를 통해 근사적 구현을 하며, SLRU, LRU-MIN, LRV 등은 LRU 리스트를 객체의 가치에 따라 여러 개 두는 방법을 통해 근사적인 구현을 시도하고 있다. SLRU와 LRU-MIN을 근사적으로 구현한 알고리즘은 각각 PSS와 LOG2-SIZE라는 별도의 이름으로 불린다(Williams, Abrams, Standridge,

<표 10-1> 웹캐시의 교체 알고리즘 비교

알고리즘	참조 가능성의 예측		객체의 이질성에 대한 고려	알고리즘의 목표 성능 척도	시간 복잡도	장단점	
	시간 지역성	객체의 인기도				장점	단점
LRU	직전 참조 시각	사용 안 함	고려 안 함	BHR	$O(1)$	• 구현이 간단함	• 이질성을 고려하지 않음 • 과거 참조 정보 중 일부 요소만 활용
LFU	사용 안함	참조 횟수	고려 안 함	BHR	$O(\log n)$		
SIZE	사용 안함	사용 안 함	크기만 고려	HR	$O(\log n)$	• 캐시 내에 많은 객체들을 보관	• 참조 가능성을 고려하지 않음
LRU-MIN	직전 참조 시각	사용 안 함	크기만 고려	HR	$O(n)$	• 캐시 내에 많은 객체들을 보관	• 시간 복잡도 • 이질성의 편협한 고려
HYBRID	사용 안함	참조 횟수	크기 및 인출 지연 시간 고려	DSR	$O(\log n)$	• 인출 지연시간의 효과적인 추정	• 서버 정보 보관의 오버헤드 • 이질성의 편협한 고려
LNC-R	과거 K번째 참조 시각	K번째 참조 시각에 기초	정규화된 고려	임의의 척도	$O(n)$	• 정규화된 가치평가	• 시간 복잡도
LRV	직전 참조 시각	참조 횟수	고려 안 함	BHR	$O(1)$	• 트레이스의 특성 고려	• 트레이스 분석이 선행되어야 함
			정규화된 고려	임의의 척도	$O(n)$		
GD-SIZE	직전 참조 시각	사용 안함	크기 및 인출 지연 시간 고려	임의의 척도	$O(\log n)$	• 파라미터 없음 • 임의의 성능 척도	• 참조 빈도를 고려 하지 않음
MIX	직전 참조 시각	참조 횟수	크기 및 인출 지연 시간 고려	HR, BHR, DSR의 결합 형태	$O(n)$	• 주요 요소들 모두 고려	• 시간 복잡도
SW-LFU	사용 안함	참조 횟수	정규화된 고려	임의의 척도	$O(\log n)$	• 정규화된 가치평가	• 최근 참조 성향을 고려하지 않음
SLRU	직전 참조 시각	사용 안함	정규화된 고려	임의의 척도	$O(n)$	• 정규화된 가치평가	• 참조 빈도를 고려 하지 않음 • 시간 복잡도
GDSF	직전 참조 시각	참조 횟수	크기 및 인출 지연 시간 고려	임의의 척도	$O(\log n)$	• 임의의 성능 척도	• 정규화된 평가를 못함
LUV	과거 모든 참조 시각	참조 횟수	정규화된 고려	임의의 척도	$O(\log n)$	• 정규화된 가치평가 • 모든 과거 참조 기록 활용	• 파라미터 튜닝

Abhulla, & Fox, 1996; Aggarwal, Wolf, & Yu, 1999). 하지만 LRV 알고리즘의 경우 객체의 크기와 비용을 고려한다면 이와 같은 근사적인 구현 방법도 불가능하게 된다. 따라서 최근의 LRV 버전에서는 크기와 비용을 고려하지 않는 알고리즘만을 소개하고 있다(Rizzo & Vicisano, 2000). GD-SIZE와 LUV 알고리즘은 최근 참조 시각을 이용하는 알고리즘이지만 참조되지 않은 객체들 간의 대소관계가 변하지 않는 좋은 성질을 가지고 있어 힙을 이용해서 효율적인 구현이 가능하다는 장점이 있다(Bahn, Noh, Min, & Koh, 2002; Cao & Irani, 1997).

3. 웹캐시의 일관성 유지 기법

캐싱된 웹 객체가 근원지 서버에서 변경될 수 있으므로 웹캐시에는 사용자에게 유효한 정보를 전달하기 위한 일관성 유지 기법이 필요하다. 앞에서 이야기한대로 전통적인 컴퓨터 시스템에서와 달리 웹캐시에서는 일관성의 불일치가 큰 문제를 야기하지 않는 경우가 대부분이다. 따라서 일반적인 웹캐싱 시스템에서는 적응적 TTL(adaptive Time-To-Live) 기법과 같은 약한 일관성 유지(weak consistency) 기법을 사용한다. 약한 일관성 유지 기법이란 사용자의 요청이 있을 때마다 캐싱된 객체가 변경되었는지 근원지 서버에 일일이 확인하는 것이 아니라, 변경되었을 가능성이 높은 경우에만 확인하는 기법을 말한다. 이와 상대되는 강한 일관성 유지(strong consistency) 기법은 반드시 최신 정보가 사용자에게 전달되는 것을 보장하는 기법으로서, 웹캐싱에서는 강한 일관성 유지 기법을 사용할 경우 이로 인한 웹서버와 네트워크의 부담이 커서 득보다는 실이 많기 때문에 일반적으로 약한 일관성 기법을 사용한다. 웹캐시의 일관성 유지를 위한 전형적인 기법들은 다음과 같다.

- polling-every-time: 이 기법은 캐시 내에 이미 존재하는 객체에 대한 요청이 있을 때마다 근원지 서버에 객체의 변경 여부를 확인하는 방법이다.
- invalidation: 이 기법은 근원지 서버가 자신의 객체를 캐싱하고 있는 모든 프락시서버를 기록해두었다가 해당 객체가 변경된 경우 해당 프락시서버들에 변경 사실을 알려주는 방법이다.
- adaptive TTL: 이 기법은 캐시 내에 이미 존재하는 객체에 대한 요청이 있을 때, 해당 객체에 대한 최종 변경 시각과 최종 확인 시각을 고려해서 변경되었을 가능성이 높다고 판단되는 경우에만 근원지 서버에 변경 여부를 확인하는 방법이다. 변경가능성은 LMF(Last Modified Factor)에 의해 판단하며 LMF가 임계값(threshold) 이상인 경우에만 변경가능성이 높다고 보아 근원지 서버에 변경 여부를 확인한다.

$$LMF = (C-V)/(V-M)$$

이때 M은 해당 객체의 최종 변경 시각(last modified time), V는 최종 확인 시각(last validated time), C는 현재 시각(current time)을 나타낸다.

polling-every-time과 invalidation 기법은 사용자에게 변경되기 이전의 정보를 제공할 가능성이 없는 강한 일관성 유지 기법이지만, polling-every-time의 경우 변경 여부를 매번 근원지 서버에 확인하는 과정에서 사용자 지연시간 증가와 네트워크 유통량 증가, 웹서버의 과부하 문제 등을 야기한다. 또한 invalidation 기법의 경우 근원지 서버가 객체를 캐싱하고 있는 모든 프락시서버를 기억하고 있어야 하는 부담이 있다. 따라서 대부분의 상용 프락시서버들은 약한 일관성 유지 기법인 adaptive TTL 방법을 주로 사용한다.

4. 웹캐시의 공유 및 협력 기법

웹캐싱의 효과를 극대화하기 위해서는 웹캐시 간의 공유 및 협력 기법이 필요하다. 웹캐시 간의 공유는 일반적으로 인터넷 캐시 프로토콜(Internet Cache Protocol: ICP)에 의해 이루어진다(Wessels & Claffy, 1997). ICP는 동료 프락시캐시들 사이에서 웹 객체의 검색 및 전송을 지원하기 위한 프로토콜이다. 사용자가 프락시서버에 웹 객체를 요구했는데 프락시서버가 그 객체를 캐싱하고 있지 않은 경우 ICP에서는 모든 동료 프락시들에게 ICP 질의를 멀티캐스트(multicast)해서 누가 요청된 웹 객체를 가지고 있는지 확인한다. 만약 동료들 중 하나가 요청된 객체를 가지고 있다는 답신을 보내오면, ICP 질의를 보냈던 프락시는 객체를 가지고 있는 동료 프락시에게 HTTP 요청을 보내어 해당 객체를 받아온 후 사용자에게 전달한다. HTTP는 웹 객체의 전송을 위한 프로토콜인 반면, ICP는 공유 웹캐시들 간에 객체의 위치를 확인하기 위한 프로토콜로서 HTTP에 비해 매우 부담이 적은 프로토콜이다.

웹캐시들 간의 공유를 위한 또 다른 시도로는 캐시 배열 간 경로지정 프로토콜(Cache Array Routing Protocol: CARP)이 있다(Valloppillil & Ross, 1998).

CARP는 공유 웹캐시들에 동일한 웹 객체들이 중복 저장되는 것을 막기 위해 URL 공간을 분할해, 각각의 캐시는 자신에게 배정되는 객체들만을 캐싱하게 한다. 디렉토리 기반 프로토콜(directory based protocol)에서는 공유 웹캐시에 저장된 객체들의 위치 정보를 디렉토리에 유지함으로써 ICP 프로토콜의 멀티캐스트 부담을 없애고자 한다. 하지만 디렉토리의 유지 및 관리에 또 다른 부담이 생기게 된다. 디렉토리는 공유 프락시 자체 또는 별도의 디렉토리 서버에 구현하게 되며, 디렉토리 서버의 부하 부담을 줄이기 위해 여러 개의 디렉토리 서버를 두기도 한다(Gadde & Rabinovich, 1998).

5. 웹캐시의 사전인출 기법

웹서비스의 응답 지연시간을 줄이기 위한 방법의 일환으로 사용자에 의해 아직 요청되지 않은 객체를 미리 받아오는 사전인출 기법(prefetching)의 중요성이 증가하고 있다(Kroeger, Long, & Mogul, 1997). 웹캐시에서의 사전인출 기법은 예측 사전인출 기법(predictive prefetching)과 대화식 사전인출 기법(interactive prefetching)으로 나누어볼 수 있다. 예측 사전인출 기법은 웹페이지들 간의 관계 그래프(dependency graph) 등을 구성해 하나의 웹페이지가 참조되었을 때 새로운 웹페이지가 참조될 확률을 과거의 참조 기록을 통해 예측하고 이 확률을 기반으로 사전인출을 수행하는 방법을 말한다. 대화식 사전인출 기법은 사용자가 HTML(Hypertext Markup Language) 문서에 대한 요청을 했을 때 웹캐시는 캐싱하고 있던 HTML 문서를 미리 파싱(parsing)해 그 문서에 포함(embed)되거나 연결(link)된 웹 객체를 미리 받아와서 사용자의 후속 요청에 곧바로 전달하는 기법을 말한다. 웹캐시에서는 이와 같은 사전인출 기법 외에도 일관성 유지 기법과 관련해 유효성의 사전확인(prevalidation) 기법 연구도 이루어지고 있다. 사전인출 기법이 웹 객체 자체를 사용자가 요청하기 전에 미리 받아오는 방법인 반면, 유효성의 사전확인 기법은 캐싱된 객체의 유효성을 미리 확인해두었다가 사용자가 해당 객체의 요청 시 웹서버에 변경 여부를 확인하지 않고 곧바로 보내주는 방법을 말한다.

6. 동적 웹 객체의 캐싱 기법

지금까지 설명한 웹캐싱 기법들은 실시간으로 변하지 않는 데이터, 즉 HTML, JPG, GIF 등의 정적 웹 콘텐츠(static Web contents)에 대한 캐싱에 초점을 맞추었다. 그러나 실시간성을 요구하는 콘텐츠, 즉 ASP, CGI 등 동적 웹 콘텐츠(dynamic web contents)를 처리하는 부분이 전체 웹서비스 지연시간 중 상당한 부분을 차지하며, 이 부분이 웹서버의 과부하를 일으키는 주요 요인으로 분석되고 있다. 동적 웹콘텐츠에 대한 웹캐싱은 정적 웹 콘텐츠의 캐싱에 비해 데이터 관리에 어려움이 따른다. 이는 웹서버가 동적 웹콘텐츠에 대한 요청을 받을 경우 단순히 저장장치에 있는 파일을 그대로 보내주는 정적 웹콘텐츠 요청의 처리와 달리, 요청받은 내용에 대해 프로그램을 실행한 후 그 결과물을 보내주어야 하기 때문이다. 즉 동적 웹 콘텐츠에 대한 요청의 결과물은 동일한 URL에 대한 웹 요청인 경우에도 서로 다른 결과를 초래할 수 있기 때문에 캐시에 저장하는 것 자체가 의미가 없을 수 있다. 그러나 동적 웹콘텐츠에 대한 요청의 결과를 조사한 연구에 의하면 비록 동적 웹콘텐츠에 대한 요청의 결과물이 정확히 일치하지는 않는다 해도 상당히 유사한 부분을 포함하고 있는 것으로 알려져 있다. 이는 동적 웹콘텐츠의 요청에 대한 결과를 부분적으로 캐싱하여 추후 그 결과를 활용할 수 있다는 것을 의미한다. 하지만 URL에 대응하는 파일 전체를 캐싱하는 기존의 웹캐싱 체계에서는 이와 같은 방법을 활용하는 데에 어려움이 있다. 따라서 현재까지의 동적 웹콘텐츠 캐싱은 주로 웹서버 내부에서 빠른 처리를 위해 웹서버 전위(front-end)에 설치하는 역방향 프락시 캐시(reverse proxy cache) 또는 웹서버 가속기(Web server accelerator) 중 일부에서 활용되고 있는 실정이다. 하지만 HTML 등의 규약에 동적 웹콘텐츠 중 캐싱 가능한 곳을 부분적으로 표시하는 태그 등을 활용하고 있어, 향후에는 일반적인 웹캐시에서도 이와 같은 기법이 활용될 수 있을 것으로 기대된다.

참고문헌

반효경(2002), "CDN 서비스를 위한 웹캐싱 기법", 『한국정보과학회지』, vol. 20, no. 9.

Aggarwal, C., J. Wolf, & P. Yu (1999), "Caching on the World Wide Web", *IEEE Transactions on Knowledge and Data Engineering*, vol. 11, no. 1.

Arlitt, M., L. Cherkasova, J. Dilley, R. Friedrich, & T. Jin (1999), "Evaluating Content Management Techniques for Web Proxy Caches", Proceedings of the 2nd Workshop on Internet Server Performance.

Athanasios, E. P. & Michael, L. S. (2002), "Increasing Disk Burstiness for Energy Efficiency", Technical Report 792, The University of Rochester, Computer Science Department, Rochester, NY.

Bahn, H., S. Noh, S. Min, & K. Koh (2002), "Efficient Replacement of Nonuniform Objects in Web Caches", *IEEE Transactions on Computers*, vol. 35, no. 6.

Beekman, G. (2004), *Computer Confluence: Exploring tomorrow's Technology* (5th Ed.), Upper Saddle River, NJ: Prentice Hall.

Cao, P. & S. Irani (1997), "Cost-Aware WWW Proxy Caching Algorithms", Proceedings of the 1st USENIX Symposium on Internet Technologies and Systems (USITS 97).

Choi, J., Y. Won, & S. W. Nam (2002), "Power Conscious Disk Scheduling for Multimedia Data Retrieval", Proceedings of the 2nd International Conference on Advances in Information Systems (ADVIS 02).

Gadde, S. & M. Rabinovich (1998), "A Taste of Crispy Squid", Proceedings of the 1998 Workshop Internet Server Performance (WISP 98).

Golding, R., P. Bosch, C. Staelin, T. Sullivan, & J. Wilkes (1995), "Idleness is not sloth", Proceedings of the 1995 USENIX Technical Conference.

Huang, H., W. Hung, & K. G. Shin (2005), "FS2: Dynamic Data Replication in Free Disk Space for Improving Disk Performance and Energy Consumption", Proceedings of the 12th ACM Symposium on Operating System Principles (SOSP 05).

Hwang, C. & C. H. Allen (2000), "A predictive system shutdown method for energy saving of event-driven computation", *ACM Transactions on Design Automation of Electronic Systems (TODAES)*, vol. 5, no. 2.

Kelly, T. P., Y. Chan, S. Jasmin, & J. MacKie-Mason (1999), "Biased Replacement Policies for Web Caches: Differential Quality-of-Service and Aggregate User Value", Proceedings of the 4th International Web Caching Workshop (WCW 99).

Kroeger, T., D. Long, & J. Mogul (1997), "Exploring the Bounds of Web Latency Reduction from Caching and Prefetching", Proceedings of the USENIX Symposium on Internet Technologies and Systems (USITS 97).

Lee, D., J. Choi, J. Kim, S. Noh, S. Min, Y. Cho, & C. Kim (2001), "LRFU: A Spectrum of Policies that Subsumes the Least Recently Used and Least Frequently Used Policies", *IEEE Transactions on Computers*, vol. 50, no. 12.

Lee, S. & H. Bahn (2005), “An Energy-aware Elevator Group Control System”, Proceedings of the 3rd IEEE International Conference on Industrial Informatics (INDIN).

Liu, X., P. Shenoy, & W. Gong (2004), “A Time Series-based Approach for Power Management in Mobile Processors and Disks”, Proceedings of the 14th International Workshop on Network and Operating Systems Support for Digital Audio and Video (NOSSDAV 04).

Niclausse, N., Z. Liu, & P. Nain (1998), “A New and Efficient Caching Policy for the World Wide Web”, Proceedings of the 1998 Workshop on Internet Server Performance (WISP 98).

O’Neil, E. J., P. E. O’Neil, & G. Weikum (1993), “The LRU-*K* Page Replacement Algorithm for Database Disk Buffering”, Proceedings of the 1993 ACM SIGMOD International Conference on Management of Data, ACM.

Paleologo, G. A., L. Benini, A. Bogliolo, & G. De Micheli (1998), “Policy Optimization for Dynamic Power Management”, Proceedings 1998 Design and Automation Conference.

Papathanasiou, A. E. & M. L. Scott (2004), “Energy Efficient Prefetching and Caching”, Proceedings of the 2004 USENIX Technical Conference.

Qingbo, Z., F. M. David, C. F. Devaraj, Z. Li, Y. Zhou, & P. Cao (2004), “Reducing Energy Consumption of Disk Storage Using Power-Aware Cache Management”, Proceedings of the 10th International Symposium on High Performance Computer Architecture (HPCA 04).

Rao, R., S. Vrudhula, & M. S. Krishnan (2004), “Disk Drive Energy Optimization for Audio-Video Applications”, Proceedings of the 2004 International Conference on Compilers, Architecture, and Synthesis for

Embedded Systems (CASES 04).

Rizzo, L. & L. Vicisano (2000), "Replacement Policies for a Proxy Cache", *IEEE/ACM Transactions on Networking*, vol. 8, no. 2.

Shim, J., P. Scheuermann, & R. Vingralek (1999), "Proxy Cache Design: Algorithms, Implementation, and Performance", *IEEE Transactions on Knowledge and Data Engineering.*, vol. 11, no. 4.

Silberschatz, A., P. B. Galvin, & G. Gagne (2004), *Operating System Concepts* (7th Ed.), Hoboken, NJ: John Wiley & Sons.

Simunic, T., L. Beniani, & G. De Micheli (1999), "Event driven power management", Proceedings 12th International Symposium on System Synthesis.

Swaminathan, V. & K. Chakrabarty (2003), "Energy-Conscious, Deterministic I/O Device Scheduling in Hard Real-Time Systems", *IEEE Transactions on Computer-Aided Design of Integrated Circuits and Systems*, vol. 22, No. 7.

Valloppillil, V. & K. W. Ross (1998), "Cache Array Routing Protocol v1.0", Internet Draft, http://ircache.nlanr.net/Cache/ICP/drsft-vinod-carp-vl-03.txt.

Wessels, D. & K. Claffy (1997), "Internet Cache Protocol (ICP), version 2", RFC 2186, National Laboratory for Applied Network Research/UCSD.

Williams, S., M. Abrams, C. R. Standridge, G. Abhulla, & E. A. Fox (1996), "Removal Policies in Network Caches for World-Wide Web Documents", Proceedings of the 1996 ACM SIGCOMM Conference.

Wooster, R. P. & M. Abrams (1997), "Proxy Caching That Estimates Page Load Delays", *Computer Networks and ISDN Systems*, vol. 29, no. 8-13.

찾아보기

운영체제와 정보기술의 원리(개정판)

펴낸날 1판 1쇄 2008년 1월 31일
2판 1쇄 2020년 5월 4일
3쇄 2023년 6월 15일
지은이 반효경
펴낸이 주소현
펴낸곳 이화여자대학교출판문화원
주소 서울특별시 서대문구 이화여대길 52 (우03760)
등록 1954년 7월 6일 제9-61호
전화 02) 3277-2965(편집), 362-6076(마케팅)
팩스 02) 312-4312
전자우편 press@ewha.ac.kr
홈페이지 www.ewhapress.com
책임편집 이지예
디자인 정혜진
찍은곳 (주)현문자현

ISBN 979-11-5890-358-9 93560
값 21,000원

이 도서의 국립중앙도서관 출판예정도서목록(CIP)은 서지정보유통지원시스템 홈페이지(http://seoji.nl.go.kr)와 국가자료공동목록시스템(http://www.nl.go.kr/kolisnet)에서 이용하실 수 있습니다. (CIP제어번호: CIP2020014496)